뇌는 어떻게
성공하는가

THE HOUSEFLY EFFECT

뇌는 어떻게 성공하는가

내 생각과 행동을 바꾸는 집파리 효과

The Housefly Effect

에바 반 덴 브룩, 팀 덴 하이어 지음 | 최기원 옮김

매일경제신문사

논리보다 사람을 움직이게 하는 파리

세계에서 가장 유명한 파리 서식지는 네덜란드 암스테르담에 있는 스키폴 공항이다.

남성이라면 이 파리를 본 적이 있을 것이다. 반면, 여성은 아마 없을 것이다. 그렇다고 해서 공중을 날아다니거나 전시 케이스에 고정되어 있는 파리는 아니다. 남자 화장실 소변기의 표적으로 그려진 그림 파리가 바로 그것이다.

이 공항 화장실에 작은 파리가 그려지기 시작한 것은 1990년대 초부터다. 하지만 그전에 이미 이 아이디어가 있었다. 영국 남부의 도시, 스트래퍼드 어폰 에이본(Stratford-upon-Avon)에서 1880년경 벌이 그려진 소변기를 사용했던 것이 그 예다. 벌을 뜻하는 라틴어 '아피스(apis)'가 오줌 누다의 '피즈(pees)'와 비슷하게 들린다는 점에서 착안했다. 전형적인 영국식 아재 개그가 아닐 수 없다. 1950년대에는 네덜란드 군대에서도 변기 안에 과녁을 그려 넣곤 했다. 스키폴 공항 화장실 변기의 작은 파리도 같은 맥락이다.

남성 승객들은 시차 적응으로 피곤해지면 조준이 어려운 것이 아닐까. 조준 실패로 사방팔방 튄 소변 때문에 청소부가 앞뒤로 뛰어다니며 바닥을 닦아야 하기 때문에 매번 청소가 번거롭다. 이 때문에 공항 입장에서는 비용도 많이 들고, 화장실이 청소 중이라 사용할 수 없는 시간도 길어지기 때문에 서두르는 여행객들도 짜증이 난다.

하지만 소변기 한가운데에 파리가 그려져 있으면 자연스레 조준이 쉬워진다. 이를 통해 이 공항에서는 바닥에 소변을 흘리는 양이 약 50%나 줄었다고 한다. 당연히 청소 비용도 대폭 절감할 수 있었다. 스키폴 공항의 경우, 소변기에 파리 그림을 그려 넣음으로써 화장실 청소비를 약 8% 절감할 수 있었다고 한다. 이는 연간 3만 5,000유로(약 5,300만 원) 정도를 절약할 수 있는 셈이다.[1] 그래서 이 파리는 전 세계적으로 모방되고 있다. 그물에 공을 넣는 표적부터 대전 방식의 디지털 게임까지 전 세계적으로 다양하게 활용되고 있다. 특히 아이슬란드에서는 금융위기 이후 은행원의 얼굴이 표적으로 그려진 적도 있었다.

하지만 이 파리는 화장실뿐만 아니라 다른 분야에서도 유명세를 탔다. 이 단순한 가짜 파리가 인간 행동 변화에서의 모든 고전적 규칙을 거스른 것이다. 고전적 규칙이란 말로 명확하게 설명하며 체계적인 정보와 논리를 제시하고(로고스-논리성), 감정에 호소하고(파토스-열정), 신뢰할 수 있는 방법(에토스-신뢰성)으로 전달하는 것이 중요하다는 것이다.

이 이론은 그럴듯한 설명이라고 들리며, 실제로 그렇게 작용하기도 한다. 하지만 그렇지 않은 경우도 많다. 유명인, 과학자, 인플루언서가 아무리 흡연이 건강에 해롭다고 설명해도, TV 속 광고가 아무리 감동적이거나 신랄하거나 재미있어도 흡연자들은 계속 담배를 피운다. 사람의 행동을 변화시키는 것은 그만큼 어려운 일이다.

우리 행동은 누군가에 의해
유도되고 있다

우리는 일상적으로 상대를 움직이려고 노력한다. 인간은 사회적 동물이며 무언가를 성취하려면 서로의 도움이 필요하다. 즉, 동료들과 협업하고, 시민들이 규칙을 지키며, 고객이 상품을 구매하도록 해야 한다.

치과 의사는 환자가 치실을 사용히도록 인내하고, 자선단체는 후원자들이 기부하도록 유도하며, DJ는 관객이 양손을 들고 춤추도록 분위기를 만든다. 이처럼 어떤 목표나 일을 이루기 위해서는 협력하고 서로 행동을 이끌어주어야 한다. 하지만 기존의 방식대로 논리적으로 설명하거나 정보를 제시한다고 해서 상대방이 움직여주는 것은 아니다. 그렇다면 어떻게 해야 할까? 강요? 아니면 협박? 군대나 경찰 조직에서는 적합할지 모르겠지만, 사람들에게 샴푸와 같은 물건을 파는 데는 적합하지 않다. 선물이나 할인, 보너스 같은 뇌물로 상대를 설득하는 방법을 쓸까? 가끔씩은 이 방법이 통하기도 하지만, 역효과를 불러일으키는 경우가 잦다.

그렇다면 도대체 어떻게 해야 할까? 그 해답은 이 책의 저자인 행동경제학자 '에바'와 광고 크리에이터 '팀'이 제시하고 있다. 그들은 이 하찮아 보이는 파리가 실제로 효과가 있다는 사실을 알아냈다. 처벌이나 보상, 지식이나 논쟁, 감정이나 약속이 가해지지 않았는데도 이상적으로 행동이 변화했다는 의미다.[2]

이게 어떤 메커니즘이 작동하여 가능한 것인지 궁금할 것이다. 경영학에서 다루는 용어 중에 '넛지(nudge)'가 있다. 이 화장실의 파리는 넛지의 개념을 설명하는 대표적인 사례로 자주 소개된다. 노벨상 수상자이기도 한 리처드 탈러(Richard Thaler)가 정의한 화장실 파리의 개념은 다음과 같다. "원하는 행동을 더 쉽고, 더 재미있고, 더 분명하게 만드는 환경의 작은 변화" 즉, 파리를 조준하는 것은 의식적인 사고 과정의 결과가 아니라 '자연스럽게' 일어나는 행동이라는 말이다.

곰곰이 생각해 보면 이례적인 현상은 아니다. 인간의 행동은 다양한 상황에서 자연스럽게 유도되는 것이다. 아무 생각 없이 받아들였던 너무 흔하고 당연한 상황들에서 당신의 행동은 무의식적으로 조종당하고 있다.

쇼핑을 할 때 항상 같은 브랜드의 제품을 손에 잡는다. 여행지로는 날씨가 좋은 곳을 선택한다. 식당을 고를 때는 붐비는 가게에 들어가려고 한다. 마트에서는 먼저 채소나 토마토를 장바구니에 담다가 계산대 직전에 달콤한 초콜릿을 넣는 경우가 많다. 좋아하는 브랜드의 티셔츠는 조금 비싼 것 같아도 쉽게 돈을 지불한다. 하루 1만 보라는 목표를 세우고 나면 조금 더 먼 길을 돌아서 집으로 돌아가 보려는 마음이 생긴다.

모두 당연해 보이지만, 너무 당연해서 우리는 그것을 다시 생각해 볼 생각조차 하지 않는다. 하지만 우리의 행동은 생각지도 못한 무언가에 의해 영향을 받고 있다.

평범한 일상 같아 보이지만, 이 모든 경우에서 행동은 생각지도 못했던 무언가에 의해 영향을 받았다. '언뜻 보기에 사소한 것이 사람의 행동에 큰 영향을 미치는 현상', 이를 **집파리 효과(housefly effect)**라고 이름 붙였다. 그렇다. 소변기의 파리에서 영감을 얻은 이름이다. 하지만 **나비 효과(butterfly effect)**에서 유래한 이름이기도 하다. 나비 효과는 나비 한 마리가 피렌체에서 날갯짓을 하자, 그것이 연쇄 반응을 일으켜 텍사스에 토네이도를 일으킨다는 데서 유래했다. 다행히도 집파리 효과는 나비 효과보다 훨씬 더 예측하기 쉽다. 따라서 집파리 효과를 인식하면, 필요에 따라 피하거나 공략하는 방법을 터득할 수 있을 것이다.

사람을 움직이는
집파리 효과와 인지 편향

집파리 효과는 물론 뇌 안에서 만들어지긴 하지만, 우리 뇌 안에서만 발생하는 복잡한 메커니즘이 아니다. 실제로 세상에 존재하는 현상이다. 많은 연구자들이 그 메커니즘을 밝히기 위해 노력하고 있다.

예를 들어 도로 표지판의 화살표가 위쪽을 가리키면, 아래쪽을 가리킬 때보다 교통 체증이 줄어든다. 생선의 이름을 바꾸면 갑자기 소비량이 늘기도 한다. 모두 아주 작은 요소들이 인간의 행동에 큰 영향을 미치고 있다. 이 책에서는 그 작은 인지 편향의 요소들을 집파리 효과라고 칭할 것이다. 또한 이 책에서는 다양한 집파리들을 기존에 연구된 인지 편향들과 함께 소개하면서 설명한다.

웹사이트 학자금 대출 신청 페이지에서 '최대한도까지 대출'이라는 기본 설정을 변경하는 것만으로도 학생들이 빌리는 금액을 크게 줄일 수 있다. 이것도 인지 편향을 이용한 **집파리 효과(housefly effect)**다. 이러한 효과는 행동경제학자들에 의해 자주 연구되어 왔고, 그 과정에서 고유한 이름이 붙여진 경우도 많다. 이런 이름은 이야기를 전달할 때 더욱 효과적으로 활용될 수 있다.

예를 들어, 저자이자 광고 크리에이터인 팀은 '경쟁사와 차별화된 무언가를 해야 눈에 띌 수 있다'고 말하는 대신, **폰 레스토프 효과(Von Restorff effect)**를 활용해야 한다'고 표현한다. 이렇게 말하면 훨씬 더 세련되고 전문적으로 들리지 않는가? 또, 행동경제학자인 에바는 '사람들은 아무것도 하지 않는 것을 좋아한다'고 말하는 대신 '사람들은 기본 선택지를 그대로 선택하는 경향이 있다'고 표현하면 정책입안자들이 더 쉽게 귀를 기울인다는 것을 알고 있다.

결론적으로, 이런 용어는 유용하고 흥미롭다. 기억해 두는 것이 좋다. 우리는 본문에서 이런 용어들을 쉽게 찾을 수 있도록 굵은 글씨로 표시해 두었다. 또한, 책 뒷부분의 부록에서도 이 용어들을 목록으로 정리해 두었다.

집파리 효과는 다양한 형태와 크기로 나타난다. 이 책에서는 그 사례를 많이 소개한다. 정치인, 세일즈맨, 카지노가 교묘하게 만들어내는 집파리 효과도 알아보고, 친구들을 당신이 좋아하는 맛집에 데리고 가는 집파리 효과, 아이가 편식하지 않고 저녁 식사를 다 먹도록 유도할 수 있는 집파리 효과도 소개한다. 동시에 이 책을 읽는 동안 독자인 당신에게도 집파리 효과를 작동해 볼 것이다. 그렇다고 걱정할 필요는 없다. 그 사실을 일러둘 테니 말이다.

이 책을 읽으면서 **효과 효과(effect effect)**라는 것이 있다는 것을 염두에 두길 바란다. 사람은 '효과'라는 이름을 붙인 것에 관심을 보이기 쉽다는 것이다. 이 책의 제목이 집파리 효과인 것도 당연히 그 부분을 염두에 둔 것이다.

행동경제학을 제대로
알기 위한 주의사항

이 책에서는 수많은 과학적 지식을 최대한 알기 쉽게 소개하고자 한다. 두 저자가 이 책을 통해 전하고 싶은 것은 이런 것이다. 인간 행동과 그 이면에 숨겨진 과학의 흥미로운 부분이다. 그래서 사실 상세한 이론을 설명하고 싶지만, 편의상 간략하게 설명한 부분도 있다. 지나치지 않을 정도로 유익한 내용을 읽기 쉽도록 충분히 단순화할 예정이다. 그래서 전문적인 지식을 지닌 학자들과 이 책의 설명이나 결론이 너무 단순화되어 있다고 느끼는 독자들에게는 양해를 구한다. 혹시라도 뇌신경 전문가나 의사라면 이 책에서 제시하는 뇌에 대한 통찰은 의학적인 기초자료가 아니라 일상 상황에서 충분히 참고할 수 있는 내용이라는 것이다.

우리는 행동경제학의 전성기를 맞이하고 있다. 새로운 발견이 끊임없이 이루어지고 있다. 때로는 새로운 발견이 이전과 모순되기도 한다. 과학이나 연구는 끊임없이 발전하므로, 이 책의 개정판에서는 계속 새로운 정보를 반영해 일부 내용을 조정하려고 한다.

또한 행동경제학은 자연과학과는 성격이 다르다. 사람들의 복잡한 양가적 심리 때문이다. 어딘가에 소속되기를 원하면서도 눈에 띄고 싶어 하고, 익숙한 것과 새로운 것을 모두 좋아하며, 선택의 자유를 원하지만, 결정을 내리는 것에는 부담을 느낀다. 이처럼 행동은 환경에 따라 달라지고, 집파리 효과도 마찬가지로 환경에 따라 다르게 작용한다. **골든 해머 효과(golden hammer effect)**, 그러니까 하나의 해결책을 찾으면 모든 문제에 그것이 적용될 것이라고 믿는 경향에 주의하라.

집파리 효과는 모든 것을 설명하는 만병통치약이 아니다. 주의하자. 다만 매우 흥미롭고 유용하며 때로는 위험하고, 재미있으면서도 놀라울 정도로 효과적이다. 자, 이제부터 다양한 집파리 효과를 함께 알아보자.

집파리 효과가 넘치는 도시
라스베이거스

라스베이거스는 집파리 효과의 도시다. 이곳은 이 책에 나오는 70여 가지의 집파리 효과를 소개하기에 가장 좋은 곳이다. 전 세계를 찾아봐도 라스베이거스만큼 속임수 전문가와 실력 있는 일루셔니스트들이 모여 있는 곳은 없다.

사람들은 카지노에 발을 들여놓을 때 "나는 카지노 게임을 잘하는 데다 운도 내 편이야. 멈추는 타이밍을 알고 있어. 여러 가지 속임수가 있겠지만 나에게는 통하지 않을 거야."라고 마음속으로 생각하게 된다. 하지만 이 책을 읽으면 생각이 바뀔 것이다.

자, 본격적으로 카지노에서의 과정을 하나씩 분석해 보자. 입구에서 현금을 칩으로 바꾸라고 하는 순간부터 시작된다. 현금을 칩으로 바꾸는 것은 현금을 들고 다니면 위험해서가 아니다. 실제 돈을 쓰는 것보다 칩을 쓰는 것이 심리적으로 덜 부담되기 때문이다.

또한 카지노에 들어서면 행운을 잡은 사람들의 모습을 여기저기서 볼 수 있다. 눈에 잘 띄는 곳에 슬롯머신을 설치하고, 일부러 작은 상금이 자주 나오도록 만들어 놓은 것이다.[3] 카지노에 들어서면 시간 감각이 금방 사라지고 언제까지나 도박을 할 수 있을 것 같은 착각에 빠지게 된다. 또한 카지노는 의도적으로 미로처럼 만들어져 있어 며칠을 머물러도 최단 시간에 출구로 나갈 수 있는 길을 찾을 수 없도록 설계되어 있다. 게다가 사람들의 발걸음을 늦추기 위해 두꺼운 카펫을 깔아놓기도 한다. 주변에는 시계가 없고, 오직 승자들이 상금을 탕진하기 위한 목적으로 판매하는 비싼 스위스 시계만이 눈에 띌 뿐이다. 유일한 '햇빛'은 파리나 베네치아 등 재현된 도시 그림 위에 그려진 파란 하늘뿐이다. 슬롯머신이나 카지노에서 잭팟을 예고하는 카운트다운이 표시되면서 사람들은 잭팟이 가까워지고 있다는 느낌을 받는다. 번쩍이는 주변 불빛과 끊임없는 기계 소리, 중간중간 나오는 작은 상금들이 조금만 더 하면 이길 수 있을 것 같은 착각을 불러일으킨다.

관광객들은 며칠 동안 카지노에 놀고 난 뒤 분위기가 주는 과도한 자극에 지쳐서 평온함을 찾기 위해 라스베이거스를 떠난다. 하지만 팀은 행동이 어떻게 조종되는지 관찰하기에 라스베이거스가 최적의 장소라고 판단했다. 그는 개인적으로 도박에는 흥미가 없지만, 이곳에서 집파리 효과를 찾아다니며 일주일이나 머물렀다.

라스베이거스에 사는 사람들은 삶의 중심을 잡기 어려운 환경에 있다. 카지노뿐만 아니라 상점, 주유소, 공항까지도 도박 기회로 가득하니 피폐해질 수밖에 없다. 그 결과 도박에 중독된 수많은 주민들이 '다음 판에서 돈을 따면 모든 손실을 만회할 수 있다'는 착각에 빠져 살게 된다. 집파리 효과는 성서에 등장하는 재앙처럼 누구도 피할 수 없다. 왜 정부는 24%씩이나 되는 세금을 받고도 이런 사람들을 보호하려고 하지 않는지 궁금할 정도다.

혹은 "이건 미국 이야기다. 우리나라에서는 그런 함정에 빠지지 않는다. 우리나라 문화는 더 견고하고, 이런 종류의 자기기만도 그리 심하지 않다. 그러니 남에게 속지 않을 거야."라고 생각하는 사람들도 있을 것이다. 근데 딱히 그렇지는 않다. 근처 이케아 매장에 가보면 알 수 있다. 이케아는 길이 꽤 복잡해서 빠르게 지나가기가 쉽지 않다. 이케아 건물 안에서 자연광을 본 적 있는가? 아마 마지막에 계산대로 가서야 겨우 보게 될 것이다. 그때는 이제 나가도 된다는 신호를 주는 셈이다. 그렇다. 라스베이거스에서 일어나는 일이 우리나라의 도시, 마을, 시골에서도 똑같이 일어나고 있다. 그리고 곧 알게 되겠지만, 외부 요인만이 개인에게 영향을 미치는 게 아니다. 가장 큰 공범은 바로 자신의 뇌다.

CONTENTS

1장 뇌에 쉽게 속아 넘어가는 우리들

2장
왜 뇌는 본능적으로 나태해지는가

5장

지금 당장 원하지만 아직 하고 싶지 않다

6장

나도 모르는 사이에 나의 뇌가 주목하고 있다

7장

보상은 어떻게 주어져야 하는가

뇌에 쉽게
속아 넘어가는
우리들

뇌가 자신에게 유리한 것들만 생각하는 이유

자기과대평가(self-overestimation), 플라시보 효과(placebo effect), 근본 귀인 오류(fundamental attribution error)와 같은 집파리 효과들은 우리 뇌에서 강력하게 작용한다. 이러한 효과들은 사람들의 눈에 잘 띄지 않는 특징이 있으며 연달아 또 다른 심리적 효과를 유도하기도 한다. 적절하게 이용하면 긍정적인 결과를 가져올 수 있지만, 과도하게 작동하면 부정적인 결과를 초래할 수 있다. 이 경우, 미러링이 효과적인 대응책이 될 수 있다. 특히 업무 환경에서는 자기 과대평가를 경계하며, 자신의 사고 과정을 객관적으로 점검하는 것이 중요하다.

내 얘기인 것 같다고
누구나 생각한다

　이 책 표지 디자인은 두 가지 컬러 버전으로 만들었다. 퍼머넌트 화이트와 코발트 옐로우. 당신은 어떤 컬러의 책을 구입했는가? 이 책을 보고 있는 당신은 서점에서 코발트 옐로우 버전의 책을 골랐다. 코발트 옐로우 버전을 선택한 사람은 일종의 내향인이다. 하지만 동시에 사교적인 성향도 강하며 다른 사람과의 흥미로운 대화에도 관심이 많은 사교적-내향성(S-I타입)의 사람이다. 바로 이 두 가지 상반된 차원이 합쳐져 이 성향만의 특별한 개성이 있는 사람이다. 이러한 성향의 사람들은 아주 흥미로운 투자 기회를 놓치지 않는다.

　뭔가 수상한 낌새를 눈치챘을까? '이상한데?'라고 느꼈다면, 제대로 느낀 것이다. 결국, 코발트 옐로우 표지 한 종류의 책만 진열대에 올라와 있으니 말이다. 그래도 사람들은 '이거 내 얘기잖아'

라고 느낀다. 당연히 그럴 수 있다. 집파리 효과의 고전, **포러 효과 (Forer effect)**가 작용한 것이다. (혹은 바넘 효과라고도 한다.) '내 얘기 같은데?'라고 생각하지만, 실제로 그렇지 않다는 의미다. 여태껏 점쟁이와 손금 보는 사람들은 이 효과로 생계를 유지해 왔다. 오늘날에도 소셜 미디어에는 '내향인이면서 사교적인 사람이라면 이렇게 하라'는 게시물이 범람하고 있다.[4]

내가 이렇게 구구절절하게 설명했음에도, 당신은 여전히 '그럴 수도 있지만, 나는 사교적이면서 내향인인 사람이다'는 생각을 내려놓지 못할 수 있다. 당신의 고유한 성격을 내가 감히 단정 짓고 싶지는 않지만, 우리는 인간으로서 생각만큼 자신을 잘 알지 못한다. 빠릿빠릿하게 일 잘하는 인지 편향의 집파리들에게 이용 당하는 점이기도 하다. 그들은 우리 뇌의 착각, 사각지대, 지름길을 능숙하게 이용한다. 이러한 집파리 효과를 인식하고 이해하려면, 나 자신을 다른 방식으로 바라보아야 한다.

우리는 생각만큼 스스로를 잘 알지 못한다

당신은 어떤 유형의 사람인가? 언제나 사실에 기반해 의식적이고 신중하게 선택하는 편인가? 아니면 생물학, 유전자, 상황, 환경의 영향에 따라 선택한다고 생각하는가? 사실, 선택 과정에 둘 중 하나만 작용하지 않는다. 두 가지가 결합한 형태로 작용한다. 음악이 리듬, 멜로디, 화음, 음색이 어우러져 만들어지듯이, 우리의 행동도 생물학, 문화, 환경, 성격 등의 요소가 종합하여 형성된다. 각 요소는 매우 복잡하게 얽히고설켜 있다.

생물학적으로 태아 때 결핍으로 유전자 기능에 영향을 미치기도 한다. 그렇다면 나중에 특정 상황에서 특정 방식으로 반응할 가능성이 커질 수 있다. 유전적으로 결핍을 지니고 태어났기 때문에 자신의 행동에 대한 통제력이 제한적일 수 있다. 하지만 그런 경우에도 우리는 문제의 원인을 다르게 인식하는 경우가 많다. 전쟁, 착취, 환경오염, 사회 양극화 등의 원인이 복잡해서 때로는 문제의 해결책을 차라리 단순히 유전적인 이유에서 답을 찾는 것이 간단해 보일 때도 있다.

안타깝게도 MRI(자기 공명 이미지)와 뇌파 스캔이 뇌의 많은 것을 보여줌에도 불구하고 뇌를 원래 상태로 되돌리는 초기화 버튼은 밝혀내지 못했다. 게다가 인류가 뇌에 대해 아무리 깨달음을 얻었다고 해도 3억 년의 진화를 무시할 수는 없다. 부족주의, 자기 보호 본능, 단기적 사고와 같은 문제들이 얼마나 뿌리 깊게 자리 잡고 있는지도 헤아려야 한다. 기껏해야 우리는 우리가 어떠한 행동을 했을 때 기분이 좋아지는지, 그렇지 않은지에 정도에 대해 알아가고 있다.

현대인의 삶에 어울리지 않는
충동성이 유전자에 새겨진 이유

고전 경제학자들은 사람들이 어떤 결정을 내릴 때 장단점을 따져보고 나서 선택한다고 가정했다. 하지만 현대 행동경제학자들은 다르다. 사람들이 실제로 어떤 선택을 하는지에 대해 좀 더 미묘한 관점을 갖게 되었다.

물론 우리 뇌는 다양한 선택지의 장단점을 끊임없이 예측하고 비교한다. 그러나 결정을 내릴 때 사용하는 '논리'는 조금 다른, 더 원초적인 형태다. 예를 들어보자. 만약 경영자 연수 프로그램에 가서 깊이 생각하지 않고 즉각적으로 행동한다면 맞지 않는다. 하지만 우리의 먼 조상들은 사바나에서 즉각적으로 행동하는 것이 생존에 필수적이었다. 내 유전자를 당장 생존시키기 위해 즉각적으로 결정하려는 충동은 오늘날까지도 여전히 우리 안에 남아 있다. 이러한 원시적인 충동은 현대 생활에서 받아들여야 하는 현실과 자주 충돌한다. 주택담보대출 상품을 신중하게 비교해서 당장은 조금 힘들지만 25년 후 더 나은 선택을 하는 일 같은 것 말이다.

요컨대, 자신이 이성적이라고 생각하는 사람들은 자신에 대해 종종 착각한다. 자신을 사교적이거나 사랑스럽거나 직관적이라고 생각하는 사람들도 마찬가지다. 이때 중요한 건 사람들이 '비이성적'인 것이 아니고, 그들의 스스로에 대한 자기 성찰을 신뢰할 수 없다는 점이다. 우리는 생각만큼 우리 자신을 잘 알지 못한다.

자신감 과잉은 인간의 본능이다

우리는 스스로를 제대로 이해하지 못하고 있다. '자기 과대평가'의 단적인 예를 보자. 운전자 대부분은 자신이 운전 실력이 우수하다고 생각한다. 숫자로 증명할 수는 없다. 하지만, 무사고 운전 경력 증명서 같은 객관적인 데이터는 믿을 만하다. 그러나 사고 경력이 있는 사람을 보면 객관적인 데이터를 솔직하게 받아들이지 않는다. '어쩌다 그랬을 뿐이지, 나는 사실 운전을 잘하는 사람에 속한다'고 생각한다.

우리는 자신의 직관에 대해서나, 현실감각처럼 측정하기 어려운 것에 대해서도 자주 자기 자신을 과대평가한다. 자신의 직관은 뛰어나며, 견해는 현실적이라고 믿기 때문이다. 이렇게 우리는 끊임없이 자신을 과대평가하며 살아간다. 그 때문에 때로는 다투지만, 스스로를 객관적으로 바라보는 데 도움이 되기도 한다. 사실 자기 과대평가는 인간의 본능이다. 이번 장에서 더 자세히 살펴보겠지만, 자기 과대평가에는 긍정적인 면과 함께 잘못된 선택을 야기할 수 있는 부작용도 있다.

대표적인 사례를 보자. 1995년 4월 19일 미국 피츠버그에서 발생한 일이다. 맥아더 휠러라는 남성이 피츠버그의 은행 두 곳을 털었다. 이 자체도 현명한 선택은 아니었지만, 그의 '변장술'은 더욱 황당했다. 레몬즙을 이용해 자신을 숨기려 했으니 말이다. 레몬즙을 투명한 비밀 잉크로 쓰는 사실에 착안해 얼굴에 레몬즙을 바르면 CCTV에도 자신의 얼굴이 보이지 않을 것이라고 믿었다. 경찰은 그가 술을 먹거나 마약을 복용한 상태는 아니었다고 했다.

당시 심리학 교수인 데이비드 더닝(David Dunning)과 학생 저스틴 크루거(Justin Kruger)는 이 사건에 깊은 관심을 보였다. 휠러가 왜 잘못된 판단을 했는지 조사했다. 그 결과, 여러 논의를 거쳐 집파리 효과 중의 하나로 알려진 **더닝-크루거 효과 (Dunning-Kruger effect)** 라는 개념이 탄생했다. 간단히 말하자면, 특정 주제에 대해 지식이 부족한 사람들은 자신의 전문성을 과대평가하는 경향이 있다. 지식이 부족하여 잘못된 판단을 내려 잘못된 결론에 도달하지만, 실수를 알아차리지 못하는 것이다. 그러한 현상이 벌어지는 이유는 더 빠르게 결정을 내리기 위해 다른 기억 프로세스를 사용하기 때문이다.

무식한 사람보다 지식이 풍부한 사람이
자신감을 가질 수 없는 이유

이러한 현상은 사회 모든 계층에서 나타난다. 예를 들어, 건축업자인데 재테크에 자신 있다고 생각해 SNS에 당당하게 재테크 의견을 제시한다. 헤지펀드 매니저인데 자신의 집을 직접 수리할 수 있다고 확신하고 TV 방송에 출연해 혼자서 집을 엉망으로 고친다.

이 현상의 재미있는 점은, 어느 정도 지식을 쌓으면, 자신이 아직 모르는 것이 얼마나 많은지 깨닫게 되는 순간이 온다는 것이다.

그러면 세부적인 것에도 압도되어 스스로 전문가라고 말하는 것을 꺼리게 된다. 그 결과, 앞서 말한 자신감만 넘치고 지식은 부족한 사람들이 더 큰 목소리를 내게 되는 상황이 된다. 드라마 배우가 지속 가능한 에너지 전환과 같은 복잡한 주제에 대해 의견을 펼치는 토크쇼 장면을 떠올려보라. 놀라운 점은 배우가 전문 지식이 없더라도 자신의 의견이 해당 분야 전문가들의 의견과 동등한 가치를 지닌다고 생각하는 것이다. 배우는 정말로 자신이 전문가들만큼 지식이 풍부하다고 생각할까? 놀랍게도 그 대답은 '그렇다'이다.

그렇다면 자신을 과대평가하는 것이 왜 심각한 문제일까? 과대평가 상태에서는 직관이 경고를 보내지 않기 때문이다. 직관 자체에 결함이 있으니 말이다. 따라서 마술사나 사기꾼의 속임수에 빠지기 쉽다. 예컨대, 공이 어느 컵 아래에 있는지 맞힐 수 있다고 자신감 넘치게 말한다.

놀랍게도 고학력자들조차도 온라인으로만 만난 가짜 연인에게 거액을 송금하는 등의 사기를 당하는 경우가 많다. 자신의 분야에서는 전문성을 가지고 있지만, 그렇지 않은 다른 분야에서도 평균보다 똑똑하다고 과신해서 '나처럼 똑똑한 사람이라면 반드시 가짜를 알아낼 수 있을 것'이라고 생각한다. 사기를 '호인임을 이용하는 신용 사기'라고 부르는 이유는 바로 이 자신감을 노리기 때문이다. 그렇다면 사기에 대처하는 가장 좋은 방법은 무엇일까? 절대로 자신이 신용 사기 피해자가 되지 않을 것이라고 확신하지 말라. 또한 자신이 만수르 왕자로부터 거액의 돈을 받을 수 있을 거라는 환상도 갖지 말라. 그리고 확신이 서지 않을 때는 다른 사람의 의견을 구하는 것이 좋다. 우리는 자신을 다른 사람보다 훨씬 더 과대평가 하는 경향이 있으니 말이다.

당신을 착각하게 만드는 뇌의 메커니즘

뇌는 종종 속임수를 쓰기도 하지만, 이는 지극히 정상적인 현상이니 걱정하지 말라. 뇌는 가장 정확하지는 않더라도 현실을 가장 실용적이고 유익하게 이해하도록 발달해왔다. 뇌는 결정을 내릴 때 작용하는데, 그 과정에서 대변인(의식적 부분)을 지정하여 다른 사람들에게 이러한 결정을 설명하고 정당화하는 역할을 한다.

어느 사회에서든 소속감을 느끼려면 몇 가지 자질이 필요하다. 어느 정도 건전하게 자신감 있는 마음 상태도 필요하지만, 수그릴 줄 아는 겸손함도 중요한 덕목이다. 신뢰와 공감 능력도 필수적이다. 이러한 인성적 자질은 짧은 기간에는 없어도 있는 듯 행동할 수 있지만, 오랫동안 보는 관계에서는 속이기 어렵다. 아무리 숙련되고 경험이 많은 배우라도 의도치 않게 자신이 연기하는 역할에서 벗어나는 순간이 있기 때문이다. 누구도 항상 특정 인물이나 행동을 완벽하게 유지할 수는 없으며 때때로 자신의 진짜 모습이 드러날 수 있다는 의미다. 자기 자신이 이미 특정한 성격이나 특성을 가지고 있다고 내적 '대변인' 즉, 스스로가 믿도록 설득시키는 것이 가장 현명한 방법이다. 그러면 다른 사람들도 그 사실을 쉽게 받아들인다.[5] 이것이 바로 자기기만의 힘이다. 위험천만한 선동가와 사이비 종교 지도자들은 자신이 스스로에 대해 지어낸 이야기를 굳게 믿고 이를 토대로 추종자들을 현혹하는 듯하다.

인간의 의식은 뇌가 어떻게 작동하는지 파악할 수 없다

'내면의 목소리', 즉 내면의 독백에도 같은 원칙이 적용된다. 잘못을 저질렀을 때 발생할 수 있는 대화에 대비하기 위해 내면의 목소리가 작동한다는 이론도 있다.[6] 예를 들어, 함께 나눠 먹기로 한 바구니에서 사과를 너무 많이 가져왔다. 뇌는 앞으로 곧 누군가에게 하게 될 변명에 대비해 '일을 너무 열심히 해서 그런지 배가 고프네'라고 생각하게 된다. 시간이 지나면 내면의 목소리는 자신의 강점을 강조하고, 약점을 긍정적으로 해석하는 자기만의 목소리(narrative)로 발전한다.[7] 그런데 이러한 진화론적 설명은 합리적으로 보이지만 검증하기는 어렵다.

한 가지 분명한 사실은 우리의 '의식'이 뇌가 작동하는 방식을 완전히 이해하지는 못한다는 것이다. 그래서 머릿속에서 '상사, 동료, 어머니, 형제에게는 분명히 이 단점이 보이는데 나한테는 딱히 없는 것 같아'라는 목소리가 들리더라도 일단 제동을 걸고 '꼭 그런 건 아닐 텐데'라며 객관적으로 성찰할 필요가 있다.

직장에서 팀원들과 할 수 있는 활동을 소개한다. 팀원들에게 펜과 종이를 준다. 공동 프로젝트에 대한 자신의 기여도를 백분율로 추정하여 적어보라고 요청한다. 팀의 규모에 따라 다르겠지만 각 수치의 합은 일반적으로 최대 150퍼센트에 달한다. 모두가 자신의 기여도를 과대평가하기 때문이다. 숫자를 토론하고 15분 정도 후에 같은 질문을 하면 대부분 자신의 예상치를 낮춰서 적을 것이다. 그래도 여전히 합을 더하면 100퍼센트를 초과할 것이다.

자신을 과대평가하는 것은
타인이 있을 때이다

이처럼 자기 객관화가 부족하고 자신을 지속해서 과대평가하는 경향이 있음을 알아봤다. 하지만 지나치게 긍정적인 자기 이미지로 누구를 속이려 하는 것일까? 우리 자신인가, 아니면 타인인가? 경제학자 조엘 반데르 웨일(Joël van de Weele)과 피터 슈워드만(Peter Schwardmann)은 이 질문을 연구했다. 그들은 우리가 비현실적으로 긍정적인 자기 상을 선호하는지, 그것이 완전히 정확하지 않다는 것을 알면서도 그렇게 생각하는지, 아니면 자신의 능력을 과대평가하는 것이 사회생활에서 유리하기 때문에 자신을 속이는지 알아보고자 했다.

우선 자신을 과대평가하는 경향이 있다는 사실이 밝혀졌다. 참여자들에게는 지능 테스트를 받은 후 자신의 점수를 예상하라고 했다. 연구자들은 일부러 결과를 조작한 후 참여자들에게 보여주었고, 일부 참가자들에게 상당히 높은 점수를 받았다고 전했다. 실제 실력보다 높은 점수를 받았다고 전달받은 이 그룹은 실력 대비 낮은 점수를 받은 그룹보다 자신의 지능을 다른 사람들에게 더 잘 설득했다. 심지어 이 사실을 어느 정도 인지하고 있는 듯 보였다. 자신의 지능에 대해 다른 사람들을 설득해야 한다는 것을 알고 있는 참여자들은 처음부터 자신을 조금 더 높게 평가했다.[8]

중요한 점은 사람들이 사회생활에서 자신을 과대평가하는 경향이 있으며, 여기에는 실제로 목적이 있다는 점이다. 허세는 다른 사람에게 깊은 인상을 주기 위해 하는 행동이다!

마음가짐이나 각오보다
환경을 바꾸는 것이 더 중요한 이유

처한 상황에 따라 우리 행동은 달라진다. 하지만, 성격이 행동에 영향을 미친다고 생각하는 사람들이 많다. 영국에서 제작한 행동 관찰 예능을 보자. 예능 방송 〈템테이션 아일랜드〉에서 커플들을 성적 유혹에 노출해 새로운 이성에 한눈을 파는지를 테스트한다. 참가자들은 섬에 도착하기 전에는 자신이 정절을 지키고 유혹에 넘어가지 않을 것이라고 확신하지만, 별장에 들어서면 상황이 완전히 달라진다. 더위, 태양, 술, 그리고 호화로운 환경이 유혹을 뿌리치기 어렵게 만들고, 결국 주어진 환경이 마음가짐이나 성격을 압도해 더 큰 영향을 미치는 경우가 반복된다.

물론 당신은 이성의 유혹이 가득한 리얼리티 프로그램에 출연하고 싶은 마음이 없을 것이다. 하지만, 솔직히 휴가 중에 여행을 가서 한눈을 팔 수도 있다는 생각을 해 보지 않았는가? 당신만 그런 것은 아니다. 얼마 전에 팀은 정부 캠페인에 참여했다. 휴가 중 더 안전하게 행동하자는 이 캠페인의 목적은, 평소에는 교통법규를 잘 지키던 사람들도 휴가 중에는 음주운전 같은 위험한 행동을 하기 쉽기 때문에 주의를 환기시키는 게 목표였다.

우리는 상황에 따라 다르게 행동한다. 교회에서와 헬스장에서, 상사 앞에서와 파트너 앞에서, 학교 운동장에서와 나이트클럽에서 다르게 행동하는 것은 당연한 일이다. 모두가 그 사실을 인지하고 있지만, 동시에 우리는 상황의 영향을 계속 과소평가하고 있다.

선거에 이용된 인지 편향

2016년 미국 대선 이후, 케임브리지 애널리티카(Cambridge Analytica)라는 회사를 둘러싼 논란이 있었다. 이 회사는 합법적으로 입수한 것으로 추정되는 각종 페이스북 데이터를 사용하여 사람들을 심리적 특성에 따라 공략의 '표적'으로 삼았다. 도널드 트럼프를 선택해야 하는 이유를 그들의 상황, 우선순위 또는 라이프스타일과 직접 일치하는 공략을 내세워 보여주었다. 예를 들어, 불안한 성격의 소유자들에게는 '미국이 무너지지 않아야 한다(Don't let America fall!)', 개방적인 성격의 사람들에게는 '미국의 위대한 미래를 발견하라(Discover America's future)'고 접근하는 식이다.

케임브리지 애널리티카의 전직 직원들은 논란이 터진 이후, 이 작업을 어떻게 수행했는지 설명했다. 이들은 주로 심리학자들이 널리 인정하는 모델인 '빅 파이브' 성격 특성을 기반으로 페이스북 데이터를 사용해 사람들을 분류했다. 이용자가 '좋아요'를 몇 개만 누르면 시스템은 이용자의 배우자나 애인보다 더 정확하게 성격 테스트 결과를 예측할 수 있다. 이러한 방식으로 시스템은 사람들에게 영향을 미치는 데 매우 효과적인 광고를 표시할 수 있었다.

과학자들은 이러한 주장이 사실인지 궁금했지만, 사용자 개인의 심리적 상태에 맞게 맞춤화된 광고가 특정 후보에 대한 투표 의향을 높일 수 있다는 사실을 발견했다. 하지만 이것이 실제로 행동에 얼마나 영향을 미치는가에 관해서는 여전히 의문이 있었다. 트럼프의 소셜 미디어 전문가인 브래드 파스케일(Brad Parscale)은 다음 선거에서는 이러한 전략을 사용하지 않기로 했다. 이러한 전략이 비윤리적이라서가 아니라, 효과가 충분하지 않다고 생각했기 때문이다. 그렇다면 케임브리지 애널리티카는 유권자를 오도한 것인가, 아니면 그들의 고객을 오도한 것인가.

실패는 네 탓이고
성공은 내 덕분이다

'이 상황 어떡하지? 나 어쩌면 좋지?'라고 생각하며 상황의 파급력을 인정하는 한 가지 상황이 있는데, 바로 실수를 저질렀을 때다. 사람들은 자신이 실수하거나 신뢰를 깨뜨리거나 약속을 지키지 못했을 때 재빨리 상황 탓을 한다. 심지어는 "나는 원래 그런 사람이 아니야, 순간에 휩쓸린 거야"라고 한다. 이는 **근본 귀인 오류(fundamental attribution error)**로 알려진 일반적인 행동이다.

성공한 기업가에게 성공 비결을 물어보면 보통 "저는 타고난 부지런한 사람이다."라고 말한다. 성격이 행동을 주도한다는 것을 암시하는 부분이다. 하지만 같은 사람이 실수에 대해 사과할 때 뭐라고 할 것 같은가? "저는 불합리한 상황에서도 고집스럽게 제 방식을 고집하는 사람입니다."라고 말할 것 같나? 절대 그렇지 않다. 오히려 이렇게 말할 가능성이 크다.

"그때가 저에게 힘든 시기였어요. 평소 같으면 절대 그렇게 하지 않았을 겁니다."

흥미롭게도 사람들은 반대로 받아들인다. '자기 분야에서는 성공을 거두었지만, 지금껏 그게 다 운이었구나'라고 생각한다.

신호등이 노란색으로 바뀌었을 때 속도를 높이는 경우, 중요한 약속에 늦어서 어쩔 수 없는 상황이었다고 변명할 수 있다. 하지만 낯선 사람에게는 단순히 '빨간불을 무시한 것'으로 보일 수 있다. 이는 피하기 어려운 '근본 귀인 오류'의 한 예다. 자, 이제 성공한 사람들의 자서전에서 나오는 모든 교훈을 너무 진지하게 받아들일 필요는 없다는 것, 자신의 성공이나 실패를 일방적으로 설명하기 전에 신중할 필요가 있음을 알게 되었을 것이다.

자기기만의 본질은
자기 자신을 거짓말로 속이는 것이다

솔직해지자. 우리는 우리 생각만큼 똑똑하지 않다. 그럼에도 사람들의 쓴소리를 무시하며 운이 좋았던 순간에도 우리가 잘했기 때문에 성공한 것이라고 결론짓는다. 하지만 적어도 우리는 솔직하지 않은가? 아니다. 엄밀한 의미에서 우린 솔직하지도 않다.

정직의 수준은 상황에 따라 달라질 수 있다. 자기기만에 관한 저명한 연구자인 댄 애리얼리(Dan Ariely)는 정직과 자기기만이 얼마나 '미끄러운 경사로'가 될 수 있는지 설명한다.

"나는 장애가 있지만 심각한 장애는 아니다. 그러나 공항 체크인 줄이 길 때, 친구에게 휠체어를 요청하게 해서 줄을 서지 않고 더 빨리 체크인 한 적이 있다. 휠체어가 꼭 필요하지 않았지만, 더 빨리 체크인할 수 있었다. 그러나 휠체어를 타고 있었기 때문에 친구가 나를 업고 좌석과 화장실까지 이동해야 했다. 나는 창 측 37D 좌석에 앉아 있었기 때문에 화장실 가는 것이 불편해 비행 중에 물한 모금 마시지 않았다. 그 후 내 자신의 설정에 온전히 몰입하게 되었다. 그리고 완전히 짜증 난 상태로 항공사 측에 '휠체어를 탄 사람을 얼마나 모욕적으로 대하는지' 항의하러 갔다."

애리얼리가 이 부끄러운 에피소드를 털어놓은 데는 이유가 있다. 이 이야기는 자기기만의 본질을 보여주기 때문이다. 거짓말은 스스로 믿을 때 설득력이 커진다. 그는 가벼운 장애가 있었기 때문에 이런 자기기만을 당당하게 보여줄 수 있었고, 이를 정당화할 수 있다는 생각에 이르렀다. 이 에피소드는 자신을 속이고 자신의 이미지를 바꾸는 것이 실제 사람의 행동에 큰 영향을 미친다는 것을 시사한다.

또 다른 예로, 사람들이 지나가다 자선 단체를 마주할 때를 생각해 보라. 슈퍼마켓 입구에서 자선 단체 모금함을 들고 있는 사람들이 있어도 대부분의 사람들은 그냥 지나쳐서 가게로 향할 것이다. 하지만 모금함을 들고 있는 사람이 눈을 맞추고 대화를 시도하자, 지나가는 사람 3명 중 1명은 일부러 다른 출구로 나갔다. 사람들은 자신이 자선 활동을 거부하는 사람으로 보이는 것을 싫어한다.

당신은 이 논리에 공감하는가? 아니면 환경과 자기 이미지가 행동에 결정적인 영향을 미친다는 사실이 와 닿지 않는가? 어떠한 생각을 하건 충분히 이해한다. 사람들은 의도적으로 자신을 스스로 속이는 선택을 할 수 있기 때문이다.[9]

아무 효과도 없는 가짜 약이
진짜 효과를 가져온다

아마존에서는 이상한 물건이 많이 판매되고 있다. 그 중에서 팀과 에바가 가장 좋아하는 제품은 '지보(Zeebo)'라는 제품이다. 제품 설명은 이렇다. '즉각적으로 효과가 있는 순수하고 정직한 플라시보(Placebo, 위약)'. 처방전이 필요 없는 진짜 플라시보 알약이다. '각종 증상을 완화하고, 집중력을 높이고, 머리를 맑게 하고, 활력 증진, 정신 안정을 가져온다'고 한다. 효과가 있는지 의심스럽다면 별점 4점을 남긴 만족도 높은 한 고객의 후기를 확인해보자.

"효과 대박 플라시보 알약, 위약의 기능을 완벽히 수행."

플라시보 효과(placebo effect)는 다양한 집파리 효과 중에서도 '자기기만'이라는 특수한 효과가 있다. 이는 약품 개발 시 시험에서 진짜 약의 효과를 비교하기 위해 사용된다. 이미 의학계에서는 흔하다. 흥미로운 건 플라시보가 실제로 유익한 효과를 가져온다는 것이다. 진짜 약인 줄 알고 위약을 투여 받은 환자는 통증 완화나 활력증진과 같은 좋은 효과를 기대한다. 그러면 실제로 신체가 그 반응을 보이는 경우가 있다.

플라시보 효과의 역사는 오래되었다. 1807년 미국 제3대 대통령 토머스 제퍼슨(Thomas Jefferson)[10]은 주치의가 색이 있는 물을 한 방울 떨어뜨려 준 것만으로도 엄청난 효과를 보았다고 한다.

제2차 세계대전 중에도 의사들이 약품 부족으로 인해 환자에게 위약을 사용하기도 했는데, 이를 통해 놀라운 효과를 얻은 사례도 있었다.

물론 위약을 먹는다고 해서 절단된 다리가 다시 자라지는 않지만, 통증, 스트레스, 무기력증 등에서는 좋은 효과를 볼 수 있다.

위약의 효과를 높이는 방법도 알려져 있다. 알약을 크게 만들거나, 가격을 높게 책정하는 등의 방법이다. 피부에 문지르거나 정맥주사, 가짜 수술(환부를 절개하고 아무 것도 하지 않고 다시 꿰매는 것) 등을 하면 더욱 효과적이다. 흰색 위약은 두통에 효과가 있다고 느끼게 하고, 빨간색 위약은 활력 증진에 효과가 있을 것 같은 인상을 강화한다. 설명서에 부작용이 많이 기재되어 있을수록 그 위약은 효과가 좋아 보인다. 심지어 위약을 투여받은 사람이 진짜 약물 투여의 부작용을 일으키는 **노시보 효과(nocebo effect)**라는 현상도 발생하기도 한다. 어쨌거나 흥미로운 사실은 자신이 위약을 복용하고 있다는 사실을 알고 있는 사람들 조차 아무것도 복용하지 않은 사람들보다 더 좋은 효과가 있다는 점이다.

뇌를 속이는 누름 버튼이
당신을 보호한다

효과를 기대하는 것만으로도 실제로 원하는 반응을 일으킬 수 있다. 이것은 대단한 일이다. 하지만 우리는 굳이 가짜 약을 먹지 않아도 자신도 모르게 일상생활 속에서 위약 효과를 경험하고 있다.

다음의 상황을 상상해 보라. 회사 동료 두 명이 함께 사무실에 있다. 한 동료가 약간 쌀쌀해서 히터를 올린다. 다른 동료는 땀이 나고 너무 더워서 온도를 내린다. 잠시 후 추위를 느낀 동료가 온도를 높인다. 이렇게 몇 번의 신경전이 오간 후에는 짜증 섞인 대화가 이어진다. 결국 두 사람은 서로 타협할 수 있는 온도를 결정한다. 그러고는 히터에 '만지지 마세요!' 라는 경고 문구를 적어 붙인다.

당신도 이런 온도 조절 신경전의 경험자인가? 미안하지만, 많은 경우에 당신이 조절하고 있는 히터의 온도 조절기는 '플라시보 버튼'이다. 관리자가 사용자의 만족감과 통제감을 주기 위해 만든 작동하지 않는 버튼이다. 플라시보 버튼은 생각보다 흔하다. 미국의 한 언론 보도에 따르면 에어컨 기술자 71명 중 50명이 플라시보 버튼을 설치한 적이 있다고 설문에 "예"라고 응답했다. 엘리베이터의 '닫기' 버튼을 누르면 실제로 문이 닫힌다고 믿는가? 길을 건널 때는 어떨까? 예를 들어, 뉴욕시의 횡단보도 버튼은 약 3,250개다. 그중 2,500개는 작동하지 않는다. 버튼을 눌러도 신호가 바뀌는 데는 아무런 영향을 미치지 않지만, 신호대기 중인 사람들의 무모한 무단횡단을 막는 등 심리적 효과를 기대하고 붙여 놓은 것이다.

이것이 바로 이 집파리 효과의 가장 놀라운 점이다. 플라시보 효과는 아무 기능도 하지 않지만, 효과가 있다.[11]

효과 있음에 대한 인식

엄밀한 의미의 위약은 아니지만, '아무것도 하지 않았는데도 효과가 있는 것들'은 많다. 광고계의 전설이었던 제리 델라 페미나(Jerry Della Femina)는 회고록에서 '피부에 자극을 주지 않는 항균 세안제'라는 혁신적인 제품이 전혀 팔리지 않은 사례를 이야기했다.

왜 실패했을까? 소비자들은 알코올이 피부에 닿았을 때 느껴지는 따끔거리는 통증을 세안 효과와 연관 짓고 있었다. 따가운 느낌을 통해 오히려 항균 작용의 효능을 실감하고 있었던 것이다. 요즘은 제품 개발에서 항상 이 사실을 고려한다. 치약은 기술적으로 필요 이상으로 입안을 따끔거리게 만든다. 그리고 기침약의 맛은 일부러 더 역겹게 만들어 진짜 약을 삼키는 듯한 느낌을 준다.

마케팅 업계에서는 잘 알려진 이야기지만, 여성에게 인기있는 '코카콜라 라이트'는 남성향으로 기획된 '코카콜라 제로'보다 더 묽은 맛으로 조정되어 있다. 여성은 단맛을 줄인 맛을 선호할 것이라는 마케팅의 결과다.

반면 IT 업계는 이런 종류의 플라시보에 아직 서툴다. 예를 들어, 마이크로소프트는 온라인 버전의 워드에서 저장 버튼을 삭제했다. 자동 저장 기능을 탑재하고 있기 때문이다. 마이크로소프트는 사용자가 버튼을 눌렀을 때 느끼는 '무언가를 완성했다는 안도감과 만족감'을 완전히 간과한 것 같다.

맛있는 것이 비싼게 아니라
비싼게 맛있다고 느껴진다

브랜드는 어떤 면에서 궁극적인 플라시보 효과를 지니고 있다.

블라인드 테스트에서 가장 많이 팔리는 콜라가 꼭 가장 맛있는 것은 아니다. 사소한 이유 때문에 종종 결과가 달라진다. 콜라에 따라 차가울 때만 맛있거나 상온에서만 맛있는 경우가 있다. 한두 모금만 그렇게 느끼는 경우도 있다. 맥주 '덕후'들도 비슷한 경험을 해봤을 것이다. 하지만 브랜드를 알게 되면, 가장 인기 있는 제품이 갑자기 가장 맛있게 느껴진다.

이런 현상은 특히 최고급 AV 기기에서 두드러진다. 마니아들은 24K 순금 플러그와 스피커 케이블에서 미묘하지만 더 좋은 소리가 느껴진다고 한다. 심지어 전원 공급 방식을 바꾼 후 음악 소리가 예전 같지 않다고 주장하는 사람들도 있으니 말이다.

그러나 예상대로 블라인드 테스트에서 아무도 케이블에 따른 소리의 차이를 구분하지 못했다. 계산대 근처에서 파는 저렴한 케이블과도 구별하지 못했다.[12] 그러나 한편 마니아들이 최고급 스테레오 세트로 음악을 들을 때 최고의 소리를 느끼는 것 또한 사실이다. 돈이 많이 들게 만드는 집파리 효과이지만, 감당할 수 있고 즐길 수 있다면 상관 없지 않겠는가? 하지만 고액의 대출을 받아가며 비싼 스테레오 세트를 구입하는 것은 그다지 추천하지 않는다. 혼자서 블라인드 테스트를 해 보라.

플라시보 효과는 일상 생활에서 잘 활용할 수 있다. 물론 의사의 처방을 받을 필요는 없다.

유명 셰프들도 플라시보 효과를 잘 알고 있다. 손님이 레스토랑에 들어서자마자, 가게 안은 세련되게 꾸며져 있고, 티베트 수도원에서 영감을 받았다는 분자 요리[13]가 눈앞에 놓여 있다.

미슐랭 스타를 받았다는 사실도 당연히 손님들을 이끄는데 한몫한다. 한 입 먹기도 전에 이미 기대로 부풀어 있다. 음식이 세련되고 복잡하며 놀라운 풍미로 가득할 것이라는 확신이다. 맛집 사이트의 높은 평가에 목을 매는 셰프들은 손님들에게 이런저런 꼼수를 부리기도 한다. 한 식당은 '우리 가게에서는 굴요리가 더욱 맛있게 느껴지는 특별한 음악을 틀어놓고 있다'고 홍보한다. 평범한 와인을 고급스러운 병에 담아 어쩐지 더 섬세하고 미묘한 맛이 느껴지기도 한다.[14]

뇌과학자들은 비싼 와인일수록 실제로 더 맛있게 느껴진다는 사실을 발견했다. 이건 단순히 '자기 암시'를 초월한다. 실제로 받는 보상이나 결과물은 허구일 수 있지만, 그 과정에서 겪는 경험이나 감정에는 진정성이 있다. 보상은 가짜지만 경험은 진짜라는 의미다. 아이에게 당근을 화려한 패스트푸드 포장지에 싸서 주면, 아이가 그 당근을 더 좋아하게 된다는 것과 같은 논리다.

원치 않는 정보는 의도적으로 외면하게 된다

사람들은 원치 않는 정보를 의도적으로 알지 않으려고 하는 경향이 있다. 이를 '자기기만'이자 '전략적 무지'라고 한다.

이를 알아보기 위해 과학자들은 간단한 실험을 했다. 피실험자에게 식사를 제공했다. 테이블 위에는 그 음식에 포함된 칼로리가 적힌 종이가 담긴 봉투가 놓여 있다. 봉투를 열어 칼로리를 확인할지 여부는 피실험자의 판단에 맡겼다. 그랬더니 46%의 피실험자가 봉투를 열지 않았다.

'모르는 게 좋다'고 생각하는 '전략적 무지'는 여기서 끝나지 않았다. 이 실험을 한 과학자가 다른 피실험자에게 이런 경우 어떻게 하겠냐고 물었을 때, 봉투를 열지 않겠다고 답한 사람은 19%에 불과했다. 우리가 얼마나 무의식적으로 자기 자신을 속이는지를 보여주는 대목이다.

다큐멘터리 〈카우스피러시(Cowspiracy)〉의 일부 내용이다.

머리로는 알지만
뇌가 속아넘어 간다

머리로는 알면서도 왜 뇌가 속아 넘어갈까? 당신은 뇌의 결함을 알아차렸을 뿐, 그것을 피할 수 있게 된 것은 아니기 때문이다. 이를 이해하기 위해 착시현상에 대해 생각해 보자.

다음 그림의 두 직선은 왼쪽이 더 길어 보이지만 실제로는 길이가 같다. 하지만 아무리 같은 길이라고 스스로에게 말해도 왼쪽이 더 길어 보이는 것은 어쩔 수 없다. 이처럼 자각하고 있더라도 착각과 인지적 편견에서 벗어나기란 매우 어렵다.

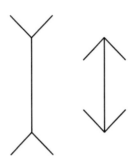

아이들이 많이 먹는 접시는 어느 쪽일까

밥을 만들어도 아이가 잘 먹지 않아 고민이라면 **델뵈프 착시(Delboeuf illusion)**를 활용해 봐도 좋을 것이다. 작은 어린이용 접시가 아닌 가장 큰 접시에 음식을 담아 주면 된다. 같은 양의 음식인데도 '이 정도면 먹을 만한 양'이라고 생각하게 만든다. 한 실험에 따르면 접시 크기를 두 배로 늘리면 식사량이 41퍼센트 더 증가했다. 한편 반대 논리도 성립된다. 무한 리필 식당의 접시가 괜히 작아 보이는 것이 아니다.

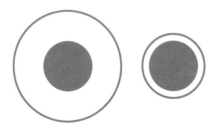

세상에는 우리의 행동을 조종하려는 자들이 많다. 그리고 당신의 뇌는 그 숨은 공범이 된다.

이는 착시현상을 통해 설명할 수 있다. 교통안전에 대해 생각해 보자. 안전운전을 독려하는 방법으로는 신호등, 벌금, 감시카메라, 교통안전 캠페인 등이 떠오를 것이다. 하지만 착시 효과를 이용해 뇌를 속여 도로를 실제보다 좁게 보이게 하는 것만으로도 안전을 도모할 수 있다. 도로에서 튀어나온 것처럼 보이는 3D 횡단 보도도 마찬가지다. 운전자의 뇌는 이를 장애물로 착각해 자연스럽게 브레이크를 밟는다.

음식업계에서는 좀 더 교묘한 트릭이 사용되고 있다. 대표적인 것이 바로 바닥이 두껍고 좁은 잔에 음료를 제공하는 것이다. 같은 양이라도 더 많아 보인다. 우리의 뇌는 잔이 많이 차 있다고 착각하고, 더 비싼 요금을 받아들인다. 반대로, 우리가 이 트릭을 잘 활용하면 개인적 목표를 달성하는 데 도움이 될 수도 있다. 예를 들어, 체중 감량을 원할 때 접시를 작게 하면 자연스럽게 식사량을 줄일 수 있다.

디즈니월드에도 이런 트릭이 곳곳에 숨겨져 있다. 디즈니월드의 건물의 층고는 위층으로 올라갈수록 정확한 한 층보다 축척이 작아지는 반 층 정도로 설계되어 있다. 원근감을 일부러 망가뜨려 건물을 크게 보이는 착시를 일으키기 위해서다.

몇 시간을 운전해와서 뜨거운 햇볕 아래 긴 줄을 서서 비싼 입장료를 낸 당신은 마치 '약속의 땅'에 도착한 것처럼 느끼게 된다. '이렇게 고생한 보람이 있네'라고 말이다. 하지만 이런 생각을 하게 되는 것은 디즈니의 속임수에 당한 것이다. 비록 디즈니의 영리한 설계가 영향을 주었을지라도, 결국 내 두뇌가 기꺼이 그 속임수에 동참하여 '속아준 것'이나 다름없다.

아래의 단어를 완성해 보자.

ANIMAL

H _ _ ND

FINGERS

H _ ND

모음을 넣어보자. 어떤 모음을 넣을 것 같은가? 아마도 대부분은 HOUND(개)와 HAND(손)를 떠올렸을 것이다. 우리의 뇌는 문맥에 따라 기대치가 형성되고, 그에 맞게 빈칸을 채우기 때문이다. 이 경우 ANIMAL(동물)과 FINGERS(손가락이라는 신체 부위)가 우리의 생각을 특정 방향으로 이끈 것이다. 뇌가 바로 전에 생각했던 것에 더 강하게 반응하는 **점화 효과(priming effect)** 때문이다.

처음 인사할 때는
차가운 손으로 악수하지 말 것

"사교 모임에서는 차가운 음료를 오른손에 들지 않는 것이 좋다. 차가운 손보다는 따뜻한 손으로 하는 악수가 호감 가는 사람으로 인식하게 만들기 때문이다."

이는 뇌가 바로 직전에 생각한 것에 강하게 반응하여 끌려가는 점화 효과라는 집파리 효과의 일종이다. 잘 알려진 사례이지만, 점화 효과에 대한 과거 실험의 신빙성에 대해서는 논란의 여지가 없는 것은 아니다. 점화 효과의 효과를 크게 보여준 유명한 실험 중에는 피험자 수가 매우 적은 실험도 있다. 재실험을 해도 같은 결과가 나오지 않는다. 그 주된 이유는 연구자들이 너무 성급하게 결론을 내렸기 때문이다.

인간의 무의식에 호소하는 광고 기법으로 알려진 '서브리미널 광고'에도 의외의 사실이 있다. 서브리미널 광고의 예로는 '상영 중인 영화 영상에 인간의 시각으로는 인식할 수 없을 정도로 짧은 팝콘 이미지를 삽입하면 이를 본 사람이 팝콘을 먹고 싶어진다'는 식의 광고를 들 수 있다.

서브리미널 효과의 첫 실험 결과가 발표되자 여론의 비판이 쏟아졌다. 이것은 세뇌 실험이나 다름없으므로 금지해야 한다는 여론이 거세게 일었다. 하지만 몇 년 후, 이 실험은 거짓말이었고, 광고 제작 측이 지어낸 이런 종류의 광고를 팔기 위한 속임수였다는 것이 밝혀졌다.

너무 안도하기는 이르다. 2006년 위트레흐트 대학 연구진이 실험을 통해, 영화 사이사이에 아주 순간적인 이미지를 삽입해 피실험자의 행동을 변화시키는 데 성공했다. 그러나 영국에서 진행된 유사한 실험에서는 실험실 밖에서는 행동 변화가 나타나지 않았다. 점화 효과가 실제로 존재하지만, 언제 어떻게 작동하는지는 아직 완전히 이해하지 못했다는 의미다. 그러니 이 연구 결과에서 성급하게 결론을 도출해서는 안 될 것이다.

1장 요약:
뇌는 우릴 끊임없이 속일 것이다

이 장에서는 뇌가 우리를 속일 정도로 진화했다는 사실을 알아보았다. 이는 뇌가 '지름길'을 선호하기 때문이기도 하다. 뇌는 대부분 올바른 결론을 내리지만, 항상 그렇지는 않다. 마치 착시 현상처럼 말이다.

자기기만은 뇌 속의 '대변인'이 자신을 과대평가하도록 유도하는 데서 비롯된다. 이제 운전 실력 '평균 이상'의 운전자, 포러 효과, 그리고 더닝-크루거 효과를 떠올려 보자.

'잘 되면 내 탓, 안 되면 남 탓'에 익숙해진 우리는 실패를 외부 요인 탓으로 돌리는 방식으로 자신을 속이는 데 익숙해 왔다. 그러니 남들에게는 '안 되면 네 탓'이라는 반대의 잣대를 적용하는데, 이것이 바로 근본 귀인 오류다.

이 장에서는 플라시보가 의학 실험에만 국한되지 않고 직장, 엘리베이터, 심지어 저녁 식탁에서도 작용할 수 있다는 사실도 알아보았다. 조직과 기업이 속임수에 취약한 우리의 뇌를 어떻게 이용하는지도 살펴보았다.

당신은 지금 극도의 의심에 사로잡혀 뇌 속에 침투하려는 인지적 편견을 쫓아내려고 애쓰고 있을지도 모른다. 실제로 이를 이용한 집파리 효과는 도처에 널려 있다.

하지만 좀 더 편하게 생각했으면 좋겠다. 이러한 인지적 편견은 피할 수 있는 경우도 있다.

심지어는 잘 활용할 수 있는 경우도 있다. 다만, 만약 활용한다면 신중하게 하길 바란다. 그리고 피할 수 없다면, 이제는 적어도 그 존재를 알아차리고 미소 지을 수 있을 것이다. 다음 장에서는 대표적인 집파리 효과의 사례들을 더 자세히 살펴보겠다.

왜 뇌는
본능적으로
나태해지는가

귀찮음을 벗어나 빨리빨리 하는 사람이 되는 방법

선택 설계(choice architecture), 디폴트 효과(default effect), 부여된 진행 효과(endowed progress effect)와 같은 집파리 효과들은 처음에는 작고 눈에 띄지 않아 무심코 지나치기 쉽다. 그러나 실제로는 긍정적인 행동을 방해하거나 선한 의도를 좌절시키는 강력한 요인이다. 이러한 효과는 기회주의적인 정치인의 발언, 슈퍼마켓의 판매 전략, 관공서의 정책 등에서 자주 발견된다. 통제하기 어려운 효과지만, 꾸준히 주의를 기울인다면 충분히 피할 수 있다. 예를 들어, 꾸준한 운동 습관을 결심하거나 결제 연체 같은 문제를 해결하는데 이 원리를 활용할 수 있다. 이 집파리 효과들의 핵심은 분명하다. 뇌의 버그가 아닌 기능이다.

20달러를 받기 위해
27달러를 지불한다

2014년 미국의 스타트업 기업 워시보드(Washboard)는 빨래방 이용자를 위한 획기적인 서비스를 시작했다.

빨래방에서 세탁기를 이용하려면 동전이 필요하지만, 요즘은 일상에서 동전을 가지고 다닐 일이 거의 없다. 물론 미리 동전을 모아두거나 은행이나 환전소에서 환전을 하면 되지만, 번거롭기도 하다. 워시보드는 이 상황을 비즈니스 기회로 보고 편리한 구독 서비스를 내놓았다. 월 27달러를 지불하면 25센트 동전 80개를 보내준다는 것이었다. 그건 20달러만큼의 동전이다. 이 서비스는 오래 가지 못했지만, 고객이 적어서가 아니다. 엉뚱하게도 회사 경영에 재정적, 법적 문제가 있었기 때문이다. 워시보드의 창업자는 혜안을 가진 사람이었다.

사람은 작은 번거로움을 피하기 위해서라면 무엇이든 할 수 있다. 이 사실을 활용하는 악의적 집파리 효과도 존재한다.

광고비 없이 매출을
두 배로 늘리는 간단한 방법

유명한 마케팅 캐치프레이즈로 '왜(why)부터 시작하라'는 말이 있다. 이 장에서는 이를 뒤집어보려고 한다.

즐겁고 재미있고 긍정적이며 의미있고 유익한 행동이 있다. 그러한 활동은 사람들에게 참여해 보도록 권유해 보고 싶다. 그럴 때 상대방이 그것을 하지 않는 이유는 뭘까? 즉, '왜 그 활동을 하지 않을까?'로 생각해 보라. 해답은 뿌리 깊은 심리적 저항에서 찾을 수 있다. 그러나 알고 보면 간단하다. 그저 평소와 다른 것을 하는 노력이 귀찮거나 부담스러운 것이다. 뇌는 가능한 한 노력을 피하려고 한다.

물론 기업들은 이러한 인지 편향을 자사 제품을 더 쉽게 선택받기 위한 장치로 적극 활용하고 있다. 마트 운영의 뒤편에서는 상품을 조금이라도 더 좋은 위치에 배치하기 위해 각 제조사 담당자들이 매장 측과 필사적으로 협상을 벌이는 모습이 눈에 띈다. 각 제조사들은 매장 내에서 사람들이 많이 지나다니는 통로 선반, 눈높이에 있는 위치에 상품을 배치해 주기를 원한다.

이 업계에서는 '눈높이가 곧 구매력'이다. 때문에 제품 포장도 손에 잡히기 쉽고, 내용물을 쉽게 상상할 수 있도록 디자인되어 있다. 대형 제조업체들은 맥주나 레토르트 식품 매장에서의 이상적인 진열 방법을 따르도록 소매 체인에 제안하고 설득한다. 물론 자사 브랜드 제품을 가장 눈에 잘 띄는 곳에 배치하고 싶어서이다. 또한, 고객의 손이 쉽게 닿는 위치에 상품을 배치하는 것뿐만 아니라, 고객이 상품을 고를 때 심리적 저항을 줄일 수 있도록 고심하고 있다. 패키지, 광고 등을 활용해 소비자가 해당 제품을 안심하고 구매하도록 어필하는 것이다.

비즈니스와 공공기관에서 사용되는 '넛지'

비즈니스 분야가 아닌 곳에서는 최근까지도 이런 시스템이 잘 도입되지 않았다.

예를 들어, 공공기관은 이용자의 편의성에 별로 신경을 쓰지 않는다. 그 가장 큰 이유는 이 집파리 효과를 알지 못하는 '집파리 실명(housefly blindness)' 때문이다. 앞의 작은 문제나 불편을 간과한다는 의미다.

공공기관에서 약간만 노력을 들여 독촉하면 시민들이 벌금을 제때 내도록 만들 수 있다. 그럼에도 불구하고 그런 사소한 것들이 큰 변화를 불러올 수 있는 것에 무관심하다.

시민은 연체료를 내지 않아도 되고, 지자체는 번거롭게 서류를 더 보내지 않아도 된다. 이런 시도를 하지 않는 것이 결정적인 영향을 미칠 수도 있다. 그러나 다행히 상황이 달라지고 있다. 지난 10년간 '넛지'를 이해하고 활용을 검토하는 지자체와 정부기관이 크게 늘었다.

'넛지'라는 용어는 해당 주제로 베스트셀러를 집필한 리처드 탈러(Richard Thaler)에 의해 처음 소개되었다. 넛지(Nudge)는 일을 하기 쉽고, 이해하기 쉽고, (가능하다면) 재미있게 만들어 사람들을 바람직한 행동으로 유도하는 것이다. 예를 들어, 계단에 재미있는 스티커를 붙여 한 걸음 걸을 때마다 소모되는 칼로리를 표시하거나 계단을 밟으면 음악이 연주되는 신나는 피아노로 바꾸는 것이다. 혹은 '많은 사람들 대부분이 이미 납부를 완료했다'는 사실을 자연스럽게 알려주어, 집단행동의 무의식적인 영향을 활용할 수 있다.[15]

캐시백 제도는 의도적으로
귀찮게 만들어졌다

일각에서는 넛지가 윤리적이고 효과적인가에 대해 논쟁이 벌어지기도 했었다. 이 주제는 이 책의 뒷부분에서 다시 다룰 예정이다. 단, 한 가지 확실한 점이 있다면 '지금보다 쉽게 할 수 있는 방법이 있다는 것은 현재 필요 이상으로 어렵고 힘들게 하고 있다'는 의미다.

넛지를 주창한 리처드 탈러는 이렇게 일을 필요 이상으로 어렵게 만드는 것을 '슬러지(sludge)'라고 이름 붙였다. 넛지는 원하는 행동을 쉽고 재미있고 자연스럽게 할 수 있도록 유도하지만, 슬러지는 그 반대다. 목표에 도달하기 위해 진흙탕(슬러지)을 통과해야만 하는 상황을 만들어 버린다.

소매업계에도 같은 개념으로 의도적으로 만들어진 슬러지가 있다. 예를 들어, 캐시백 제도다. 이것은 판촉 방법으로 잘 알려져 있다. 포스터에 큰 글씨로 '25달러 할인!'이라고 적혀 있다. 하지만 자세히 보면 작은 글씨로 '구매 시 전액 지불해야 합니다. 나중에 캐시백을 신청할 수 있습니다'라고 적혀 있다. 이 과정이 간단해 보이고 쉽게 돈을 돌려받을 수 있을 것 같지만, 이런 캐시백은 제조사 측이 큰 이득을 보는 판촉 수단으로 알려져 있다. 실제로 캐시백을 신청하는 소비자의 비율이 적기 때문이다.

한 마케팅 조사에 따르면, 무려 40%의 소비자가 캐시백을 신청하지 않는다고 한다. 약간의 수고로 돈을 받을 수 있는 상황에서도 귀찮다는 이유로 미루다가 결국은 헛수고를 하는 것이다. 상품권이나 포인트 프로그램의 수익성이 높은 것도 이 때문이다.

이런 서비스 제공자들은 캐시백을 최대한 복잡하게 만들어 놓는다. 그리고 이용 약관에는 작은 슬러지가 넘쳐난다. 캐시백은 구매 후 2개월이 지나야 신청할 수 있다. 그때까지 영수증과 포장 바코드가 필요하다. 이로 인해 캐시백을 신청하는 소비자의 비율은 줄어들고, 제조업체는 매력적인 할인 프로모션으로 유혹하여 적은 비용으로 더 많은 소비자를 끌어들인다.

이처럼 눈치 빠른 마케터들은 슬러지를 만들어 수익을 얻고 있다. 하지만 누구보다도 의도치 않은 거대한 슬러지를 만들어내는 것은 정부다. 예를 들어, 미국에서는 선거 유권자 등록을 위해 몇 시간씩 줄을 서서 기다려야 하는 경우가 있다. 일부 지역에서는 철도 시즌권을 취소하려면 역까지 직접 방문해 '주문 취소' 버튼을 눌러야 가능하다. 이러한 비효율적인 슬러지를 방지하기 위해 새로운 시스템에 대해 '실행 가능성 테스트'를 하는 국가들도 있다. 시스템은 시민들이 이해하기 쉬워야 할 뿐만 아니라 여러 가지 문제해결에 실용적이어야 한다.

귀찮아서 자살하기도 싫어진다

당신이 정말 원하는 것이 있다면, 그것을 얻기 위해 노력을 아끼지 않을 것이다. 당연하다. 하지만 그것도 일정 범위 내에서의 이야기다.

감동적인 전기를 보면 좌절과 방해를 무릅쓰고 노력해 목표를 달성한 인물의 모습이 그려져 있다. 보통 이런 위인들의 목표는 전동 칫솔같은 사소한 물건을 할인받기 같은 것이 아니다. 중요한 업적을 달성하거나 큰 도전을 극복하는 데 초점을 맞춘다.

하지만, 삶과 죽음의 큰 결정에 있어서도 작은 변화가 상상 이상으로 큰 영향을 미칠 수 있다. 예를 들어, 영국에서는 국가에서 아세트 아미노펜(해열진통제)의 포장을 대용량에서 소형 압출식 시트로 바꾸고, 1인당 구매 개수에 제한을 두자 자살자 수가 급감했다.

자살 충동을 느끼는 사람이 병에 든 알약을 한꺼번에 먹을 수 없게 되었기 때문이다. 이렇게 사용된 '슬러지'가 많은 생명을 구하는 데 이바지한 것이다.

이처럼 슬러지를 좋은 목적으로 사용할 수도 있다. 더 좋은 건 집에서도 직접 슬러지를 만들어 욕구를 조절할 수 있다는 점이다.

신용 동결(credit freeze)이라는 표현을 아는가? 신용조회 서비스를 일시중단시키는 것을 말한다. 그런데 미국에서는 신용카드로 자동차나 식료품을 자주 결제하는 사람들이 카드 사용을 절제하기 위해 말 그대로 신용카드를 진짜 얼음덩어리에 얼리기 시작했다. 이렇게 하면 충동구매를 하기 전에 최소한 한 시간은 기다려야 해서, 다시 생각할 시간을 가지게 된다. 얼음덩어리는 슬러지의 이중성, 즉 어떤 행동은 간단하도록 설계됐지만, 이를 되돌리려면 더 많은 시간과 노력이 필요하다는 것을 보여준다. 구독을 해지하는 것보다 구독을 신청하는 것이 더 쉬운 것처럼, 얼음을 녹여 카드를 꺼내는 것보다 물그릇에 신용카드를 넣고 얼리는 것이 더 쉬우니까 말이다.

귀찮음을 활용하는 뇌의 매커니즘

이런 상황을 상상해 보라.

시나리오 1: 패션 디자이너가 고급 의상을 파는 부티크 매장을 열게 되었다. 매장은 천장이 높은 고풍스러운 건물 안에 위치한다. 그는 천장이 높은 점을 최대한 활용해 옷을 5미터 높이에 멋지게 걸어 전시하기로 했다. 과연 매출이 잘 나올까? 잘 나올 리가 없다. 고객들의 손이 직접 닿지 않는 옷은 절대로 팔리지 않기 때문이다.

시나리오 2: 한 홍보팀 담당자가 기업가들에게 지속 가능한 경영을 도입하도록 설득하려고 한다. 그는 사실, 수치, 도표, 기술적 세부 사항, 전문가 인터뷰, 모범 사례 등으로 가득 찬 78장의 파워포인트 파일을 전송한다. 이 방법이 효과적일까? 전혀 그렇지 않다!

이 두 예시의 공통점은 무엇일까? 홍보팀 담당자는 패션 디자이너와 똑같은 실수를 하고 있다. 둘 다 사람들의 신체적, 인지적 한계를 무시한 것이다. 사람들은 키가 5미터도 아니고, 끝없이 복잡한 정보를 처리할 수 있는 초인적인 두뇌를 가진 것도 아니지 않은가.

의사결정의 95%는
자동으로 이루어지고 있다

인간의 뇌는 처리할 수 있는 정보량이나 기억력, 집중력, 혹은 문제 해결 능력 등에 한계가 있다. 그런데 이러한 한계는 눈에 보이거나 쉽게 측정되지 않기 때문에 체감할 수 없다. 정신적인 것은 마음만 먹으면 자유자재로 조정할 수 있어 보인다. 그래서 사람들은 '마음만 먹으면 불가능은 없다'고 생각한다. 하지만 현실은 우리가 이미 뇌를 100% 모두 사용하고 있다는 점이다. 또한, 두개골 안에 1킬로그램이 넘는 회백질이 들어 있을 뿐이다. 팔과 다리처럼 뇌도 신체적 한계가 있는 기관일 뿐이다. 뇌는 체중의 2퍼센트를 차지하지만, 산소와 에너지를 20%나 쓴다. 이 소비량은 기름진 햄버거 한 개 분량이다.

뇌는 이 에너지를 이용해 수많은 결정을 내림으로써 우리가 건강하고 안전하게 살 수 있도록 한다. 사람이 내리는 의사결정의 횟수는 하루에 약 3만 5,000번이라고 한다. 안경을 추켜올리고, 키보드로 타이핑하고, 물 한 모금 마시는 등 우리는 일상의 거의 모든 순간에 행동과 결정을 지시한다.

의사결정을 할 때 뇌는 정보를 처리한다. 계산이나 사실 확인, 지적인 사고에는 주로 전전두엽이 사용된다. 하지만 전전두엽의 능력에는 한계가 있다. 복잡한 인지 작업을 빠르고 효율적으로 처리하기가 어렵다. 심지어 진화론적 관점에서 봤을 때 전전두엽 피질은 다른 뇌 구조보다 더 늦게 나타났다. 그러니까, 다른 부위보다 약 1억 년 후에 출연했다. 뇌 전체에서 큰 공간을 차지하지만 다른 부위처럼 효율적으로 발달하지 못했다. 즉, 재채기나 놀람 등을 관장하는 뇌 부위만큼 빠르게 작동하지 않는다.

노벨상 수상자인 심리학자 대니얼 카너먼(Daniel Kahneman)은 "인간에게 생각이란 고양이에게 수영이다."라고 했다. 즉, 할 수는 있지만 별로 하고 싶지 않은 것이다. 카너만은 인간 두뇌의 의사결정 메커니즘에는 빠른 사고와 느린 사고 두 가지가 있다고 설명한다. 느린 사고는 이성적 사고를 말한다. 머릿속에서 들리는 '작은 목소리'를 내는 것도 이 시스템이다. 빠른 사고는 번개처럼 빠른 속도로 대량의 의사결정을 '자동조종' 하는 시스템을 말한다. 예를 들어, 자전거를 타고 어딘가에 갔을 때 목적지에 도착한 후 어느 길에서 왔는지 기억이 나지 않을 때가 있다. 머릿속의 작은 목소리 즉, 느린 사고가 중얼거리는 동안 이 자동 시스템은 당신이 페달을 밟고, 핸들을 돌리고, 브레이크를 밟고, 방향을 바꾸고, 좌우와 뒤를 확인하는 등의 일을 처리하고 있었다는 것이다.

많은 학자들은 이 빠른 시스템이 내리는 결정이 전체 결정의 95~99%라고 말한다. 카너먼 또한 정확한 비율을 언급하지는 않았지만, 우리는 대부분의 일을 자동으로 처리하는 경향이 있다고 주장한다. 의식적으로 생각하기 전에 빠르게 반응해 이미 행동하고 있는 것이다. '행동'이라는 사건이 발생한 후에야 우리의 대변인 '느린 뇌 속 시스템'이 개입하여 합리적으로 상황을 설명하고자 한다는 것이다.

폭도로 변한 시민들도
질서를 지켜 순순히 행진하는 이유

의식적인 사고로 행동할 때에도, 집파리 효과에 의해 무의식적인 행동으로 이끌리는 경우가 있다. 앞에서 언급했던 소변기의 파리를 떠올려보자. 변기 속의 파리를 보면 자신도 모르게 본능적으로 파리를 조준한다. 이러한 행동은 모두 의도적인 생각이 없는 자동 반사 반응이다. 여기 또 다른 예가 있다.

2021년 1월, 분노한 트럼프 지지자들이 미국 연방의회의사당을 습격했다. 유리창을 깨고, 경비원을 폭행하고, 모든 것을 파괴했다. 하지만 이내 특별한 장면이 연출되어 시선을 사로잡았다. 일단 실내로 진입한 폭도들은 화려한 금색 장대와 벨벳 끈으로 표시된 유도선에 따라 질서정연하게 앞으로 나아갔다. 마치 자동 조종 장치가 '혁명의 방향은 이쪽'이라며 경로를 안내하는 듯했다.

자전거 제조업체 반무프(VanMoof)는 이러한 인간의 자동적 행동을 능숙하게 활용하고 있다. 이 회사의 전기자전거는 전 세계로 배송되고 있지만, 배송 중 충격 등으로 인해 배송지에 도착했을 때 파손되는 경우가 적지 않다. 이는 배송 기사들이 '자전거라면 조금 거칠게 다루어도 괜찮겠지'라고 생각하기 쉬운 것이 큰 원인이었다. 반무프는 '파손 주의!'라는 스티커를 붙였지만 큰 효과를 보지 못했다. 고가의 전기자전거를 반품하는 데 드는 비용만 늘어났다.

그래서 이 회사는 영리한 방법을 택했다. 전기자전거를 평면 TV처럼 평평한 상자에 넣고 상자에 TV 그림을 인쇄한 것이다. 그 결과는? 파손율이 70~80%나 급감했다. 배송 기사들이 TV처럼 파손에 취약한 물품을 배송할 때 더 조심스럽게 다루는 행동을 역이용한 것이다.

이와 같은 자동 반응은 슈퍼마켓에서도 볼 수 있다. 바나나에 밝은 노란 조명을 비추거나, 굳이 냉장 보관할 필요가 없는 주스를 냉장고에 넣는다. 또한 신선한 빵 냄새를 향수 분사기를 이용해 매장에 퍼뜨리면 사람들은 무의식적으로 이런 제품들을 장바구니에 담게 된다.

많은 정보보다
알기 쉬운 정보가 더 효과적이다

"잘 생각하지 않고 무의식적으로 판단하는 것은 고학력자 같은 사람에게는 해당되지 않는 것이 아닐까?"라고 생각하는 사람도 있을 것이다. 하지만 이런 사람들도 예외는 아니다. 누구나 이 '빠른 사고'를 하고 있다.

만약 모든 의사결정을 신중하게 숙고하고 결정하려 한다면 상당히 큰 두뇌가 필요하다. 당연히 머리도 거대해져 출산조차 할 수 없게 될 것이다. 아무래도 뇌와 AI를 연결하는 기술을 일론 머스크가 실현해 줄 때까지 기다리는 수밖에 없을 것 같은 심정이다. 버락 오바마가 공식석상마다 항상 같은 정장을 입었던 이유도 바로 이 때문이었다. 무엇을 입을지 같은 사소한 선택을 최소화함으로써 더 중요한 문제에 에너지를 집중하고자 했다.

구글에서 '최고의 진공청소기(best vacuum cleaner)'라는 키워드를 검색하면 432만 건이나 결과가 나온다. 인공지능의 창시자 허버트 사이먼(Herbert Simon)은 이미 80년 전에 이렇게 말했다. "지나친 정보는 관심의 빈곤을 낳는다." 즉, 많은 정보로 사람들에게 무언가를 전달하려고 하면 대부분 실패한다는 뜻이다. 이것이 바로 단순함이 그토록 큰 집파리 효과를 발휘하는 이유다.

웹 디자인의 명저로 알려진 《사용자를 생각하게 하지 마》[16]라는 제목의 책이 있다. 인간의 뇌는 쉽게 처리할 수 있는 것을 선호한다. 이를 **인지적 유창성(cognitive fluency)**이라고 한다. 책의 제목처럼 무언가가 즉시 명확하게 보이면 뇌에 긍정적인 느낌을 주게 된다. 이해하기 쉬우면 단순해 보일 뿐만 아니라 기분도 좋아진다. 이미 바쁜 전전두엽 피질에 부담을 주지 않기 때문이다. 하지만 이는 위험한 집파리 효과다. 그 내용에 대해 깊이 생각하지 않아도 된다는 발상으로 이어지기 때문이다. 생각하지 않으면 비판적 정신도 잃게 된다.

다음 예시를 보자. 미국 정치인의 미디어 담당 고문은 정치인들에게 알기 쉬운 언어로 말하라고 권유한다. 하지만 단순한 '명쾌함'에 의존하지 않으려는 정치인도 있다. 힐러리 클린턴은 2016년 미국 대통령 선거를 앞두고 이민 문제에 대해 이렇게 호소했다.

"수백만 명의 이민자들이 미국 경제에 기여한다는 점을 고려할 때, 그들을 추방하려는 시도는 자기 패배적이고 비인도적인 일입니다. 포괄적인 이민 개혁은 우리 경제를 성장시키고 가족을 함께 살도록 하는 일이며, 이는 지당한 일입니다."

위의 연설문을 읽고 어떤 느낌이 들었는가? 우리 두뇌는 효율적인 에너지 관리를 위해 대충 읽거나 건너뛰기는 것을 좋아한다. 확실히 신중한 고찰 끝에 밝힌 생각이지만, 전전두엽 피질을 더 확실히 활용했으면 좋았을 것이다. 당시 힐러리와 동시에 연설했던 트럼프는 전혀 다른 접근 방식을 취했다.

"국경에 장벽을! (BUILD A WALL)"

쉽고 명확하다. 만약 힐러리가 이렇게 간단명료하고 단도직입적으로 말했다면 결과는 다르게 흘러갔을지도 모른다.

"헤어진 가족을 다시 하나로! (Keep families together)"

다시 힐러리의 위 연설문을 보자. 용어 선택이 적합했는지 의문이 든다. 지지층 결집을 목표로 할 때의 딜레마는 메시지를 단순하게 전달하되 세세한 부분까지 놓치지 않아야 하는데 말이다.

요컨대 도미노 피자의 '배고파, 딩동, 피자다(Man hungry, ding-dong, pizza)'라는 슬로건은 피자 배달 서비스가 어떤 것인지 최소한의 단어로 표현하고 있다. 광고 카피라이터인 팀은 이 매력적인 슬로건을 아직도 부러워하고 있다. 하지만 도미노 피자 입장에서는 아쉬움을 느꼈을 것이다. 신선한 재료, 바삭한 도우, 그리고 다양한 채식 옵션과 같은 중요한 요소들이 이 단순한 메시지에 포함되지 않았기 때문이다. 패스트푸드의 마케팅 방식은 환경 문제, 경제 정책, 과학 연구와 같은 주제에서도 마찬가지다. 이들 분야의 사람들은 메시지를 단순화하는 것에 대해 강한 거부감을 가지고 있는 경우가 많다. 그 결과 메시지가 길고 복잡해져[17] 단순한 캐치프레이즈를 사용하는 경쟁자에게 크게 뒤처지게 된다.

왜냐하면이라는 말만 해도
뇌는 설득 당해버린다

홈쇼핑 채널에서 쇼호스트가 하는 과장된 홍보 문구를 떠올려 보라. "이 제품에는 우주 비행사를 위해 개발된 기술이 사용되었습니다. '여러분'의 문제는 쉽게 해결할 수 있습니다!" 놀랍게도 이런 논리에 쉽게들 속는다. 이 집파리 효과는 **이유 검증(because validation)**으로 불린다. 사람들이 이유가 무엇이든, 단순히 어떤 설명이 주어지는 것만으로 그 주장을 받아들이는 현상이다.

특히 바쁘거나 집중력이 흐트러진 상황에서는 뇌가 깊이 검토하지 않는다. 단지 이유가 있다는 사실만으로도 설득되기 쉽다. 예를 들어, "복사기를 먼저 써도 될까요? 복사할 게 있어서요."라는 말처럼 명백한 이유 없이도 요청이 쉽게 수락되곤 한다. "복사할 게 있어서요."는 엄밀한 의미에서 불필요한 추가 사항이고, 먼저 복사기를 써야 할 설득력 있는 이유도 아니다. 한 연구에 따르면 "제가 먼저 써도 될까요?"라고 이유 없이 묻는 것보다, "복사할 게 있어서요."와 같은 애매한 이유를 제시하는 것이 훨씬 더 효과적이다. 아무 이유도 제시하지 않았을 때는 60%만 양보했지만, 말도 안 되는 이유라도 제시했을 때는 그 비율이 91%로 뛰어올랐다. "제가 좀 바빠서요."와 같은 더 그럴듯한 이유를 제시하더라도 승낙률은 크게 오르지 않고 92%로 소폭 상승했다. 이 방법이 교묘하다고 생각하는가? 물론 그렇다. 효과적인가? 당연히 그렇다. 그러니 이

다이어트에 성공하려면 숫자 없는 체중계를 사용해야 효과적이다

대부분의 일은 복잡하다. 하지만 일을 단순화할 수 있는 방법은 있다. 에바의 첫 연구 논문의 주제는 '사람들은 일기예보와 같은 간단한 정보를 어떻게 이해하고 있을까?'였다. 일기예보에서 말하는 "내일 강수 확률은 23%입니다"라는 표현은 정확히 무엇을 의미할까?

A. 내일 23%의 시간 동안 적어도 한 번은 비가 내릴 것이다.
B. 내일 23% 지역에 적어도 한 번 이상 비가 내릴 것이다.
C. 내일과 같은 날씨를 보이는 날의 23%에는 적어도 약간의 비가 내릴 것이다.

에바는 리스크 리터러시의 권위자인 게르트 기거렌처(Gerd Gigerenzer)와 함께 여러 나라 사람이 '23%의 확률'을 어떻게 이해하고 있는지 조사했다.
밀라노 사람들은 이 지역의 23%가 물에 잠길 것으로 생각했다. (아마도 산악 지역에 있는 지역적 차이 때문일 것이다.) 반면에 뉴욕 시민들의 이해도는 매우 우수했다. 내일과 같은 날씨를 보이는 날의 23%에는 적어도 약간의 비가 내릴 것이라고 정확하게 이해했다. 그렇다면 네덜란드 사람들은 어떻게 생각했을까? 대부분은 23%의 시간 동안 비가 올 것으로 생각했다. 심지어 한 사람은 '비가 오는 시간이 아니고 오는 양'이라고 설명했다.

제 곧 계절도 바뀌는데, 이 책을 한 권 더 사두는 게 어떤가?
어떤 나라에서는 일기 예보에서 '쓰레기통 지수'라는 창의적인 지수를 활용하기도 한다. 집 앞의 쓰레기통이 마당 한가운데까지 굴러갈지, 이웃집까지 갈지, 아니면 보이지 않는 곳까지 날아가 버릴지 등 쓰레기통이 얼마나 바람에 날리는지를 풍력 지수로 삼고

있다. 이런 방식은 '남동쪽에서 강풍 7'이라고 말하는 것보다 훨씬 더 이해하기 쉽다. 일기 예보에서 숫자만으로는 실제로 알고 싶은 내용을 알 수 없다.

체중계도 마찬가지다. 사람의 몸무게가 몇 킬로그램인지 정확히 알고 싶어 하는 사람은 마취과 의사나 열기구 조종사 정도뿐이다. 대부분의 사람들이 체중계에 오를 때 걱정하는 것은 다이어트가 잘 되고 있는지, 주말에 과식한 것이 영향을 미쳤는지 여부다. 예컨대 체중계에서 72kg이라는 숫자를 보는 것은 답이 되지 못한다. 오히려 숫자는 역효과를 낼 수도 있다. 우리가 작은 변동에 낙담하거나 지나치게 자신감을 갖기 때문이다. 다이어트가 잘 안 되는 것은 그 때문이다.

그래서 과학자들은 숫자가 안 나타나는 체중계를 개발했다. 체중계는 지난 2주 동안의 증가 또는 감소세만 보여줄 뿐이다. 어찌 보면 사람들이 궁금한 내용은 명확한 수치가 아니라 이런 것이다. 모든 일을 숫자없는 체중계만큼 단순하게 만들지 못해도 적어도 덜 복잡하게 만들 수는 있다.

뇌는 실제 노동력이 아니라 그 노동력이 어느 정도인지에 대한 추정치에 반응한다. 그래서 광고는 참여하기 쉽고, 놀기 쉽고, 가구를 조립하는 것이 그렇게 쉽다고 주장한다. 어려운 작업을 세세한 단계로 나누면 쉬워 보이기 때문이다. '청킹[18]'이라는 원리를 활용하고 있다. 이 프로세스는 사용 설명서나 단계별 계획에서 가장 중요한 부분이고, 조직 내 사람들에게 동기를 부여하는 데 필수다.

복잡한 문제라고 생각하는 것이 간단한 해결책이다

이에 가까운 흥미로운 인지적 편향이 바로 **복잡성 편향(complexity bias)**이다. 때때로 뇌가 문제를 해결하는 가장 간단한 방법은 매우 복잡한 문제라고 가정하는 것이다. 흔히 축구 경기 등의 훌리건이나 테러리스트의 무작위적이고 끔찍한 폭력 이면에는 사회학적 이유가 있을 것이라고 믿고 싶어 한다.

페이스북에서도 '내가 힘든 나날을 보내고 있는 것은 정교한 음모에 의해 고통받고 있기 때문'이라는 글을 볼 수 있다. 그렇게 믿는 것이 '인생은 혼돈이고, 이유 없이 나쁜 일이 일어나는 것'이라는 생각을 받아들이는 것보다 자신을 더 쉽게 설득할 수 있기 때문일 것이다.

기업 컨설턴트나 영적 코치들은 이 인지 편향 덕분에 이익을 얻고 있다. 수년간 고생한 문제가 사실은 사소한 문제라는 말을 듣고 싶어 하는 사람은 없다. 그래서 전문가가 그럴듯한 설명을 해주기를 원한다.

깊고 정확하게 이해하지 못한 채 복잡한 구조를 잘 이해했다고 착각하는 것을 **설명 깊이의 착각(illusion of explanatory depth)**이라고 한다. 예를 들어, 매일 사용하는 노트북이나 자동차, 자전거의 작동 원리를 꽤 잘 알고 있다고 생각한다. 하지만 막상 페달식 브레이크를 고칠 수 있는 사람이 몇이나 될까?

선택지를 없애는 것이
성공적인 판매의 핵심

도쿄는 이국적인 집파리 효과들로 들썩이고 있다. 아키하바라 무수한 광고판, 신주쿠의 수천 개 안내판은 모두 우리를 다른 방향으로 안내하는 것 같다. 하지만 이 도시에서도 특히 매력적인 집파리 효과는 일본의 또 다른 면을 반영하고 있다. 그것은 바로 미니

멀리즘이다.

품격이 느껴지는 긴자에 위치한 모리오카 서점(森岡書店)은 매우 독특한 서점이다. 이 서점은 단 한 권의 책만 판매한다. 모리오카 요시유키(森岡督行)는 이 작은 서점에서 일주일에 단 한 권의 책만 엄선해 판매하는 운영방침 덕에 세계적으로 유명해졌다. 이 시도는 성공적이었다. 사람은 선택지를 제시받는 것을 좋아하지만 선택하는 것을 좋아하지 않기 때문이다. 선택지가 너무 많아지면 한정된 두뇌 용량의 일부를 빼앗기게 되고, 선택한 결과를 후회하기 쉽다. 너무 많은 선택권을 주면 고객은 아무것도 선택하려 하지 않는다. 그래서 판매자가 선택할 수 있도록 도와주는 것이다. 그리고 그것으로 매출을 얻는다.

선택의 폭을 넓히는 것과 좁히는 것이 어떤 효과를 가져오는지 잘 보여주는 것이 스탠포드 대학과 컬럼비아 대학의 유명한 실험이다. 이 실험은 사람들에게 광범위한 선택지와 제한된 선택지를 제시할 때의 차이를 보여준다. 대형 매장에 잼 진열대를 설치하고 맛이 다른 24종을 진열했을 때와, 6종을 진열했을 때의 판매량을 추적했다. 6가지 맛만 제공했을 때는 쇼핑객의 12%가 상품을 구매했지만, 더 많은 선택지를 제공했을 때는 구매율이 2%에 불과했다.

왜 이런 현상이 발생했을까? 이는 선택지가 너무 많으면 고객은 선택에 대한 불안감이 생겨 선택 자체를 포기하기 때문이라고 한다. 이 현상은 '포보 증후군(FOBO, Fear of Better Options)'으로 알려져 있다.[19] '여기가 아닌 다른 곳에 더 좋은 물건이 있으면 어떡하지?'라는 심리다. 그 대표적인 예가 LA의 대형 레코드 매장인 아메바 뮤직(Amoeba Music)이다. 전 세계의 레코드 수집가들이 이 가게를 찾아온다. 하지만 기대와는 달리 실제로 매장을 돌아다니며 불만족스럽게 느끼는 손님도 적지 않다. 선택의 폭이 너무 넓어서 제대로 쇼핑을 할 수 없다는 것이다.

도쿄의 모리오카 서점의 엄선된 소규모 컬렉션에 높은 만족도를 보이는 것과는 대조적이다. 그 이유는 무엇일까? 한 가지 적용해볼 수 있는 이론은 뇌가 후회를 피하고 싶어 한다는 것이다. 모리오카 쇼텐에서는 후회할 확률이 낮다. 너무 많이 사거나, 물건을 놓치거나, 나중에 특정 책을 요청할 걸 그랬다고 후회할 염려가 없다. 매대에 놓인 책 한 권을 사거나, 사지 않으면 되기 때문이다. 하지만 아메바 뮤직은 후회의 지뢰밭이다. 집에 돌아와서 문득 '그 음반을 찾아볼 걸 그랬구나'라는 생각이 든다. 혹은 너무 비싸서 엄두를 못 냈던 음반이 고국에 돌아가서 보니 더 높은 가격에 팔리고 있었다는 사실을 알게 된다. 그 와중에 우리의 잠재의식은 대량의 레코드가 판매되고 있는 매장 안에서 '여기 있으면 에너지가 너무 많이 소모된다. 빨리 나가야 해'라는 마음의 소리를 외친다.

선택해야 한다면 밸런스 게임으로

전 세계적으로 단일 상품을 파는 전문 매장이 최신의 트렌드다.

특히 네덜란드의 나인 스트리트에서는 땅콩버터, 올리브유, 위스키, 치즈, 커피 원두만을 판매하는 전문 매장을 쉽게 찾아볼 수 있다.[20] 물론 한 종류의 상품만 취급하는 새로운 패션 브랜드도 늘어나고 있다.

반면 선택지가 많은 대형 매장도 여전히 훨씬 더 많은 고객을 끌어모은다. 고객에게 부담을 주지 않으면서도 폭넓은 선택을 제공하는 매장들의 매출이 높은 편이다. 이들은 폭넓은 선택지로 고객을 유인하되, 온갖 종류의 집파리 효과를 이용하여 선택을 유도한다. 예를 들어, 상품이 진열된 의미를 고객이 직관적으로 알 수 있도록 진열대를 구성한다. 예를 들면, 중간 진열대에는 일반 가격대의 상품, 위쪽 진열대에는 고급 상품, 아래쪽 진열대에는 저가 상품 등으로 구성하는 것이다.

선택 설계(choice architecture)라는 기법이 있다. 선택지를 제시하는 방식을 약간 조정함으로써 일상에 변화를 가져올 수 있다는 것이다. 예를 들어, 선택지를 두 가지로 좁혀서 양자택일로 상대에게 제시하는 방법이 있다.

친구들과 함께 있을 때 "어디서 밥 먹을까?"라고 묻곤 한다. 그러나 "어디서 먹을까?"라고 물으면 배고픈 채로 몇 시간 동안 거리를 헤맬 가능성이 크다. 반면 "햄버거 먹을래, 초밥 먹을래?"라고 묻는다면 금방 결정을 내릴 수 있다. 수사학에서는 이를 '거짓 딜레마의 오류(the fallacy of the false dilemma)'라고 칭하지만, 행동경제학자는 '선택 축소'라는 더 부드러운 표현을 사용한다. 밸런스 게임처럼 선택지가 두 가지밖에 없으면 의사 결정에 더 효과적이라는 뜻이다.

미국의 한 의류 체인점도 이를 응용하고 있다. 탈의실에 "확실히 살 것"과 "아마도 살 것"이라고 적힌 후크를 배치해 이 전략을 사용한다. 옷을 입어본 후 반드시 하나의 후크에 걸어야 하며, "확실히 살 것" 후크에 걸리면 그 옷을 구매할 가능성이 매우 커진다. 또 다른 예로, 한 아시아 소매 체인은 입구에서 두 가지 바구니를 제공한다. 파란색에는 '매장 직원의 도움이 필요합니다', 빨간색에는 '혼자 둘러보고 싶어요'라고 적혀 있다. 고객은 자신의 선호에 맞는 바구니를 선택하지만, '바구니를 안 들고 싶어요'라는 세 번째 옵션은 빠져 있다. 이는 당연히 의도적으로 뺀 것이다. 바구니를 들어야 구매할 확률이 높아지기 때문이다.

비밀 병기인 불량 선택지

사람들에게 두 가지 선택지를 제시했을 때, 의도하지 않은 쪽이 선택된다면 어떡할까? 영국의 경제주간지 〈더 이코노미스트(The Economist)〉가 웹사이트에서 독자들이 구독 방법을 선택할 수 있도록 했을 때에도 바로 이 문제가 발생했다.

    A. 종이판+온라인판, 비싼 가격

    B. 온라인판, 저렴한 가격

이 회사 마케팅 부서의 의도는 독자들이 더 높은 가격의 구독(A안)을 선택하도록 하는 것이었다. 하지만 독자의 3분의 2가 저렴한 가격(B안)을 선택했다. 그래서 마케팅팀은 **미끼 효과(decoy effect)**를 활용하여 누가 봐도 별로인 세 번째 항목을 추가했다. 이는 미끼 효과라고 부르는 기법이다.

    C. 종이판, 비싼 가격

이 항목으로 종이판+온라인판과 거의 같은 가격의 선택지(C안)가 추가되었다. 다른 선택지를 돋보이게 할 **못난이 형 효과(ugly brother effect)**를 활용한 경우였다. 물론 그 선택을 할 만큼 멍청한 사람은 없었다. 하지만 그 결과, 갑자기 대다수가 고가의 선택지(A안)를 선택하게 되었다. 이 매력적이지 않은 '미끼'가 심리적인 트릭처럼 작용해, 사람들은 자연스럽게 더 비싼 두 가지 옵션을 비교하게 되었고, C안이 비합리적으로 보이자 A안이 더 좋은 선택이라고 인식하게 된 것이다. 그 결과, 더 저렴한 B안을 고려하지 않고 더 비싼 A안을 선택하게 되었다.

친구들과 식사 메뉴 고르는 이야기로 다시 돌아가 보자. 당신이 초밥, 특히 매콤한 참치 롤이 정말 먹고 싶어 "햄버거 먹을래? 초밥 먹을래?"라고 슬쩍 물어본다고 해 보자. 그런데 만약 친구들이 햄버거 쪽으로 기운다면 어떻게 할까? 조금 더 머리를 써서, "햄버거 먹을래? 초밥 도시락 먹을까? 아니면 같은 가격인 오마카세 초밥집 갈래?"라고 물어볼 수 있다.

또 다른 전략으로는 사람들이 전혀 다른 질문에 답하게 하는 방법이 있다. 이를 선택 대체라고 한다. 예를 들어, 어느 단체에서는 거리의 쓰레기를 줄이기 위해 "세계 최고의 축구선수는 누구인가요?"라는 질문이 적힌 대형 재떨이를 만들었다. 흡연자들은 담배꽁초를 호날두나 메시 구멍에 넣어 투표할 수 있었다. 사실, 바닥에 담배꽁초를 버릴지 재떨이에 버릴지를 묻지 않고 다른 질문으로 관심을 유도했기 때문에, 많은 사람이 자연스럽게 재떨이에 꽁초를 버리게 된 것이다.

아무것도 하지 않아도 괜찮다

사실, 뇌는 어려운 선택보다 선택의 여지가 전혀 없을 때 더 편안하다. 선택의 여지가 없다는 건 스트레스도, 후회도 없으며, 일이 잘못되더라도 내 책임이 아니라는 뜻이니 말이다. 게다가 우리는 자신이 원하는 것이 무엇인지 잘 모를 때가 많다. 모든 옵션에는 장단점이 있으며, 하나씩 따지는 것은 그렇게 간단하지 않다. 그러므로 광고에서는 제품의 두 가지 장점을 최고로 묘사하는 검증된 방법을 활용한다.

"마른기침과 코막힘에 효과적입니다."

"다시는 긴 속눈썹과 풍성한 속눈썹 중 하나를 선택할 필요 없습니다!"

의사 결정의 부담을 더는 효과적인 방법은 옵션 하나를 디폴트 값으로 설정하는 것이다. 사용자가 적극적으로 선택하지 않으면 기본 옵션이 자동 적용된다. 예를 들어, '귀하께서 동의하시는 경우, 추가적인 절차는 필요하지 않습니다'라는 내용은 회사 이메일이나 자동 갱신되는 구독 서비스에서 자주 볼 수 있다. 이 **디폴트 효과(default effect)**는 강력한 집파리 효과다.

디폴트는 사회적 영향을 받기도 한다. '남들이 다 선택하니까'라는 것은 디폴트 항목을 선택하는 그럴듯한 이유가 된다. 다른 사람들과 같은 것을 선택하면 실패하지 않을 것이라는 안도감도 있다. 하지만 그 이상의 의미가 있다. 가장 대표적인 예로 장기 기증의 경우를 들어보자. 팀도 오랫동안 네덜란드의 장기 기증자 카드 작성을 독려하는 캠페인에 참여해 왔다. 자발적 의사결정을 호소하는 캠페인 '내 몸, 내 선택'을 실시해 나름대로의 큰 성공을 거두었다.

나도 모르게
기본값을 선택하고 있다

이러한 노력의 성과로 네덜란드의 기증자 등록률은 27.5%로 독일(12%), 덴마크(4.25%) 등에 비해 높아졌지만 벨기에(98%), 오스트리아(99.98%)에 비해서는 전혀 미치지 못하고 있다. 벨기에와 오스트리아의 등록률이 다른 나라와 압도적으로 다른 이유는 옵트아웃 방식을 채택했기 때문이다. 즉, 네덜란드, 독일, 덴마크 사람들은 기증자가 될 의사가 있는 경우 이를 명시해야 하는 반면, 오스트리아와 벨기에 사람들은 기본적으로 기증자가 되기로 되어 있다. 기증자가 되고 싶지 않은 경우에만 이를 명시하도록 되어 있다. 그래서 현재 네덜란드도 이미 기본적으로 기증자가 되는 것이 선택되는 구조로 전환되고 있다. 자발적 등록을 유도하는 어떤 캠페인도 이에 미치지 못한다.

기본 옵션을 설정하는 것이 특히 중요한 이유는, 특히 크고 어려운 결정에 큰 영향을 미칠 수 있기 때문이다. 기본 값을 정하지 않을 수는 없으니, 어떤 옵션을 선택할지 고민해야 한다.[21] 심사숙

고한 선택은 커다랗고 긍정적인 변화를 일으킬 수 있으니 말이다.

미국에서는 회사에 입사할 때 자동으로 회사의 연금 제도에 가입하지 않는다. 이를 기본 옵션으로 바꾸자 가입률이 크게 증가한다는 연구 결과가 나왔다. 에바와 팀이 이 결과를 발표할 때면 몇몇 청중들이 "나는 이 기본 옵션의 목적을 빠르게 간파했기 때문에 가입하지 않았다."고 말한다. 실제로 연금 가입의 일부 기본 옵션은 매우 노골적으로 드러나 있어, 가입 유도에 역효과를 초래하기도 한다. 연구에서는 기본 옵션에 대해 투명하게 공개하는 것이 오히려 효과를 높인다고 보았다. 기본 옵션이 개인에게 이익이 된다는 점이 명확하게 설명되어야 더 쉽게 받아들이는 경향이 있기 때문이다.

문제의 근원은 작은 별표

여기 공감할 만한 예가 하나 있다. 저자 에바는 학자금 대출을 갚은 친구를 축하하기 위해 파티에 간 적이 있다. 40세가 되기까지 상환하는 데 꽤 오랜 시간이 걸렸기 때문에 성대한 축하 파티였다. 문제의 근원은 아마도 작은 별표였을 것이다. 20년 전 친구가 작성했던 신청서에는 다음과 같은 질문이 적혀 있었다.

얼마를 빌리고 싶으십니까?
[*] 한도액까지
[ ] 기타 희망금액 (   )

당신이라면 어떻게 할 것인가? 실제로 68%의 학생들이 한도액까지 대출을 받

있다. 기본 설정을 바꾸지 않은 것이다. 필자와 친구가 이 효과에 걸려든 지 얼마 후, 정부에서 운영하는 학자금 대출 신청 사이트는 이 작은 체크 표시를 제거했다. 이제 기본적으로 '최대 한도액까지'가 선택되지 않게 되었다. 그때부터 최대 금액을 대출하는 신입생의 비율이 절반으로 줄었다.

어설픈 광고에 속지 않았지만
결국 그 물건을 산다

기업이나 광고 대행사들이 채택하는 기본 옵션 말고도 우리 머릿속에는 우리 스스로 기본 옵션 선택을 하고 있는 경우가 있다.

"역사상 가장 중요한 과학자는 누구인가?"라는 질문을 받는다면 누구를 떠올릴 것인가? 아마도 알버트 아인슈타인이 떠올랐을지도 모르겠다.

리처드 파인만, 로버트 오펜하이머, 마리 퀴리 등 다른 위대한 과학자들도 있지만, 역시 그 중에서도 아인슈타인이 최고라고 생각하는 사람이 많을 것이다. 사실 아인슈타인보다 대니얼 카너먼을 더 존경하더라도 아인슈타인의 이름이 가장 먼저 떠올랐다는 사람도 있을 것이다. 바로 정신적 가용성 때문에 발생하는 집파리 효과다.

정신적 가용성은 미디어의 영향을 받기 쉽다. 미디어는 비행기 추락 사고나 새로운 기술이 일으킨 문제를 대대적으로 다룬다. 실제로 비행기 사고의 발생 비율은 자동차 사고보다 적고, 대부분의

IT 기술은 문제없이 작동하고 있다. 그럼에도 불구하고, 뉴스의 인상이 강하게 남아있기 때문에 우리는 비행기 사고의 발생 확률이나 새로운 IT 기술이 가져올 악영향을 지나치게 크게 추정하게 된다. 이를 **가용성 편향(availability bias)**이라고 한다.

정신적 가용성은 특히 광고업계에서 가장 많이 찾는 성배다. 광고에 쓰인 어설픈 유머나 과장된 광고 문구를 보고 '이런 것들에 속지 않겠다'고 생각할 수도 있다. 하지만 광고주에게 가장 중요한 것은 소비자가 광고 메시지의 내용을 납득하는 것이 아니다. 중요한 것은 면도날이나 커피, 샴푸를 살 때 해당 브랜드를 반사적으로 떠올리는지다.

정신적 가용성이 높은 상품은 소비자의 선택을 받기 때문에 잘 팔리는 상품이 되기 쉽다. 또한, 정신적 가용성은 상품의 내용과는 큰 관계가 없는 것으로 보인다. 건강에 좋다, 품질이 좋다 등의 상품 특성도 중요하지만, 더 중요한 것은 그 상품을 얼마나 자주 접하느냐가 더 중요하다. 또한, 눈에 띄는 특징이 있는지 여부도 영향을 미친다.

상품 광고에 '보라색 소', '말하는 초콜릿'과 같은 특징적인 캐릭터나 '딩동 피자'와 같이 기억하기 쉬운 문구가 사용되면 소비자는 그 상품을 쉽게 기억할 수 있다. 그 결과 쇼핑을 할 때 가장 먼저 떠오르는 상품을 선택하게 된다. 시장 조사 분야에서 많이들 얘기하는 격언이 있다. "소비자들은 광고에 영향을 받지 않고, 익숙한 브랜드만 구매할 뿐이다."

세 살 버릇 여든까지 가는 이유

지금까지 설명한 바와 같이 뇌는 선택하기를 좋아하지 않는다. 그래서 한번 결정을 내리면 그 결정을 의심하지 않으려 한다. 그 결과 선택은 습관이 된다. 사람은 편리한 것을 선호한다. 그리고 지금까지 해오던 것을 계속하는 것만큼 편리하고 편한 것은 없다. 습관을 바꾸지 않으면 뇌는 계속 같은 일을 하면 되고, 아무런 결정도 내리지 않아도 된다.

매일 아침 알람시계가 울리면 한 번 스누즈하고 멈추고, 아침을 먹고, 양치질을 하고, 샤워를 하고, 옷을 입고, 짐을 챙기고, 자전거를 타는 아침 루틴이 있다. 이러한 아침 루틴을 무의식적으로 할 수 있기 때문에 우리는 그 사이에 끔찍한 뉴스에 분노하거나 행동경제학에 관한 재미있는 팟캐스트를 들을 수 있는 등 다른 일에 집중할 수 있다.

일상 행동, 즉 루틴이 가장 극단적으로 표출되는 대표적인 사례가 몽유병이다. 몽유병 상태에서는 잠에서 완전히 깨지 않고도 아침 일과를 수행할 수 있다. 몽유병은 뇌가 자각 없이도 일상적인 작업을 수행할 방법을 보여주기 때문에 진화의 영리한 발전, 즉 환경에 잘 맞고 생존에 도움이 되는 방식으로 발전한 특징이라고 볼 수 있다.

이처럼 실질적인 이점에도 불구하고 사람들은 습관을 지루하거나 특별하지 않은 삶의 징후로 여긴다. 또한 습관은 코미디에서 농담의 주제가 된다. 링크드인(LinkedIn)과 같은 소셜 미디어에서는 습관의 반복성과 일상 속 번아웃 현상들을 지적하며 '창의적'이거나 '변화가 필요하다'라는 뉘앙스로 이목을 집중시키기 위해 사용된다. 예를 들어, "안주하는 삶에서 벗어나 자신의 한계에 도전하라"라는 식의 글귀가 자주 보인다.[22] 팀이 '매너리즘을 깨자'라는 캐치프레이즈를 내걸고 광고를 구상하고 시장 조사를 해 보니, 소비자들이 실제로는 그러한 변화를 선호하지 않는다는 점을 금방 깨달았다. 남들이 보기에 '저 사람은 늘 똑같은 것만 반복한다'고 생각하더라도 본인에게는 편안하고 소중한 생활 패턴인 것이다. 잘 알려진 마케팅 법칙에 '대부분의 가정에는 약 9가지의 단골 식사 레퍼토리가 있다'는 말이 있다. 그리고 그것을 바꾸는 것은 엄청나게 어려운 일이다.

브랜드 리뉴얼의 실패는
습관과 연관되어 있다

코로나19로 인해 이동이 제한되자 사람들은 자신이 습관을 얼마나 소중히 여겼는지 알 수 있게 되었다. 소셜 미디어에서는 "항상 이웃과 함께 생일을 축하했는데 이제는 불가능하다. 정부는 사퇴하라"라는 뉘앙스를 풍기는 게시물이 자주 보였다.

한편, 여행 업계에서는 믿을 수 없는 현상이 일어났다. 많은 사람들이 '아무 데도 가지 않는 항공편'을 예약한 것이다. 다른 나라로 입국할 수는 없었지만, 공항이나 역을 떠나지 않고 그곳에 도착한 후 바로 돌아오는 방식으로 여행을 즐길 수 있었다. 덕분에 매년 느꼈던 여행의 설렘을 다시 경험할 수 있었다. 이에 항공사들은 '목적지에 도착하지 않고, 단순히 경치를 감상하는 항공편'을 위한 특별 서비스를 도입했다. 콴타스항공의 호주 상공 비행편은 10분 만에 매진되기도 했다. 싱가포르항공은 비행기를 타고 활주로에서 기내식만 먹는 색다른 서비스를 제공했다. 그렇다. 수백 명의 다른 승객과 나란히 앉아 먹는 그 기내식이다. 그리고 놀랍게도 인기를 끌었다. 항공사가 '목적지보다 그 여정 자체가 더 중요하다'라는 개념을 새롭게 해석하여 습관적인 집파리 효과를 현명하게 활용한 사례였다.

항공사뿐만 아니라 다른 업계의 기업들도 다양한 방법으로 인간의 습관을 활용하고 있다. 영리한 기업은 필요 없는 한 소비자의 습관을 함부로 깨뜨리려 하지 않는다. 언젠가 팀이 함께 일한 브랜드의 매장 내 매출이 많이 증가한 때가 있었다. 팀은 '내가 올해의 광고상이라도 받겠구나'라고 상상하며 벽난로 위에 놓일 반짝이는 광고상을 떠올렸지만, 매출 급증이 단지 광고 때문이 아님이 밝혀졌다. 경쟁사가 제품 패키지를 대폭 변경하면서 평소 그 제품을 구매하던 소비자들이 혼란스러워 필자의 고객사 브랜드에 유입된 것뿐이었다.

오렌지 주스 브랜드인 트로피카나(Tropicana)도 마찬가지였다. 트로피카나는 2009년 3,500만 달러를 들여 새로운 패키지를 출시했지만, 매출은 20％나 감소했다. 이 사실만 보더라도 브랜드 충성도나 브랜드 애착과 같은 광고 개념을 다시 생각해 볼 수밖에 없다. 사람들은 정말로 자신들이 선호하는 브랜드에 그렇게 강한 애착을 가지고 있을까? 아니면 자신의 선택과 습관에 충실한 것일까? 후자 쪽이 더 설득력이 있다.

인간은 일관된 선택을 선호한다. 그래야 노동력을 절약할 수 있기 때문이다. 게다가 진화론적 관점에서도 변덕스러운 위선자로 여겨지는 것은 불편했다. 이런 특성은 집단 내에서 살아가는 데 있어 문제가 될 수 있다. 현대에도 사람들은 자신의 주장을 뒤집는 정치인을 비난하고 싶어 한다. 생각을 바꾸는 것은 논외인 것처럼 말이다.

행동 변화를 목적으로 하는 캠페인에서는 일관성에 호소하는 메시지가 자주 사용된다. 예를 들어, "당신은 도둑질을 하지 않죠? 그럼 왜 불법으로 영화를 다운로드하는 거죠?"라고 묻는다.

원하는 행동이 이미 습관화된 행동이라면 가급적 바꾸지 않는 것이 좋다. 브랜드명 변경이나 지속적인 이용을 유도하는 이메일 등 급격한 변화는 오히려 역효과를 불러올 수 있다.

중간에 그만두는 게 아까워서
새로운 습관을 만든다

만약 아직 고객들이 회사가 원하는 행동으로 습관화되어 있지 않다면 어떻게 해야 할까? 온종일 고객의 머릿속에서 집파리 효과가 발생하도록 고객에게 지속해서 메시지나 광고를 보낼 수 있다. 고객이 무시하기 어려울 정도로 자주 제품이나 서비스를 상기시킬 수 있다는 의미다.

그 아주 간단한 예가 바로 카페 포인트 카드다. 프라푸치노 11잔을 마시고 12잔째를 공짜로 받을 때쯤이면 커피를 즐기는 습관이 몸에 배어 무료 음료를 받는 것보다 더 큰 비용을 쓰게 된다. 포인트 카드가 새로 발급될 때 바리스타가 스탬프를 하나 더 찍어주는 이유도 여기에 있다.[23] 이때 **부여된 진행 효과(endowed progress effect)**가 작용한다. '여기까지 스탬프를 모았으니 중간에 그만두는 것은 아깝다'고 느끼는 것도 이 효과 때문이다. 뇌는 지금까지 투자한 에너지, 돈, 노력을 낭비하는 것을 싫어한다.

이 효과는 앱에서도 활용되고 있다. 스트릭(Streaks)과 같은 습관화 앱은 유명하다. 이러한 앱은 특정 행동을 얼마나 오래 지속했는지가 표시되도록 되어 있다. 며칠 동안 앱에 동영상을 계속 올린 사용자는 그 흐름을 멈추고 싶지 않아 다시 동영상을 올리고 싶어진다. 그동안 힘들게 얻은 '실적'이나 '배지'를 잃고 싶지 않기 때문이다. 앱 측은 이 동기를 이용해 사용자를 끌어들이려고 한다.

이러한 장치는 인터넷 쇼핑에서도 활용되고 있다. 고객은 긴 구매 과정의 어느 단계에 이르면 '여기까지 왔는데 여기서 멈추는 것은 아깝다'는 생각을 하게 된다. 세상에 결혼기념일이나 입사기념일을 축하하는 풍습이 있는 것도 같은 원리가 배경에 깔려 있기 때문일 것이다.

성취한 것이 많아질수록 사람은 그 행위를 더욱 지속하려고 한다. 기업은 이러한 인간의 습성을 교묘하게 이용하여 고객을 등급화하기도 한다. "고객님은 매달 많은 주문을 해주시니 '골드 회원'입니다. 이번 달에도 조금만 더 주문해 주세요. 그렇지 않으면 골드 회원 자격이 상실되어 혜택을 받을 수 없습니다"라고 말한다. 이 방식은 최근까지 알코올 음료 등 중독 등의 문제가 발생할 수 있는 상품을 취급하는 업체에서도 채택하고 있었다.

이 집파리 효과 중 가장 중독성이 강한 종류는 스마트폰에 존재한다. 하루에 100번 이상 스마트폰을 확인하는 것은 비단 당신만이 아니다. 우리가 빠져드는 앱의 이면에는 특별히 개발된 킬러 집파리 효과가 맹활약하고 있다. 이 때문에 앱을 사용하는 것이 습관이라기보다는 중독이 되어 버린 사람들도 적지 않다. 거기에는 거부할 수 없는 마력이 있다.

사용자를 매료시키는 훅 모델 4단계

● 1단계, 트리거를 준다. 알림 소리나 앱 아이콘 옆의 빨간색 숫자 '1'과 같은 시각적 신호는 사용자의 주의를 환기시키기는 '트리거(Trigger)'로써 효과적이다. 뇌는 이를 아직 완료되지 않은 작업으로 인식하고 빨리 끝내고 싶어 한다. 이는 학계에서도 잘 알려진 집파리 효과로, **미완성 효과(zeigarnik effect)**라고 부른다.

- 2단계, 사용자의 행동이 일어난다. 앱을 열거나 메시지를 확인하는 등의 사용자 행동(action)이 이어진다.

- 3단계, 가변적 보상을 준다. **가변적 보상(variable reward)**은 앱의 중독성을 유발하는 가장 중요한 단계다. 알림이 오면 '혹시 마음에 드는 사람이 메시지를 보냈나?'라는 기대감을 갖게 된다. 하지만, SNS 앱이 이 사람과 친구일지도 모른다고 알려주는 것뿐이다. 짜증이 나기도 하지만, 이렇게 기회를 놓치는 것이 오히려 의존도를 높인다. 사람들은 슬롯머신에 몇 시간 동안 동전을 계속 넣지만, 커피 자판기에 동전을 계속 넣지는 않는다. 왜냐하면 슬롯머신에서 얻을 수 있는 보상은 예측할 수 없기 때문이다. 보상의 많고 적음이 예기치 않게 변하면, 최고의 보상이 곧 다가올 것 같은 느낌이 들기 때문이다. 슬롯머신을 돌리고 스크래치 카드를 긁으면 하나만 더 나오면 대박이라는 아슬아슬한 결과로 끝나는 경우가 이 기대감이 큰(도파민) 자극이 되어 몇 번이고 반복하고 싶은 충동에 휩싸이게 되는 것이다.

- 4단계, 투자 즉 싱크 비용. 니르 이얄이 말한 사람을 낚아채는 '비열한 낚싯바늘'의 마지막 단계는 바로 투자(또는 매몰 비용)다. 당신은 이미 앱에 많은 시간과 노력을 투자해 프로필을 완성하고, 친구의 사진에 '좋아요'를 누르고, 그룹에 가입하고, 사진을 게시했다. 이런 투자를 하면 할수록 앱을 다시 사용할 가능성이 높아진다. 그러다 보면 '앱을 삭제하는 것은 절대 생각할 수 없다'는 생각이 들게 된다. 삭제하면 지금까지의 좋아요도, 사진도, 친구도 잃게 되

고, 그동안 투자한 노력이 모두 물거품이 되기 때문이다. 앱 중독자들은 어떤 장소에서 밤을 보내게 되더라도 스마트폰이 곁에 없으면 불안해서 잠을 이루지 못한다.

좋은 습관을 만드는 데
집파리 효과를 이용하는 방법

하지만 좋은 소식도 있다. 이러한 효과가 있다는 것을 이해하고 잘 활용하면 좋은 습관을 기르는 데 도움이 될 수 있다는 것이다. 이런 목표가 자주 실패하는 이유는 **의도-행동 간극(intention-action gap)**이라는 행동 경제적 개념을 통해 접근해 볼 수 있는데, 좋은 의도가 항상 행동으로 이어지지 않는 현상을 의미한다. 이처럼 의도와 실제 행동 사이에는 종종 간극이 생긴다. 목표를 너무 높게 설정해서, 동기 부여가 극대화될 때만 달성할 수 있기 때문이기도 하다.

'매일 2시간 이상 운동하기'와 같은 높은 목표는 동기부여가 높은 날이 아니면 달성하기 힘들다. 동기부여와 우선순위는 변하기 쉽다. 의욕이 없고 행동이 습관화되어 있지 않으면 금방 실패하고 의욕이 사라질 것이다.

그렇다면 실리콘 밸리식 기법을 활용해 보면 어떨까? 우선 행동을 기록하고 시각화하는 것부터 시작해 보자. 집 벽에 걸어둔 작은 칠판에 일수를 적는 간단한 방법으로도 충분하다. 예를 들어 '7일

연속 설탕 안 먹기'로 정해 보자. 목표에 도달하면 최신 유행 신발을 스스로에게 선물하거나, 평소 비싸서 시도하지 못했던 고급 커피를 마시러 가는 등 자신을 행복하게 하면서 동시에 다른 사람들에게 보여줄 수 있는 형태로 '상'을 주라.

이 밖에도 '알람시계'를 이용해 습관을 일깨울 수 있다. 알람시계는 우리 뇌의 주의를 환기시키는 '트리거' 역할을 해줄 것이다. 또는 새로운 습관이 기존 습관에 업혀 가는 효과를 활용하라. 미국의 습관 전문가 BJ 포그(BJ Fogg)는 건강한 습관 형성을 위해 매번 화장실에 다녀온 후에 팔굽혀펴기를 한 번씩 할 것을 권장했다.

호주의 예시도 들어보자. 호주는 화재 예방을 위한 기발한 캠페인을 내세웠다. 벽걸이 시계가 배터리 수명이 다 되어 바늘이 앞뒤로 흔들거릴 때, 시계 배터리뿐 아니라 천장에 설치된 화재경보기 배터리도 교체하라는 내용이다. 어차피 시계를 맞추기 위해 이미 식탁 의자를 가져올 상황이라면 천장의 화재경보기도 손쉽게 확인하고 배터리를 교체할 수 있기 때문이다. 이 집파리 효과는 주로 기존 습관과 관련이 있지만, 새로운 습관을 익힐 때에도 도움이 된다. 잘 활용하자.

아예 모르는 것보다
조금 알고 있어야 한다

이미 살펴본 바와 같이 인간의 뇌는 저항이 적은 길을 선호한다. 물리적으로 뇌는 그렇게 할 수밖에 없다. 그 결과 우리는 무의식적으로 어려운 선택을 피하려고 한다. 행동을 취하지 않고 습관에 따라 가장 가까운 것을 선택하려고 한다.

하지만 일을 최대한 쉽게 만드는 것이 항상 최선의 방법일까? 가급적 생각하지 않게 하고, 기본 선택이나 무의식적인 습관으로 만드는 것이 좋은 것일까? 사실 이 장의 결론은 그렇지 않다. 물론 일을 단순하게 만드는 것이 도움이 되지만, 약간의 노력으로도 긍정적인 효과를 얻을 수 있다. 예를 들어, 코미디언은 농담의 결말을 굳이 말하지 않고 관객이 결말을 알아차리도록 유도하는 경우가 있다. 그래야 관객도 그 농담의 재미를 더 강하게 기억한다. 이를 **생성 효과(generation effect)**라고 부르며, 뇌가 스스로 답을 만들어냈기 때문에 그 농담을 더 잘 기억하게 된다.

광고계의 전설 조지 로이스(George Lois)는 타미 힐피거(Tommy Hilfiger)의 첫 광고 캠페인을 기획할 때 이 원칙을 적용했다. 타임스퀘어의 대형 포스터에는 '남성 패션을 이끈 미국의 4대 디자이너'라는 문구와 함께 이니셜과 빗금이 적혀 있었다. 그는 행인들과 행맨 게임[24]을 하고 있었는데, 행인들은 곧 R___ L___이 랄프 로렌이라는 것을 알아차렸고, C(alvin) K(lein)과 P(erry) E(llis)도 알아봤다. 하지만 이 T___ H_____는 누구였을까?

조지 로이스는 '정보 격차 이론(Information Gap Theory)'에 대한 탁월한 감각을 지니고 있었다. 호기심은 뇌가 지식의 공백을 발견하고 그것을 메우고 싶어 할 때 생긴다. 하지만 애초에 아무것도 모르는 것에 대해 호기심을 갖지 않는다는 점을 유의하라. 어떤 주제에 대해 이미 모르는 게 없다고 생각하거나 스스로 과대평가를 할 때도 호기심을 느끼지 않는다. 이 이론에 따르면, '호기심 영역 (Curiosity Zone)'은 바로 그 중간 단계로, 어느 정도는 알고 있어도 전부는 모른다고 깨닫는 단계다. '낚시성 링크[25]'가 바로 이 점을 잘 활용한 케이스다. 예를 들어, "12가지 집파리 효과에 대해 들어본 적 있는가? 집파리 효과 8번은 호기심을 불러일으키는 미끼다."라는 광고가 등장한다. 그러면 당신처럼 집파리 효과라는 것에 어느 정도 알고 있는 사람들은 무심코 눌러보게 될 것이다. 이처럼 낚시성 링크가 사람들의 관심을 끌 때에는 클릭이나 계속 읽어보게 하는 행동을 유도한다. 단, 이런 요구가 너무 많거나 지나치면 사람들에게 피로감을 줄 수 있으니 주의하라.

한 연구에 따르면 약간 읽기 어려운 글꼴이 콘텐츠를 더 잘 기억하는 데 도움을 줄 수 있다고 한다. 때문에 읽는 데 약간의 노력이 필요한 글꼴이 과학자들에 의해 개발되었다. 텍스트의 내용을 더 쉽게 기억할 수 있게 하려는 취지였다. 멋진 아이디어였지만, 이 아이디어가 성공했다면 이 책에 그 특정 글꼴을 사용했을 것이다. 안타깝게도 그렇지 못했다. 아마도 이 연구에서 실제로 밝혀진 것은 단어를 더 쉽게 기억하게 한다기보다는 다른 글꼴이 더 눈에 띄고 주의를 끌기 때문일 것이다. 이를 '폰 레스토프 효과(Von Restorff effect)'라고 한다. 6장에서 다시 자세히 다루겠다.

어떤 일을 하는 데 지나치게 많은 시간이나 에너지가 필요하다고 느끼면, 그 일을 시작하거나 계속하려는 의지가 줄어들게 된다. 운동이 너무 어렵거나 복잡하게 느껴지면 사람들이 그 운동을 피하게 되는 것처럼 말이다. 이를 이용한 한 실험에서 참가자들에게 간단한 스포츠 운동 지침을 보여주고, 6~10회 반복하는 데 걸리는 시간을 추정하게 했다. 한 그룹은 명확하고 읽기 쉬운 명조 계열의 글꼴로 된 지침서를 보았고, 다른 그룹은 읽기 어려운 화려한 글꼴로 된 것 같은 지침서를 보았다. 결과는 흥미로웠다. 명확한 글꼴을 본 그룹은 운동이 약 8분 정도 걸릴 것이라고 예상했지만, 읽기 어려운 글꼴을 본 그룹은 약 15분이 걸릴 것으로 생각했다. 언급한 것처럼, 두 번째 그룹이 실제로 운동을 시작할 가능성은 매우 낮았다.

2장 요약:
간단명료함의 과학

이 장에서는 집파리 효과와 관련된 다수의 개념을 다뤘다. 넛지와 슬러지에 대한 논의 외에도 집파리 효과를 어떻게 활용할 수 있을까? 사람들이 어떤 행동을 하도록 하려면 그 과정을 불필요하거나, 또는 어렵게 만들지 말고 최대한 쉽고 명확하고 재미있게 만들어야 한다는 것이 핵심이다.

논거와 정보를 제시하기 전에 어떤 장애물을 먼저 제거할 수 있을지 생각해 보라. 그리고 일을 실제보다 더 어렵게 보이지 않도록 주의하라. 명확한 언어로 소통하고, 작업을 세분화하여 단계별 계획을 세우라. 선택에 대한 불안감을 줄이기 위해 너무 많은 선택지를 주지 말고, 최대한 선택 리스트를 단순화하라. 기본 값을 신중히 고려하고, 사람들이 선택하지 않았을 때 발생할 결과를 염두에 두라. 불필요한 알림은 꺼두라.

마지막으로 '단순한 것이 항상 더 좋다'는 원칙의 이면에는 중요한 디테일이나 복잡성을 놓칠 수 있다는 점을 기억하라. 단순함이 항상 최선은 아니다.

뇌는
상상의 고통에서
도망치고 싶다

불 안 이 나 스 트 레 스 에 휘 둘 리 지 않 는 기 술

소유 효과(endowment effect), 손실회피(loss aversion), 위험 회피(risk aversion)
예상 후회(anticipated regret)와 같은 집파리 효과들 때문에 뇌는 위험의 신호만 보여
도 도망치려는 본능적 반응을 보인다. 심지어 아무 위협이 없는 상황에서도 과도하게 경
계하며, 손해나 실망, 후회에 대한 두려움으로 인해 소유물을 쉽게 포기하지 못한다.
이 효과는 주로 재정적 결정을 내리는 순간에 나타나지만, 휴식을 취하거나 안전한 환경
에서도 종종 드러난다. 마케터들은 이러한 심리를 활용해 소비자들에게 영향을 미친다.
고통의 감각은 강력하다. 이 효과를 이해하면 불필요한 두려움을 제거하는 데 중요한 도
구가 될 수 있다.

가장 무서운 것은 잃는다는 것

1997년 10월, 팀은 ATM에서 소량의 현금을 인출하기 위해 외출했다가 마침 기쁜 소식을 들었다. 광고 카피라이터로 첫 직장에 합격했다는 소식이었다. 들뜬 마음으로 ATM에 현금카드를 넣고 비밀번호를 입력하고 금액을 눌렀다. 집에 돌아와서야 ATM에서 현금을 꺼내는 것을 잊어버린 것을 깨달았다. 서둘러 돌아갔지만 돈은 없었다. 이미 다른 사람이 돈을 가져간 뒤였다.

이 이야기의 무엇이 그렇게 특별한지 의문을 가질 수도 있다. 이 이야기가 특별한 이유는 팀이 이 사건을 아직도 기억하고 있다는 사실 자체에 있다. 팀은 그 당시 ATM에서 인출한 금액과 동일한 금액의 책이나 음반을 살 수 있는 기프트 카드도 받았었는데 말이다. 하지만 그 선물들은 까맣게 잊어버린 채, 오래전의 상실감만 여전히 깊게 남았다.

사람은 무언가를 잃었을 때 같은 것을 얻었을 때보다 더 큰 충격을 받는다. 오래 아끼던 장갑을 잃었을 때 느끼는 좌절감을 떠올려 보라. 사실 우리의 뇌는 그런 불쾌한 경험을 피하려고 안간힘을 쓴다. 이처럼 손실을 피하려는 인간의 자연스러운 본능을 **손실 회피(loss aversion)**라고 부른다.

회사는 우선순위는 높지만 성공 가능성이 없는 프로젝트를 쉽게 중단하지 못한다. 이 프로젝트를 잃는 것이 두렵기 때문이다. 어린 아이는 오래된 그림에 레모네이드를 뿌리고 놀라서 울음을 터뜨린다. 소중한 것을 망쳐버렸다는 사실에 충격을 받는 것이다. 우리도 일상 생활 속에서 마찬가지로 손실 회피 행동을 하고 있다. 왜냐하면 사람은 자신이 소유한 것을 그대로 소유하고 싶기 때문이다. 이것이 아주 기이한 집파리 효과를 유발한다.

우리가 물건을
잘 버리지 못하는 이유

에바 아버지의 경우를 예로 들어보자. 그는 집 차고에 5개의 수납 박스를 보관하고 있다. 상자 안에는 시트로엥 2CV2(1949년 출시된 클래식 자동차) 2대 분량의 부품과 기타형 라디오 옆에 식당 의자, 흔들 목마, 페인트 통이 행복하게 나란히 놓여 있다.

이 잡다한 물건들의 유일한 공통점은 한때 그가 소유했던 것뿐이다. 아버지는 한 번 사용한 물건은 절대 버리지 않으려 한다.

"아니, 이거 다 쓸모 있는 거라고! 언젠가는 분명 쓸 날이 올 거라니까!" 심지어 일본의 엄격한 정리정돈 전문가 곤도 마리에(近藤麻理)의 책도 한 번도 읽지 않은 채 보관 중이다. 그의 심리를 이해할 수 있는가? 에바도 물건을 버리지 못하는 것은 유전적인 이유라 걱정했지만, 대학 수업에서 누구나 어느 정도는 이런 성향을 지니고 있다는 사실을 알게 되자 안도했다. 이것은 아주 흔한 인간의 현상이다. 이 행동을 표현하는 용어가 있을 정도다. 저장(hoarding) 강박을 먼저 떠올릴 수도 있지만, 좀 더 중립적이고 일상적인 표현으로는 **소유 효과(endowment effect)**가 있다. 이 효과를 처음 설명한 미국 경제학자는 리처드 탈러였다.

한 연구에서 탈러는 피실험자 중 절반의 학생에게 대학 머그잔을 주고 나머지 절반에게는 초콜릿을 주었다. 그리고 희망자는 받은 것을 서로 교환해도 좋다고 말했다. 두 그룹 모두 초콜릿을 좋아하는 학생 수는 비슷하다고 가정했다. 그러나 머그잔을 받은 학생들은 머그잔을 초콜릿과 교환하고 싶어 하지 않았고, 초콜릿을 받은 학생들 역시 초콜릿을 바꾸려 하지 않았다. 후속 실험에서는 사람들은 일단 소유한 물건에 높은 가치를 부여하는 것으로 나타났다. 아직 머그잔을 받지 않은 학생들은 평균적으로 3달러 정도를 지급할 의향이 있었지만, 머그잔을 받은 학생들은 그 가치를 갑자기 두 배로 평가하며 평균 6달러를 요구했다.

소유 효과의 영향을 받는 것은 비단 학생들만이 아니다. 침팬지조차도 소유물에 애착을 가진다. 한 연구에서는 침팬지에게 막대에 꽂힌 얼린 과일 주스와 땅콩버터 중 하나를 선택하게 했는데,

그 결과 60%의 침팬지가 땅콩버터를 선택했다. 처음에 땅콩버터를 준 후 얼린 과일 주스로 바꿀 수 있게 했을 때, 이 비율은 더욱 높아졌다. 이제는 60%가 아니라 최대 80%의 침팬지가 땅콩버터를 선택했다. 침팬지가 이미 땅콩버터를 소유하고 있었기 때문에, 땅콩버터를 선택한 것으로 추정된다.

이러한 집파리 효과는 실제 구매와 판매의 장에서도 분명하게 나타난다. '검트리[26]'나 '이베이[27]'의 경우를 예로 들겠다. 판매자는 자신이 신던 낡은 운동화가 여전히 상태가 좋다고 판단하고 오래된 물품의 가치를 과대평가하여 너무 높은 최저 입찰가를 설정한다.

마찬가지로 주식 거래자들은 주가가 다시 오를 것으로 기대하면서 주식을 그저 오래 소유하는 경향이 있다. 소유 효과는 시장을 왜곡할 수 있다.

반대로, 두 가지 사례에서 판매자가 현명하게 행동하는 것일 수도 있다. 우리가 자신을 과대평가하는 경향이 있는 것처럼, 자신의 소유물을 과대평가하는 것도 현명한 협상 전략이 될 수 있다. 판매자의 입장을 더 설득력 있어 보이게 할 수 있기 때문이다.

돈을 쓴다는 것은
육체적으로 괴로운 일이다

소유 효과를 논할 때는 '돈' 이야기를 빼놓을 수 없다. 널리 알려진 한 연구에 따르면 돈을 쓸 때 우리 뇌는 '지갑의 고통'과 비슷한 경험을 한다. 이 연구에서 연구자들은 사람들이 구매를 고민할 때 나타나는 뇌 활동을 모니터링했다. 그 결과, 뇌가 구매를 통해 얻는 '이익(gain)'과 돈이 빠져나감으로 인한 '고통(pain)'을 적극적으로 저울질하고 있다는 사실을 발견했다. 이 경우 고통은 문자 그대로 해석할 수 있다. 연구진이 참가자들에게 높은 가격표가 붙은 매력적인 제품을 보여주었을 때, 통증을 처리하는 뇌 영역인 뇌섬엽(insula)의 활동이 급격히 증가했다. 즉 무릎을 부딪치거나 높은 가격을 볼 때 모두, 뇌는 비슷하게 '아야, 아프다'라는 반응을 보인다는 것이다.

물론 고통을 덜 느끼게 하는 집파리 효과도 있다. 인터넷에 물건을 팔려고 하는 이들이 반길 만한 내용이다. 일상에서 어떤 물건을 결제할 때 가장 고통스러운 순간은 언제일까? 구매의 기쁨이 이미 사라진 후에 현금으로 결제할 때다. 식사가 끝나고 생각보다 높은 금액의 계산서를 받을 때가 바로 그런 순간이기도 하다. 코미디언 제리 사인펠드(Jerry Seinfeld)는 이 상황에 대해 "이제 배도 안 고픈데 왜 이렇게 많은 음식값을 내야 하죠?"라며, 허리띠를 풀고 불신 가득한 표정으로 계산서를 바라보는 사람들을 개그 소재로 표현했다. 다행히 이 불편함은 식당 주인이 건네는 후식 사탕과 의도적이지만 따뜻한 작별 인사로 완화되곤 한다.

축제 등에서 돈 대신 사용되는 플라스틱 토큰도 돈 쓰는 고통을 줄이는 효과적인 방법이다. 실제 돈처럼 느껴지지 않기 때문에 죄책감 없이 쉽게 사용할 수 있다. 사실 이것은 카지노에서 처음 발명된 방식이다. 카지노에서는 칩이라고 부른다. 실제 동전보다 크기가 크고 더미로 잘 쌓을 수 있어 빨간색 게임판으로 밀어 넣기가 쉬워진다.

하지만 '진짜' 돈을 쓸 때의 고통을 줄여주는 집파리 효과도 있다. 예를 들어, 비접촉 결제는 현금이나 비밀번호를 입력하는 구식 결제 방식보다 불편함을 덜 느낀다. 영업사원들은 고객과 대화할 때 1,000단위를 의미하는 '밀'이나 'K'라는 표현을 많이 쓴다. 고객에게 금액의 크기를 상상하지 못하게 하기 위해서다. 이런 완곡한 표현조차 생략하고 "이 차는 28,3입니다."라고 말하기도 한다. 2만 8천 3백 달러에 그 차를 줄 수 있다는 뜻이다.[28] 메뉴판에 화폐 단위를 표기하지 않는 경우가 많다. 심지어 돈을 연상시키는 쉼표나 소수점 같은 기호조차 생략하기도 한다. 영리한 요리사들은 '올리브유를 곁들인 가정에서 만든 빵＝삼천'처럼 가격을 단어로 표기하기도 한다. 사람들은 이 표시를 보고 아무런 부담도 느끼지 않으니 신기할 따름이다.

우리는 경제적 위안을 위해
음식을 선택한다

흔히 말하는 것처럼 불행한 사람은 '음식으로 위안을 얻으려는' 경향이 있다. 경제적인 상황에 불만을 느끼는 사람은 과식에 빠지기 쉽다는 것이 실제로 연구로 증명되었다.[29]

한 연구에서는 금전적으로 불만족한 사람들과 만족한 사람들을 대상으로 은행 잔액에 대해 질문을 했다. '0~50달러'와 '400달러 이상'으로 범위로 나누고, 그 범위에 해당하는 숫자를 1에서 9까지의 척도로 선택하게 했다. 예를 들어, 잔액이 0~50달러면 1점, 400 달러 이상이면 9점을 선택하게 되는 방식이다. 다른 그룹은 범위를 '0~500달러'와 '40만 달러 이상'으로 나누었다. 당신도 이 질문에 직접 답해 보라. 두 번째 질문이 응답자가 상대적으로 적은 돈을 가지고 있다는 느낌을 줘서 낮은 점수를 선택한다는 것을 알 수 있다.

이런 조작을 통해 전자의 피실험자 그룹에게는 '나는 경제적으로 풍요롭다(만족한다)', 후자의 피실험자 그룹에게는 '나는 경제적으로 풍요롭지 않다(만족하지 않는다)'는 인상을 심어준 후, 두 그룹의 피실험자에게 두 가지 음식 중 하나를 선택하도록 했다.

하나는 '휘핑크림을 곁들인 딸기'이다. 다른 하나는 '초콜릿 무스를 곁들인 딸기'이다. 사전 인터넷 조사를 통해 두 제품은 맛도 비슷하고 가격 대비 가치도 동등한 평가를 받고 있는 것으로 나타났다. 유일한 차이점은 칼로리이다. '경제적으로 불만족스러운' 피험자는 '경제적으로 만족스러운' 피험자에 비해 고칼로리 음식(휘핑크림을 얹은 딸기)을 선택하는 비율이 높았다.

또 다른 실험에서는 피실험자들에게 쟁반에 놓인 브라우니의 영양가를 추정해 달라고 요청했다. 일부 피실험자에게는 나중에 브라우니를 먹을 수 있다고 알려주었다. 이 실험에서도 사전에 저축액을 물어보는 조작을 통해 피실험자를 '경제적으로 만족하는 그룹'과 '만족하지 않는 그룹'으로 나누었다.

'경제적으로 만족하는' 피험자들은 나중에 브라우니를 먹을지 여부와 상관없이 칼로리를 적절하게 계산했다. 그러나 '경제적으로 불만족스러운' 피험자들은 나중에 브라우니를 먹을 수 있다는 것을 알면 칼로리를 낮게 추정하고, 먹을 수 없다는 것을 알면 칼로리를 높게 추정했다. 이는 경제적으로 불만족스러운 피험자가 경제적으로 만족한 피험자보다 브라우니를 많이 먹기 쉽다는 것을 시사한다. 경제적으로 불만이 있는 사람은 과식하기 쉽다는 것이다.

자신이 돈이 없다고 느끼면 건강 따위 신경 쓸 여유가 없다. 따라서 체중 증가나 비만이 단순히 개인의 선택에 의한 결과라고 생각하지 말라. 주머니 사정과 건강은 복잡하게 얽혀있기 때문에, 집파리 효과가 영향을 줄 여지는 적은 편이다. 그러니 예능 방송이나 부동산 앱에서 고급 아파트를 보고[30] 스트레스 받지 않길 바란다. 혹시라도 영양가 없는 음식을 폭식할 수 있으니 말이다.

왜 축구 선수들은
낮은 슛을 고집할까

"최고 중의 최고만이 당신에게 어울립니다." 광고 속 깊고 권위 있는 목소리로 들릴 만한 문구일 것이다. 이 내용을 듣고는 "그래서 내가 이 유명 브랜드의 토스터기를 사는 거야"라고 생각할 수 있다. 하지만 구매하려는 순간 정말 중요한 것은 무엇일까? 15년 동안 고장없이 쓸 수 있는 내구성 같은 것일까? 아니면 이 제품을 이용했을 때 잘못 사용하다가 감전되지 않을 거라는 확신일까? 대부분 구매 요인으로는 후자를 선택할 것이다. 이것이 바로 **확실성 효과(certainty effect)**다. 이는 사람들이 선택에 있어 확실한 것을 선택하려는 경향을 의미한다. 그리고 사람이 가능한 한 문제를 피하려고 하는 현상 즉 **위험 회피(risk aversion)**를 더욱 중요하게 생각한다. 최고의 축구선수들조차 득점보다는 위험을 피하는 데 더 신경쓴다. 높게 찬 페널티킥이 낮게 찬 것보다 훨씬 막기가 어렵다는 사실은 잘 알려졌지만, 대부분의 최고 수준의 선수들은 여전히 낮은 슛을 선호한다. 이유는 간단하다. 높은 곳을 노리면 골대를 쉽게 벗어날 수 있기 때문이다. 이는 골키퍼가 막는 것과 같은 결과를 낳는다. 골키퍼가 공을 막았을 때와 달리, 슛이 완전히 빗나가면 사람들의 실망이 더 크고, 비난도 더 심하다. "으악! 안 돼, 빗맞았어!"라는 말처럼, 그만큼 사람들의 심리적인 부담도 크다는 의미다. 높게 찬 슛이 빗나갈 위험이 크기 때문에, 더 안전한 낮은 슛을 선택하는 것이 그 위험을 줄이는 방법이다.

사람들은 어찌됐건
안전한 것을 택한다

사람들에게 행동을 촉구하고 싶다면, "이 제안은 최고의 제안입니다."라고 말하는 것만으로는 충분하지 않다. 그 행동을 했을 때 위험이 적어지거나, 그 행동을 하지 않으면 위험이 높아진다고 느끼게 하는 것이 중요하다. 조금이라도 안도감을 느끼는 순간에도 집파리 효과가 크게 작용한다.

많은 기업이 이 효과를 활용해 강력하고 인지도가 높은 브랜드를 만들어 냈다. 그리고 엄청난 부를 축적하기도 했다. 고객들은 이런 유형의 브랜드에 기꺼이 추가 비용을 지불할 의향이 있다. 그 브랜드 제품을 특별히 좋아해서라기보다는 무명 브랜드 제품을 구입했다가 불량품을 사게 될까봐 두려워서다. 유명 브랜드 제품은 결함이 있으면 손해가 크기 때문에 제조업체는 품질 관리에 많은 주의를 기울이고 있다. 그래서 소비자들도 결함이 있는 제품을 피하기 쉽다. 또 설령 유명 브랜드 제품을 샀다가 '별로 좋은 물건이 아니었구나'라고 느꼈다고 해도 적어도 주변에서 놀림을 받지는 않을 것이다. 즉, 브랜드는 소비자의 후회를 낮추는 일종의 심리적 안전망인 셈이다.

맥도날드의 창립자 중 한 명이 "사람들은 최고의 햄버거를 원하는 게 아니라, 지난번에 먹었던 그 햄버거를 원한다."라고 한 말에는 그럴 만한 이유가 있다. "Guaranteed to be Okay-ish®"라는 슬로건은 "그냥 괜찮을 것을 보장함"이라는 뜻인데, 이런 표현은 사람들에게 충분한 신뢰감을 주지 못하기 때문에 제품 포스터에는 적합하지 않다. 사람들이 항상 인기 있고 안전하며 예측 가능한 휴양지를 선호하는 이유는 바로 그 안정성과 신뢰성 때문이다. 마찬가지로, 햇살이 보장된 해변이나 눈 덮인 스키 리조트로 향하는 항공편 역시 이런 이유로 선택을 받는다.

위험을 피하는 것이 곧 선택이다

서아프리카의 포장마차 음식을 맛보거나, 아마존 강에서 래프팅을 즐기거나, 다소 위험해 보이는 투어가 인기를 끌고 있다. 위험을 회피하려는 정도는 모두 다르기 때문이다. 식당에서는 과감하게 평소와 다른 요리를 주문해 보면 마음에 드는 메뉴를 찾을 수 있을 텐데도 매번 똑같은 메뉴를 주문하는 단골손님도 있다. 반면, 에베레스트 등정을 목표로 하거나 스타트업에 투자하는 등 극단적인 리스크를 선호하는 사람들도 있다.

위험 선호에 개인차가 있는 것은 인간뿐만이 아니다. 심지어 새들, 특히 박새와 찌르레기처럼 같은 분류에 속하는 새들에게서도 위험을 추구하는 개체와 위험을 회피하는 개체가 있는 것으로 알려져 있다. 평소 먹이터에 얼마나 오래 머무는지 등의 관찰 결과를 통해 짐작할 수 있다. '자연선택 이론[31]'에 따라, "선택에 의해 얻어지는 것에 대한 판단을 잘못하기 쉬운 개체는 자연도태되어 온 것은 아닐까?" 하는 의문이 떠오를 수 있다. 하지만 여기에도 성향 차이는 여전히 존재한다. 이걸 설명하기 위해 미국 생물학자들과 컴퓨터 과학자들이 가설을 하나 제시했다. 그들은 결정이 두 가지로 나뉜다고 봤다. 하나는 인생을 바꾸는 큰 결정이고, 다른 하나는 일상에서 내리는 작은 결정들이다. 이 가설을 시뮬레이션 모델로 테스트해본 결과, 성향 차이가 왜 계속 유지되는지 설명할 수 있었다. 연구자들은 마치 창조주처럼 가상의 환경을 만들고, 각 개체에 다양한 위험 성향을 부여했다.

지구상의 모든 개체는 살면서 중요한 결정을 하나 내린다. 그게 바로 배우자를 선택하는 거다. 어떤 사람들은 '충분히 괜찮은' 선택에 만족했다. 이들은 생존에 크게 영향을 주지 않는 평범한 배우자를 골랐다. 반면 어떤 사람들은 완벽한 짝을 찾으려고 했는데, 좋지 않은 짝을 만날 위험도 감수하는 것이었다. 하지만 위험을 택한 이들은 궁극적으로 더 신중한 사람들보다 인류 진화 경쟁에서 밀렸다.

평균적으로 더 나은 배우자를 가진 사람들이 가장 많은 자손을 남겼고, 그 자손들 또한 대체로 까다로운 성향(위험 선호)이나 쉽게 만족하는 성향(위험 회피)을 물려받았다.

연구 결과, 사바나에 살았던 우리 조상들의 집단 규모와 유사한 150명 이하의 소규모 집단에서는 중요한 결정을 내릴 때 위험을 피하는 것이 유리한 것으로 나타났다. 특히 일생에 단 한 번뿐인 중요한 결정에서 선택의 일회성이 중요한 역할을 했다. 예를 들어, 파트너를 선택하는 것처럼 결정이 자주 반복되지 않는 경우에는 위험을 회피하는 사람들이 더 많이 살아남았다. 반면 먹이터를 선택하는 것처럼 매일 반복되는 결정에서는 위험을 감수하는 성향의 개체군이 더 많이 생존했다. 연구진은 일회성 결정이 우리 두뇌가 위험을 처리하는 방식에 큰 영향을 미친다고 결론지었다.

우리는 여전히 평생의 동반자를 선택할 때 신중하긴 하지만, 사소한 결정에도 이만큼 신중하고 과도하게 고민하는 경향이 있다. 그 결과, 사람들은 메뉴에서 무엇을 고를지 같은 단순한 선택에도 지나치게 신중해진다. 찌르레기든 인간이든, 사소한 결정에서는 위험을 감수하는 개체는 번성하게 되어 있다. 그리고 이쯤에서 현재 배우자나 애인이 없는 싱글들에게 유용한 조언을 하나 해 주고 싶다. 완벽하고 이상적인 파트너를 끝없이 찾으려는 욕심을 줄이고 완벽한 사람을 찾아야 한다는 부담을 줄여라. 연애 생활에서 불필요한 위험을 피하라. 완벽한 짝을 기다리기보다는 자신과 어느 정도 잘 맞으면 충분하다. 단, 좋아하는 레스토랑에서 요리를 고를 때처럼 과감한 결정을 내진 말라.

질병에 걸리는 것보다
백신 부작용이 더 무섭다

전반적으로 사람들은 위험을 회피하는 성향이 강하다. 이는 과학적 연구뿐만 아니라 일상에서도 쉽게 확인할 수 있다. 많은 사람이 작은 전자기기 파손이나 렌터카 사고에 대한 보험에 이르기까지 기꺼이 비용을 지급한다. 어떤 형태로 일어날지 모르는 개인적인 위험을 줄이기 위해서다. 위험, 그러니까 불확실성을 피하려는 성향 때문에 만족스럽지 않은 직장에 머물거나 늘 가던 식당만 찾는 경우도 많다. 우리의 뇌는 위험을 피하도록 진화했지, 일부러 위험을 찾도록 설계되지 않았으니 말이다. 이 집파리 효과는 **부작위 편향(omission bias)**으로 설명할 수 있다. 사람들은 자신 때문에 위험해졌을 때보다 자연적으로 위험이 발생했을 때 더 쉽게 받아들인다. 예를 들어 팀은 스케이트보드를 좋아하는 딸을 위해 "넘어지는 것은 스케이트보드를 타는 데 따르는 자연스러운 위험이다."라고 생각하며 헬멧을 샀다. 하지만 헬멧을 제대로 착용하지 않으면 목을 다치기 쉽다는 사실을 알고 겁이 났다.

스케이트보드를 타다가 넘어지는 자연스러운 위험은 쉽게 받아들일 수 있었지만, 헬멧을 구입하면서 부수적으로 발생하는 위험에 대해서는 자기 책임이라고 느꼈다. 편향은 의학적 결정에도 큰 영향을 미친다. 약물, 백신, 또는 시술의 부작용 가능성이 매우 낮더라도 환자에게는 질병으로 인한 자연스러운 위험보다 더 두렵게 느껴질 수 있다.

위험을 피하고 더 편안하게 운전하기

차를 운전하다가 나무를 들이받는 일은 흔하지 않은 일이다. 1,000달러의 '개인 부담금'을 떠안게 될 가능성은 매우 낮은데, 왜 사람들은 그걸 막기 위해 렌터카 회사에 78달러를 내는 걸까? 심지어 렌터카 회사 측은 계약 전 차량 도난, 사고 발생, 또는 키 분실 시 8,000달러를 본인 부담금으로 내야 한다는 점을 강조한다. 이런 일들은 누구에게나 일어날 수 있어 현실적인 위험처럼 느껴진다. 게다가 78달러는 1,000달러에 비해 훨씬 적은 금액이니, 결정을 내리기도 쉽다. 실제로 그만한 가치가 있을 수도 있고, '혹시라도 부딪혀도 보험에 가입되어 있으니 괜찮다'고 머릿속으로 이해하면 주차가 어려워도 당황하지 않아도 된다는 것이다.

결정은 바로바로

손손실 회피나 위험 회피에 못지않게 강력한 것이 모호성 회피라는 집파리 효과다. 바로 **모호성 회피(ambiguity aversion)**다. 믿기 어렵겠지만, 반반의 확률로 돈을 잃을 수 있다는 것보다 '어떤 위험이 있는지 모른다'는 것이 우리를 더 불안하게 만든다. 이는 인간관계, 결혼, 직업, 투자 등 삶의 모든 영역을 가리지 않는다. 그렇다면 어떻게 해야 할까? 기억하자. 최악의 선택은 아무런 결정도 내리지 않는 것이다.

지금까지 살펴본 바와 같이, 인간에게 무언가를 잃거나 위험을 감수하는 것은 고통스러운 일이다. 그 이유는 잘못된 선택을 했다고 자책하는 것이 힘들기 때문이기도 하다. 자신의 행동의 결과로 무언가를 포기해야 하는 것은 매우 고통스러운 일이다. 별장이든, 결혼할 수 있었던 상대를 포기하든, 지루한 프로젝트를 거절하든, 자신의 선택으로 인한 손실은 받아들이기 어려운 법이다. 이처럼 **예상 후회(anticipated regret)**는 의사 결정에 큰 영향을 미친다. 하지만 여기에는 까다로운 문제가 있다. 사람은 미래에 어떤 사건이 일어났을 때 자신이 어떻게 느낄지에 대한 예측을 잘 하지 못한다는 것이다.

예를 들어보자. 우리는 복권에 당첨되었을 때의 행복감을 과대평가한다. 그러나 실제로 복권 1등 당첨자와 복권을 사지 않은 사람의 행복지수는 불과 6개월 후 동등해진다. 반면, 일반적으로 로

또 1등 상금과 같은 일확천금은 예상치 못한 여러 불행을 초래할 수 있다. 갑작스러운 당첨금 때문에 가치관이 변하면서 부부관계가 악화되고, 이혼에 이를 수도 있을 것이다. 당첨 사실을 주변 사람들이 알게 되면 친구나 지인들이 금전적인 도움을 요청하는 상황이 발생하기도 할 것이다. 특히 복권을 사지 않은 이웃들은 당첨자에게 질투나 부정적인 감정을 느끼고, 미묘한 긴장감이 생길 수 있다.[32]

반대로, 사람들은 나쁜 일이 일어났을 때 자신의 삶에 얼마나 큰 악영향을 미칠지 과대평가하는 경향이 있다. 한 연구에 따르면 다리를 절단한 후에도 사람은 꽤 빠른 시일 내에 이전과 같은 행복감으로 돌아가는 것으로 알려져 있다. 우리는 예상보다 후회를 많이 하지 않는다. 오히려 잘못된 선택을 하는 것보다 아무것도 하지 않는 것이 결과가 나쁜 경우가 많다.[33]

우리는 선택 가능성이 사라지는 것을 두려워 한다

왜 사람들은 어떤 상태에 오래 머물러 있는 것이 좋지 않다는 것을 알면서도 결정을 미루려고 하는 것일까? 그것은 선택하지 않은 쪽의 선택 가능성을 놓치는 것을 두려워하기 때문이라고도 볼 수 있다.

댄 애리얼리는 한 실험에서 사람들이 여러 선택지나 기회를 놓치지 않으려고 계속해서 열린 상태로 두려는 심리를 파악하고자 했다. 그래서 학생들을 대상으로 한 '클릭 게임[34]'을 고안했다.

게임 내용은 다음과 같다.

화면에 3개의 문이 표시되어 있다. 각각의 문을 클릭하면 슬롯 머신이 나타난다. 클릭의 기회는 총 12번인데, 슬롯 머신을 클릭하면 돈을 획득할 수 있다. 문을 열면서 실험은 시작된다. 왼쪽 문은 클릭당 1센트, 5센트, 11센트, 3센트를, 가운데 문은 4센트, 2센트, 1센트, 1센트, 3센트를, 오른쪽 문은 7센트, 10센트, 2센트, 18센트, 5센트, 8센트로, 평균 한 클릭당 7센트를 제공한다. 피험자들은 대부분 오른쪽 문의 평균 보상금이 가장 높다는 것을 금방 깨닫고 다른 문을 몇 번 시도한 후 오른쪽 문만 열었다.

실험의 내용을 변경해, 문이 사라지는 조건을 추가해 보았다. 보상금이 가장 적은 문은 점점 줄어들기 시작해 12번 동안 클릭하지 않으면 완전히 사라졌다. 이 조건 덕분에 사람들은 더 많은 돈을 벌 수 있을 것 같았지만, 놀랍게도 훨씬 적은 돈을 벌었다. 참가자들은 가장 수익성이 높은 문을 고르기보다는 사라지는 문을 겨우 사라지지 않을 만큼만 계속 클릭했다. 연구진이 각 문의 평균 수익을 보여준 후에도 이런 현상은 계속되었다. 심지어 사라진 문을 클릭해서 다시 활성화할 기회가 주어져도, 참가자들은 그 문이 사라지는 것을 막기 위해 멈추지 않고 계속 클릭했다. 이처럼 사라지는 선택지는 사람들에게 묘한 심리적 영향을 미친다.

창고 정리 세일이
우리의 발목을 붙잡는 이유

상업적으로 실패한 초음속 여객기 콩코드(Concorde)의 마지막 비행편에 역대 가장 많은 이들이 몰렸다. 매장의 정리 세일에서도 마찬가지 현상이 나타난다. 오랫동안 부진했던 매장에조차 사람들이 몰리는 이유는 '지금이 아니면 기회가 없다', '마지막 기회', '재고상품 떨이', '지금 서둘러 사들이세요'와 같은 문구들이 우리들의 심리를 자극하기 때문이다. 이때 작용하는 집파리 효과는 무언가를 놓쳤다는 후회에 대한 두려움이다.

팀과 아내는 암스테르담에 생긴 멋진 팝업 레스토랑의 종료일이 다가오면, 아직 그 레스토랑에서 식사를 할 수 없다는 사실에 스트레스를 받는 상태를 주기적으로 경험한다. 그들에게는 맥도날드 '한정판 햄버거'를 먹는 것이 더 쉽다. 반면 미국에서는 가끔만 출시되는 맥도날드의 맥립(McRib)은 언제 다시 나올지 모른다는 이유로 인파가 몰린다.[35]

물론 그 반대 현상도 일어난다. 제품을 언제든 쉽게 구할 수 있다고 느끼면 굳이 서둘러 사지 않아도 되기 때문에, 구매를 미루거나 아예 하지 않을 수 있다. 오바마가 대통령으로 당선되자 미국의 총기 소유자들은 총기 판매 금지를 우려해 총기와 탄약을 대거 사들였다. 그 결과 총기 산업이 급격한 호황을 누렸다. 하지만, 전미 총기협회가 지지하는 트럼프가 대통령에 취임하자, 총기 소유자들은 안도감을 느끼며 구매를 줄였다. 그 결과, 레밍턴(Remington)과 스미스앤웨슨(Smith & Wesson)같은 주요 총기 제조업체들은 매출 하락과 재정적 어려움에 직면했다. 이 현상은 '트럼프 슬럼프'로 알려져 있다.

사야 할 물건인지 아닌지 판단하는 방법

우리는 종종 '이러다 후회할지도 모른다'는 불안감에 휩싸인다. 이 불안감을 떨쳐버리는 방법은 무엇일까? 댄 애리얼리는 단순히 의사 결정을 반복하는 것만으로는 해결되지 않으며, 정보를 많이 얻는다 해도 큰 도움이 되지 않는다는 사실을 보여주었다. 하지만 후회하지 않는 연습을 몇 가지 방법으로 해 볼 수 있다. 예를 들어, 주택 구입을 고려하고 있다고 가정해보자. 구입하고 싶은 마음은 있지만, 향후 주택 시장이 어떻게 될지, 대상 부동산에 결함이 있는지 알 수 없어 어떻게 해야 할지 고민이다. 이럴 때는 다음 네 가지 단계를 따르는 것이 좋다.

1. 집을 사지 않았을 때의 비용을 적어본다. 집을 사지 않으면 어떤 일이 벌어질지, 어떤 시나리오가 있는지, 어떤 리스크가 발생할지 생각해보자. 행동하지 않음으로써 놓치게 되는 것은 무엇인가? 예를 들어 지금 집을 사지 않으면 매년 임대료가 일정 비율로 오를 수 있고, 5년 동안 자산은 쌓지 못한 채 임대료로만 꽤 많은 돈을 쓰게 될 수도 있다.
2. 집을 사서 실패할 경우의 비용을 적어본다. 그 상황을 타개하기 위해 무엇이 필요한지 구체적으로 생각해보자 예를 들어, 지금 집을 잘못 사면 양도세를 두 번 내야 할 수도 있다.
3. 위의 두 가지 경우가 각각 현실이 되었을 때 어떤 감정을 느낄지 예측하고 평가한다. 그리고 각 경우에 대해 만족도를 평가해본다. 미래에 느낄 감정을 예상할 때 과대평가하는 경향이 있다는 점을 기억하라. 상황이 좋아지든 나빠지든 그에 따른 감정은 예상보다 빨리 가라앉을 것으로 생각된다. 따라서 예

상되는 감정을 3분의 1로 줄여서 생각해 보라.

4. 각 선택지를 비교해 보라. 선택지 1은 생각보다 실망스러울 수 있고, 선택지 2가 훨씬 나을 수 있다. 게다가 선택지 3보다 선택지 2를 떠올릴 때 기분이 더 좋아질 것이다.

총지출액을 계산하면서 쇼핑해야 좋을까

불확실성, 돈, 우유부단함은 실생활에서 어떻게 영향을 미치는가? 결정을 늦추거나 불안감을 유발해 금전적 손실이나 후회를 초래할까? 이 문제에 대해 생각해 볼 수 있는 적절한 장소를 상상해 보자. 우리가 자주 가면서 돈을 쓰는 곳이지만, 지출한 금액이 얼마인지 잘 모르는 곳. 바로 마트다. 마트에서 계산하면서 총금액이 예상보다 많아 깜짝 놀라는 경우가 종종 있을 것이다. 만약 20달러밖에 들고 오지 않아 예산 범위 안에 맞추기 위해 머릿속으로 계산을 하는 것은 꽤나 힘든 일이다. 그렇다면 바구니에 상품을 넣으면 자동으로 총 금액이 장바구니에 표시되는 시스템이 있으면 편리하지 않을까? 이렇게 합리적인 아이디어가 있음에도 왜 장바구니에 간단한 스캐너나 계산기가 내장되지 않았는지 궁금할 정도다.

과연 실시간으로 가격을 확인할 수 있는 아이패드를 쇼핑 카트에 부착하거나 장착하면 어떨까? 소비가 늘어날까, 줄어들까? 실험에서는 사전에 예산을 미리 정했느냐 아니냐에 따라 결과가 달라졌다. 총액을 알려주는 장치를 사용한 고객들은 평균 42달러를 지출했지만 사용하지 않은 고객들은 평균 34달러만 지출했다. 즉 전자가 후자보다 지출이 크게 나타났다. 아이패드를 사용하지 않은 사람들은 총액을 알 수 없기 때문에 예산을 초과하지 않도록 신중하게 쇼핑을 해야 했기 때문이다. 그래서 추가적인 여유 자금을 남겨둘 필요가 없게 되었고, 예산 범위 내에서 고가의 제품을 살 수 있는 여유가 있었다.

반면, 예산을 사전에 정하지 않은 사람들은 가격을 계속 확인하게 되면서 오히려 소비를 덜하게 되었다. 이들 중에서 총액을 알려주는 장치 없이 쇼핑한 이들은 55달러를 지출했지만, 사용한 사람들은 41달러만 썼다. 이는 주로 고객들이 비싼 프리미엄 브랜드 제품을 사지 않고 마트의 저렴한 PB 상품을 구매했기 때문이다. 총금액은 고객 각자의 쇼핑 스타일에 따라 다르게 작용하지만, 두 방식 모두 고객이 더 나은 결정을 내리는 데 도움이 되었다.

온라인 상점의 경우, 홈페이지 화면 상단에 총금액이 아닌 장바구니에 담긴 품목수를 주로 표시한다. 이 때문에 온라인 싱짐 측은 기꺼이 예산 금액까지 돈을 쓰려는 잠재 고객들의 구매를 막는 것처럼 보이겠지만 실상은 그렇지 않다. 왜냐하면 그들도 '불확실성'의 기로에 놓여있기 때문이다.

무한 리필 음식점에 가는 것은
심리적으로도 좋은 일이다

약 10년 전, MIT 연구진은 '살아있는 지갑(living wallet)'이라는 독특한 제품을 개발했다. 이 지갑은 세 가지 버전이 있었다.

첫 번째는 신용카드에서 인출될 때마다 진동이 울리는 것이다.(The Mother Bear wallet.)

두 번째는 계좌에 입금이 되면 두께가 두꺼워지는 것이다.(The Peacock wallet.)

세 번째는 계좌 잔액이 줄어들수록 입구가 단단히 조여지는 것이다.(The Bumblebee wallet.) 이는 미묘한 저항을 통해 사용자에게 유리한 행동을 자연스럽게 유도하는 '슬러지'의 완벽한 사례라 할 수 있다.

그렇다면 과소비하지 않고 예산 범위 내에서 쇼핑을 하려면 이런 피드백이 정말 필요한 것일까? 낭비하지 않는 데는 도움이 되겠지만, 돈을 쓰려다가도 김이 새서 쓰고 싶지 않을 수도 있다. 돈을 쓸 때의 불확실성을 피하기 위해 선불로 결제하거나, 모든 것이 포함된 가격의 서비스를 받는 방법도 있다.

워터파크, 레스토랑, 카페에서 시설을 무제한으로 이용할 수 있는 '무제한 이용 패스'를 비싼 지출을 만회하기 위해 이용하는 여행객들이 많다. 미국의 전설적인 시트콤 〈사인펠드(Seinfeld)〉의 주인공 제리 사인펠드(Jerry Seinfeld)가 놀리듯이 말했다. "누가 식당서 요거트

파르페, 갈비, 와플, 고기 파이, 게 다리, 쿠키, 달걀흰자 오믈렛을 한꺼번에 주문하겠어요?" 하지만, 큰맘 먹고 호텔 뷔페에 가면, '뽕을 빼기' 위해 배가 터져 죽을 정도로 먹는 사람들도 많다. 선불 뷔페에서는 마치 일생의 마지막 식사를 하는 사형수처럼 먹어 댄다. 평소에 적당히 먹던 사람들도 휴가지에서 마지막 날을 보내며 쓸 돈이 많이 남았다는 생각이 들거나 큰돈 나갈 게 더 없어 보일 때 마음 편히 즐거운 휴가를 보낼 수 있다. 슈퍼마켓 계산대에서 생각보다 금액이 많이 찍힐까 봐 초조하게 있는 것과는 상반되는 아주 좋은 경험이 될 것이다.

불확실성이 고통스러운 것은 당연하다

사람들은 무슨 일이 일어날지 모르는 상황을 고통스럽게 느낀다. 예를 들어, 친구로부터 이런 문자가 왔다고 가정해 보자. "콘서트 티켓이 매진이래. 근데 내가 잘하면 구할 수 있을 것 같은데 그러면 같이 갈까." 문자를 받은 후 당신의 기분은 좋아질까, 아니면 더 불안해질까? 후자인 경우가 많다. 문자를 받기 전에는 상황이 단순했다. 당신은 어차피 콘서트에 가지 않을 거였고, 그걸로 끝이었다. 그런데 이제 두 가지 가능성이 생긴 것이다. 하나는 기뻐하며 콘서트에 가서 멋진 밤을 보내는 것이고, 다른 하나는 공연에 갈 거라는 기대감에 들떴다가 결국 아무 일도 일어나지 않은 채 집에서 크게 실망하는 것이다.

하지만 때로는 불확실성이 즐거움을 줄 때도 있다. 예를 들어, 미국에서는 출산 전 '베이비 샤워' 파티가 유행하고 있다. 보통은 파티의 준비를 위해 아기의 성별을 이즈음 미리 확인하게 된다. 하지만 부모 중 30%는 초음파 검사에서 아기의 성별을 확인하지 말아달라고 요청한다. 아들이든 딸이든 두 가지 가능성을 모두 기대하며 출산 전까지 긴장감과 기대감을 즐길 수 있기 때문이다. 여기선 어떤 심리 작용이 일어나는 것일까? 결과를 모르는 것과 아는 것은 어떠한 차이로 이어질까? 불확실성은 두 가지 결과를 모두 긍정적으로 여길 때만 괜찮다. 부모들이 어느 한 쪽 성별에 대해 선호도가 높은 상태라면, 출산까지 긴 시간을 불안한 마음으로 있고 싶지는 않을 것이다. 그런 경우, 그들에게 불확실성은 오히려 고통을 초래하게 된다.

정확하지만 불편한 정보는 보고싶지 않다

정확한 정보를 알려주는 것은 때로는 지나칠 수도 있다. 예를 들어, 팝콘 봉지에 칼로리가 표시되어 있으면, 맛이 없어진다. 다 먹고 나서 얼마나 많은 칼로리를 더 운동해야 하는지에 대한 부담만 줄 뿐이다.[36] 이런 식의 불편한 정보는 돈을 써서라도 피하고 싶어 하는 경우가 많다. 이를 **타조 효과(ostrich effect)**라고 한다.

담배 포장지에 그려진 혐오스러운 경고 이미지를 유심히 보는 흡연자는 거의 없다. 하지만, 부정적인 정보를 기분 좋게 받아들일지, 고통스럽게 받아들일지는 사람마다 반응이 다르다. 예를 들어, 앞서 말한 그 칼로리 정보가 그렇다. 자기 통제력이 부족한 사람에게 칼로리 정보는 짜증만 일으킬 뿐이다. 어차피 팝콘 한 봉지를 다 먹을 텐데, 칼로리 수치를 보고 나니 김이 새버린다. 반면에 비교적 높은 수준의 자기 통제력이 있는 사람들에겐 칼로리 정보에 기분이 나쁠 일은 없다. 대신 작은 봉지 팝콘을 살 것이다. 안타깝게도 애초에 칼로리 정보는 주로 통제력이 부족한 사람들을 위한 것인데, 통제력이 있는 사람들이 조절하게 된다. 팝콘 한 봉지를 먹으면서도 '이 정도는 괜찮아, 별로 나쁘지 않겠지'라고 생각할 수 있지만, 명확한 칼로리 정보가 눈앞에 보이면, 그동안 자신에게 하던 변명이나 여유가 사라지고 더 '괜찮다'라고 느끼기 어려워진다. 그 결과, 죄책감이 들거나 더 큰 불편함을 느끼게 된다. 더 나아가 삶의 철학을 바꾸면서 '팝콘 한 봉지가 오히려 건강에 좋다'라고 자신에게 말할 수도 있다.

무언가를 잃는 것, 특히 편안함이나 마음의 평화를 잃는 상태는 괴로움을 유발하므로, 사람들은 해당 정보를 무시하거나 외면하려 한다. 말 그대로 눈을 감기도 한다. 그렇지 않다면, 어떻게 동네 정육점에서 행복하게 웃는 새끼 돼지가 다른 돼지의 고기를 칭찬하는 광고를 아무렇지도 않게 내걸 수 있겠는가?

새로운 정보가 우리의 신념을 흔들지 못하는 이유

사람들은 때로 진실을 알게 되더라도 자신에게 중요한 신념을 굳게 지키기 위해 큰 노력을 기울인다. 때로는 그 모습이 불안하게 느껴지기도 한다.

한 연구에서 '기후 변화 부정론자'가 포함된 그룹에 2100년까지의 예상 기온 상승치를 보여주었다. 이후 절반의 사람에게 '다행히 그렇게 나쁘지 않을 것'이라는 낙관적인 소식을, 나머지 절반은 '사실 예상보다 더 나빠질 것'이라는 비관적인 소식을 들려주었다. 그런 다음 그들에게 기후 변화를 믿는지, 2100년까지 기온이 얼마나 상승할 것으로 생각하는지를 물었다.

기후 변화를 부정했던 사람들은 상황이 더 나빠질 것이라고 했을 때 거의 반응을 보이지 않았다. 하지만 기후 변화에 대한 긍정적인 소식을 알려주었을 때, 즉시 자신의 예상을 조정했다. 당연한 일이다. 좋은 소식은 그들의 기존 신념 체계와 맞아떨어지니 말이다. 그들은 이미 상황이 그리 나쁘지 않다고 확신하고 있었다.

그런데 이상한 점은 기후 변화를 가장 많이 믿는다고 답한 사람 중에서 부정적인 소식을 들은 이들이 2100년의 예상 기온을 훨씬 더 극단적으로 조정했다는 것이다. 즉, 인류에게 불리한 소식임에도 불구하고 기꺼이 받아들였다. 자신들의 신념을 강화해 주었기 때문이다. 결국, 기후 변화보다도 자신의 신념과 인생 철학을 더 중요하게 여긴 셈이다.

3장 요약:
불안을 불안해하지 않기

3장에서는 사람들이 고통, 후회, 불확실성을 어떻게 피하려고 하는지, 그리고 이 과정에 어떤 집파리 효과들이 작용하는지에 대해 알아보았다. '소유 효과'에 대해 살펴보았다. 또한 왜 검트리같은 중고 거래 사이트에서 구매자와 판매자 간에 갈등이 많은지 이해하게 되었을 것이다. 손실 회피에 대한 부분에서는 아마도 당신이 다락방에 쌓아둔, 버리지 못한 물건들이 떠올랐을지도 모른다. 방어적 의사 결정 부분에서는 과거에 최선의 선택지보다는 '최대한 실망하지 않는 선택지'를 골랐던 경험이 떠올랐을지도 모르겠다. 또한, 사람들이 불쾌한 정보를 피하려 하는 '타조 효과'도 공감대를 샀을 것 같다. 이제 당신은 실제로 일상에서 집파리 효과를 적용할 수 있다. 먼저, 다른 사람들이 당신의 손실 회피 성향을 의도적으로 이용하려 할 때 주의하라. 항상 정신줄을 놓지 않기 위해 이 장을 정기적으로 다시 읽을 것을 추천한다.

여기서 한 가지 중요한 조언이 있다. 책을 분실하거나 도난당하거나 커피를 쏟으면 읽을 수 없게 될 테니 소장용 책 한 권을 더 주문해 두면 마음에 안심이 될 것이다.

이렇게 말해 보지만, 물론 당신은 이 속임수에 넘어가지 않았을 거라고 확신한다. 그래도 불필요한 보험이나 보증과 관련한 집파리 효과들이 당신 주위에서 기회를 노리고 있으니 조심하라. 차라리 집파리 효과를 삶에 효과적으로 이용할 기회를 만들어보는 것도 좋다. 예를 들어, 다음의 이메일들을 비교해 보자.

"존경하는 학부모님께,
평소와 같이 자발적인 학교 후원금을 납부해 주실 때가 되었습니다. 후원금은 학생들이 늘 기대하는 견학을 비롯한 다양한 행사를 조직하는 데 큰 도움이 됩니다. 여러분의 적극적인 참여와 후원에 깊이 감사드리며, 앞으로도 아이들을 위한 의미 있는 교육 활동을 지속할 수 있도록 협조 부탁드립니다."

"존경하는 학부모님께,
늘 그랬듯이 자발적인 학교 후원금을 납부해 주실 때가 되었습니다. 이번에도 많은 협조 부탁드립니다. 여러분의 도움이 없으면 학생들이 손꼽아 기다리는 견학 활동을 개최할 수 없습니다. 소중한 후원 부탁드립니다."

이 집파리 효과는 항상 정확하게 작동하지는 않지만, 둘 중 어떤 이메일을 보낼지에 대해서는 감이 올 것이다. 마지막으로 중요한 경고를 하나 하자면, 집에서 이 효과를 시도하기 전에 반드시 이 책의 윤리적 결론을 참고하길 바란다.

다른 사람과
같지 않으면
불안해지는 뇌

동 조 와 사 회 성 을 자 유 자 재 로 사 용 하 기

사회적 동물인 인간은 집단생활, 서열, 규칙을 중시하기 때문에, 경쟁적 이타주의
(competitive alturism), 백의 효과(white coat effect), 얼간이 효과(sucker
effect), 빨간 스니커즈 효과(red sneakers effect)와 같은 집파리 효과들이 쉽게 나타
난다. 뇌는 명확한 위계질서와 규칙에 익숙하며, 권위 있는 지도자의 지시에 따르는 것을
선호한다. 이러한 사회적 규범의 강화는 연대감을 형성하기도 하지만, 과도하면 역효과
를 낼 수 있다. 최근에는 포모(FOMO: Fear of Missing Out)라는 심리적 현상이 이러
한 집파리 효과로 나타난다. 이는 유행에서 뒤처지는 것에 대한 불안감에서 비롯된 행동
패턴으로, 개인의 결정을 크게 좌우한다.

비합리적이더라도
긴 줄 뒤에 줄서고 싶다

낯선 도시에서 밤을 즐기기 위해 클럽을 찾고 있다고 상상해 보자. 눈앞에 두 개의 클럽이 들어오는데, 첫 번째 클럽 앞에는 긴 줄이 늘어서 있다. 까칠한 도어맨이 이따금씩 겨우 한 무리 정도만 입장을 시켜주고 있다.

반면 두 번째 클럽에는 소리치며 홍보하는 사람이 서서 "들어오세요! 여기에서 물이 제일 좋은 클럽입니다! 서비스 한 잔도 있습니다!"라고 외치고 있다. 합리적인 사람이라면 당연히 후자의 클럽을 선택할 것이다. 기다릴 필요도 없고, 거절당할 위험도 없으며, 게다가 공짜 음료도 주니까. 하지만 그럼에도 불구하고 사람들은 첫 번째 클럽에 줄을 설 가능성이 아주 높다.

왜 그럴까? 분위기 때문일까, 음악 때문일까? 아니다. 그 시점에 당신이 아는 유일한 정보는 길게 늘어선 '대기 줄'이 있다는 것뿐이다. 그런데도 단지 그것만으로도 당신이 차가운 바람이 부는 모퉁이에서 한 시간은 족히 기다리는 이유가 된다.

주변과 같은 것을 선택해
위험을 피하고 싶다

우리 사회는 때로 개인주의적으로 보일 수도 있다. 하지만 인간은 결국 사회적 존재다. 타인의 행동이 우리의 선택에 큰 영향을 미칠 수밖에 없는 것도 이 때문이다. 앞서 클럽에 가는 상황을 생각해 보자.

각 클럽의 장단점을 세세히 엑셀 스프레드시트를 작성해 분석할 수도 있겠지만, 그 작업을 마칠 즈음엔 이미 밤이 지나고 클럽도 문을 닫을 것이다. 다행히 우리 뇌는 불확실한 상황에서 경험칙으로 신속하게 대응할 수 있다. 남들과 똑같이 하는 것이다. 비합리적으로 보일 수 있지만, 남들을 따라 하다 보면 결과가 만족스러울 때가 많다.

물론 다수의 행동이 항상 최선은 아니다. 예를 들면 패스트푸드를 자주 먹는 습관 같은 것 말이다. 하지만, 다수의 행동이 크게 실망스러운 결과로 이어지는 일은 드물다. 그래서 무엇을 해야 할지 확신이 없을 때는, 주변을 따라하는 것이 위험을 피하는 현명한 선택이다. 인류의 조상들은 이를 본능적으로 알고 있었다. 모두가 호랑이를 피해 도망칠 때, 홀로 나서서 호랑이를 쓰다듬어 보는 것은 자유다. 하지만, 그건 생존에 도움이 되진 못할 것이다. 잘 모르겠을 때는 사람들을 따르는 것이 가장 안전한 선택이다.

이 현상을 **사회적 증거(social proof)** 또는 **편승 효과(bandwagon effect)**라고 한다. 재미있는 점은 다른 사람을 직접 보지 않아도, 그들이 예전에 어떻게 행동했을지 짐작되는 것만으로도 이 효과가 나타난다는 것이다.

이 효과는 여러 기업들이 앞다퉈 활용하고 있다. 예를 들어, 온라인 쇼핑 사이트의 팝업창에서 '현재 이 사이트를 보고 있는 사람은 10명입니다' 또는 내가 보고 있는 상품에 '이 상품은 우리 매장의 베스트셀러 상품입니다' 표기가 떴다고 생각해 보라. 심지어 로큰롤의 황제 엘비스 프레슬리의 베스트 앨범의 부제는 '5천만 명의 엘비스 팬이 틀릴 리 없다'였다.

TV 프로그램에서는 오랫동안 녹음된 웃음소리나 방청객을 활용해 시청자를 웃기려고 노력해 왔다. 최근 코로나 사태로 인한 축구 경기에서도 관중이 없더라도 사전 녹음된 환호 소리를 추가하여 경기를 더 흥미롭게 만드는 장면을 목격할 수 있었다.

왜 우리는 제한에 취약한가

길게 줄을 선 상황에서는 **희소성(Scarcity)**이라는 또 다른 집파리 효과가 작용하고 있다.

많은 사람이 들어가고 싶어 몰려든다고 해서 누구나 들어갈 수 있는 것은 아니다. 입장을 허락받은 사람들은 좋은 선택을 했을 뿐만 아니라 돋보일 기회까지 얻었다. 희소성은 곧 지위를 상징한다. '나는 남들이 못 얻는 기회를 얻었다'는 것이다.

희소성 집파리 효과는 **속물 효과(Snob effect)**와 관련이 있다. 많은 사람이 가지게 되는 물건은 오히려 그 가치가 떨어질 수 있다. 희소성이 선호된다는 것은 6개월 전부터 예약해야 하는 미슐랭 스타 레스토랑의 인기를 보면 알 수 있다. H&M에서 유명 디자이너의 한정판 컬렉션이 출시될 때 사람들이 보이는 열광적인 반응에서도 마찬가지다.

이 효과는 희소성을 살짝 암시하는 것만으로도 충분하다. 예를 들어, 뉴스 보도에서 사재기를 자제해 달라고 호소하는 것이 오히려 시청자들에게 화장지 같은 물품을 더 많이 사도록 부추기는 것이나 다름없다. 마트에서 "음료 페트병 구매는 1인 4병까지"라고 말하는 안내 방송이 나오면 즉각적으로 매출이 급격하게 상승한다.

신제품 출시 일주일 전에 기대감을 불러일으키는 포스터 캠페인도 효과가 좋다. 광고에 자극받은 사람들의 기대가 사람들의 머릿속에 오래 남아 그 제품을 구입하게 만든다.[37]

베스트셀러는 자동으로 계속 팔린다

비슷한 현상은 베스트셀러 목록에서도 볼 수 있다. 베스트셀러에 오른 책은 저절로 더 잘 팔리는 경향을 보인다. 이는 **베스트셀러**

효과(bestseller effect)다.[38] 이 책들이 단순히 내용이 훌륭해서 인기가 있다는 생각이 들 수 있지만, 한편으로는 운도 따라야 한다. 운의 영향을 입증하려면 실제로 여러 가지 다양한 시나리오를 동시에 실험해야 하는데, 2006년 세 명의 과학자가 이를 대신할 실험을 설계했다.

그들은 아무도 모르는 곡들로 구성된 온라인 뮤직 스토어를 개설하고 7,000명의 사용자에게 좋아하는 곡을 다운로드 하도록 했다. 참가자들은 이전 사용자들의 다운로드 순위를 볼 수 있었다. 이 실험의 핵심은 사용자를 8개의 그룹으로 나누고, 각 그룹마다 각각 다른 순위표를 주었다는 점이다. 예상대로 최종 상위 10위권의 곡은 시작 시점의 다운로드에 크게 영향을 받았고, 알고리즘이 인기곡을 더 자주 추천해 주면서 그 효과가 더욱 커졌다.

잘못된 행동을 지적해도
개선되지 않는 이유

이 이야기에는 부정적인 측면도 존재한다. 4장 초반에 언급했던 한산한 두 번째 클럽을 떠올려 보자. 여기에는 앞서 말했던 **사회적 증거(social proof)**의 반대 효과를 가져오는 집파리 효과가 존재한다.

클럽이든, 레스토랑이든, 백화점이든 손님이 없는 가게에는 들어가고 싶지 않다. 사람이 없는 데는 분명 이유가 있을 것으로 생각한다. 혼잡은 더 혼잡을 부추기고, 비어 있는 곳은 더 파리만 날린다. 바닥에 쓰레기가 있으면 더 많은 쓰레기가 쌓이듯 말이다.

사회문제 해결을 위한 공익 캠페인에서 문제의 심각성을 강조하는 대처가 의도와는 다르게 역효과를 낳을 수 있다. "매년 수천 명의 사람들이 빨간불을 무시합니다", "재활용을 하는 사람들이 너무나 적습니다!", "점점 더 많은 청소년들이 전자담배를 피우고 있습니다!"라고 하면, "다들 그러니까 괜찮겠지."라고 생각할 수 있다. 정부에서는 문제를 해결하기 위해 이런 문구를 썼지만, 이런 식으로 문제의 '규모'를 부각하면 역효과가 날 수 있다. 그 행동이 널리 퍼져 있다는 사실은 의도치 않게 그것을 정상적인 일처럼 보이게 만들기 때문이다. 사람들은 많은 사람이 하는 일이라면, 그렇게 나쁘지 않다고 생각하게 될 수 있다. 결국, 이런 접근 방식은 오히려 문제 행동을 부추기는 결과를 초래할 수 있다.

사람을 움직이는 메일을 쓰는 방법

직장에서 이 효과를 적용해 보자. 프로젝트 멤버에게 피드백을 부탁하고 싶은 일이 있다고 가정해보자. 아이디어 제안, 정보 수집, 단순히 회의 일정 조정 등 무엇이든 상관없다. 하지만 내게 보내주어야 할 메일은 몇 주가 지나도 아무도 연락이 없고, 받은 편지함은 여전히 빈 상태다. 그래서 더는 기다릴 수 없으니 결국 이렇게 이메일을 보내기로 한다.

"안녕하세요, 직원 여러분.
두 달 전, 저는 '함께 만드는 프로젝트'에 대한 여러분의 의견을 요청했습니다. 하지만 지금까지 단 한 건의 답변만 받았습니다. 의견이 있으신 분은 내일까지는 의견을 보내주시면 감사하겠습니다. 이것은 모두가 함께 하는 프로젝트입니다. 협조 부탁드립니다."

효과가 있을까? 글쎄…. 바로 위에서 언급한 집파리 효과가 기억나는가? 사람은 자신과 같은 처지의 사람이 많을 때, 안도하는 경향 말이다. 이제 회사의 다른 직원들은 '나만 아무것도 안 한 게 아니구나'라고 생각하며 안도의 한숨을 쉬고 있을 것이다. 어쩌면 쓸데없이 시간을 낭비하지 않아서 다행이라고 생각할지도 모른다. 괜한 이메일을 보내서 중요한 프로젝트를 인기가 없었던 두 번째 한산한 클럽처럼 만들어버렸다. 집파리 효과를 잘못 적용했기 때문이다. 심지어 '나만 열심히 하면 괜히 눈에 띌 것 같아'라고 느껴서 아예 참여를 안 하게 수도 있다. 그렇다고 첫 번째 클럽의 까칠한 도어맨처럼 위협적으로 회의실 앞에서 동료를 무자비하게 무시하라는 것은 아니다. 반면, **속물 효과(Snob effect)**를 적용해 볼 수는 있겠다. 다음번에는 이렇게 메일을 쓰자.

"안녕하세요, 직원 여러분.
'함께 만드는 프로젝트'가 순조롭게 진행 중입니다. 점점 더 많은[39] 직원분들이 의견을 공유하고 있는데요, 모두의 의견을 전부 반영하고 싶지만, 채택할 수 있는 아이디어에는 한계가 있으니 아직 의견을 제출하지 않으신 분은 이번 주 안에 꼭 제출해 주시길 바랍니다."

집단에 속하고 싶다는 욕구는
매우 강하다

놈코어 패션[40] 트렌드, 기억하는가? '궁극의 평범함'을 뜻하는 '하드코어 노멀'의 줄임말이자 속칭 꾸안꾸(꾸민 듯, 안 꾸민 듯)로 몇 년 전 유행한 트렌드다. 젊은 남성들은 흰 양말을, 젊은 여성들은 편안한 맘진 같은 평범한 패션을 입었는데, 평범함에 하드코어에서 유래한 코어라는 멋진 단어를 붙여 타인의 시선에 휘둘리지 않는 단호한 태도를 상징하는 것이었다. 평범함이 곧 '힙함'이 된 거다.

하지만 사실, 남들과 어울리고 싶어 하는 욕구는 늘 존재해 왔다. '내가 사람들에게서 소외되거나 배제되면 어쩌지?' 하는 두려움이 우리 뇌에 깊이 새겨져 있기 때문에 평범함을 추구하게 되기도 한다.

왕따가 되는 워크숍

에바는 종종 공무원들을 대상으로 워크숍을 진행한다. 그때마다 워크숍의 시작을 게임으로 시작하게 하는 경우가 있다.

먼저 일부 참가자를 따로 복도로 데리고 나가 특별한 임무를 부여한다. 그리고 다시 방으로 돌아오면 참가자들이 3인 1조로 짝을 지어 공을 주고받게 하고 1분 후에 특별 지시를 받은 사람들은 에바의 비밀 지시를 실행에 옮기게 된다. 3인 1조로 공을 주고받는 멤버 중 한 명을 갑자기 탈락시키는 것이다. 그 멤버에게는 패스를 돌리지 않고 공은 다른 두 사람 사이에서만 오간다.

이런 대우를 받는 것은 정말 기분 나쁜 일이다. 이런 종류의 실험을 이미 접해봐서 알고 있는 사람도 갑자기 그룹에서 제외되는 서운함이 고통을 수반할 것이라고는 생각지 못했을 것이다. 동시에 누군가를 소외시키는 쪽도 상상 이상의 불쾌감을 느낀다. 이런 단순한 공놀이에서도 집단에 속하고자 하는 인간의 욕구가 얼마나 강한지 명확하게 보여준다.

인간에게 소외되는 것은 큰 고통이다. 사람들은 이를 피하기 위해서라면 신념까지도 쉽게 굽히게 된다. 그것은 상대가 다수가 아니더라도 마찬가지다. 1951년, 심리학자 솔로몬 애쉬(Solomon Asch)는 '세 사람이 같은 주장을 하면, 비록 그 내용이 그 내용이 명백히 틀린 것이라도 네 번째 사람은 대게[41] 그것을 받아들인다'는 사실을 발견했다.

그는 몇 명의 학생들을 고용해 연기하도록 하고, 실험에서 여러 명의 실험 대상자에게 길이가 다른 여러 개의 선을 보여준다. 그리고 연기자는 아무것도 모르는 실험 대상자에게 '이 두 줄의 길이가 똑같다'고 주장하게 했다. 하지만 이 두 선의 길이는 분명히 다르다.

두 명의 연기자가 함께 주장할 때는 실험 대상자를 설득하기 어려웠다. 그러나 세 명 이상의 연기자가 주장할 때는, 전체 실험 대상자의 75퍼센트가 이 터무니없는 주장에 동조했다. 이처럼 아무리 자신이 옳다고 확신해도, 집단이 반대할 때 그 신념을 고수하기란 쉽지 않다. 무리에서 소외되었을 때 느껴지는 고통에서 벗어나고 싶기 때문이다.[42]

인재의 다양성을 확보하기 위한 방법

직업을 선택할 때에도 소외될까 하는 두려움이 영향을 미친다. 2019년 초, 로스앤젤레스 경찰국(LAPD)은 직원의 다양화를 위해 노력했지만, 결과는 썩 좋지 않았다.

선발이 이루어지기 전부터도 지원자 전원이 백인인 경우가 많았고, 젊은 백인 남성이 아닌 지원자들은 채용 과정에서 중도 포기하는 경우가 많았다. 아무리 '여성과 소수민족을 환영한다'고 강조해도 소용이 없었다.

그러던 중 경찰서는 '소수민족이 자신과 경찰의 이미지를 상반되게 여긴다'고 판단했다. 이에 따라 '행동 인사이트 팀'이 고안한 새로운 전략을 채택했다. 페이스북 페이지에 "여기가 바로 당신의 자리입니다."라는 문구와 흑인 남성, 백인 여성, 아시아 남성 경찰관의 사진을 사용해 지원자를 모집했다. 그 결과, 백인 남성 이외의 지원자가 4배로 증가했다. 백인 여성과 소수민족은 자신이 경찰에서 소외되지 않고 잘 어울릴 수 있을 것 같다는 점을 사진에서 시각적으로 이해할 수 있었기 때문에 지원을 결심할 수 있었을 것이다.

사회적 규범이
집단의 결속력을 강화한다

사회적 규범(social norm)이란 어떤 상황에서 사람들이 집단 내에서 행동해야 하는 방향을 나타내는 규칙이나 원칙을 말한다.

사회 규범은 명시적으로 규정되는 경우도 있다. 종교의 성직자가 신도들에게 이성을 올바르게 대하는 법을 가르치고, 에티켓 가이드에는 식사 중 코스 사이에 화장실에 갈 때 냅킨을 어떻게 두어야 하는지 규정하기도 한다.[43] 직장 예절에 관한 글을 쓰는 칼럼니스트는 직장에서 사용하면 어색하거나 이상하게 들리는 단어들을 알려주기도 한다.

이러한 규범은 내부 집단을 더 결속하게 하고, 외부 집단과의 간극을 심화시킨다. 어떤 집단에서는 파벌을 만들어 외부인이나 약자를 배제하기도 한다. 또한 팀 내의 유대감을 높이기 위해 권위 있는 사람을 비웃는 방식을 보이기도 한다. 이처럼 함께 외부인을 비난하거나, 평범한 사람들을 무시하거나, 무리한 업무 지시를 하는 관리자를 비웃는 것이 팀 결속을 강화하는 데 효과적일 수 있다.

한편으로는 그렇게 명시적으로 드러나지 않는 규범도 있다. 사람들은 집단 내에서 행동과 규범을 어긴 사람들에 대한 다수의 주변 반응을 무의식적으로 관찰하며 배우게 된다. 하지만 보이는 것에만 너무 의존하게 되면 때로는 이를 잘못 이해하게 될 때도 있다. 예를 들어, 코로나19 사태 동안에는 얼마나 많은 사람이 자가격리를 준수했는지 실제로 확인할 수 없었다. 규칙을 준수하는 사람들이 거리에 나가지 않았기 때문이다. 그리고 해변에 몰려간 규칙 위반자들은 신문에 크게 사진과 함께 보도되었다.

사회에서 중요한 핵심 규범들은 결국 한 가지 주제, 즉 개인의 이익과 사회적 이익 사이의 갈등을 다룬다. 규범은 사람들에게 공익을 위한 희생이 가치 있다고 가르친다. 영웅적인 주제를 다루는 영화도 이 주제를 다룬다. 영화에서의 악당은 자신의 이익만을 우선시하는 것이 잘못이라는 점을 보여준다.

현대적인 예로는 '부끄러운 비행(Flight-shame)⁴⁴' 운동이 있다. 기차보다 탄소를 많이 배출하는 비행기 여행이 환경에 해가 된다는 점을 주장하는 운동이다. 멋진 휴가를 가려는 이기심, 그리고 기후에 피해를 발생시키는 공익 사이의 균형을 반영한 새로운 사회적 규범이기도 하다. 특정 사회 집단에서 나타나며, 일부 항공사는 나무 심기 프로젝트로 면죄부를 판매하기도 한다. 사람들은 이 프로그램에 참여했다는 사실을 SNS에 공유해서 비행 수치심을 줄이기도 한다.

동료를 위한 초콜릿

자신의 직장에 타인에 대한 배려가 얼마나 사회적 규범으로 잘 자리잡고 있는지 알아보고 싶다면, 회의에 초콜릿 한 상자를 가져가 보면 된다. 단, 모든 사람에게 돌아가는 수량이 아니라 사람 수의 3분의 2에 해당하는 수량을 준비한다. 그리고 나눠주기 전에 다음과 같은 내용을 전달한다.

- 준비된 초콜릿의 총 개수를 알려준다.
- '각자 0개에서 2개까지 가져갈 수 있다'고 규칙을 설명한다.
- 자신이 가져갈 개수를 종이에 적게 한다
- 각자 적은 개수의 합이 총 초콜릿 수보다 많으면, 초콜릿을 나누어 주지 않는다.

재미있는 점은 대부분의 경우 모두가 제출한 초콜릿 수는 딱 1개 모자라게 조절하는 경우가 많다. 더 재미있는 건, 보통 관리자가 대게 2개를 적어낸다는 것이다. 늘 '우리 인턴, 가족' 등의 그럴듯한 이유를 붙여서 말이다.

타인의 생각을 알면
자신의 행동도 달라진다

'이렇게 해야 한다'고 생각하는 것과 실제로 '하는 것'은 다른 경우가 많다. 특히 부패나 범죄가 만연한 곳에서는 이 두 가지 규범이 충돌하기도 한다.

예를 들어, 마약 거래에 손을 대려는 젊은이들은 현실이 보여주는 사회 규범과 명분상의 사회 규범 사이에서 갈팡질팡하게 된다. 명분상의 사회 규범은 옳은 일을 하는 것이지만, 동료들은 실제로 나쁜 짓을 하는 사회 규범을 현실로 보여주고 있기 때문이다.

사실 우리 자신의 행동에서도 '이렇게 해야 한다'고 생각하는 것과 '실제로 하는 것'에는 차이가 있다. 예를 들어, 더 자주 헬스장에 가야 한다고 생각하면서도 잘 가지 않거나, 휴대전화로 끊임없이 나쁜 상황에 대한 뉴스만을 강박적으로 확인하는 등이 그것이다.

종종 우리는 다른 사람의 행동을 보고 자신의 행동을 결정한다. 그것이 옳다고 생각하든 그렇지 않든 상관없다. 그 결과 또 한 명의 청년 마약 딜러가 탄생하게 되는 것이다. 남이 무엇을 하는지는 보면 알 수 있지만, 무슨 생각을 하고 있는지는 판단할 수 없다. 그래서 남의 행동만 보고 따라가는 것도 어찌 보면 당연하다.

그러나 사우디아라비아의 한 연구에 따르면, 타인의 생각을 알게 되는 것만으로도 혁신적인 변화를 끌어낼 수 있다. 사우디에서는 직업을 가진 여성의 수가 적다. 남편이 반대하기 때문이다. 모두들 '여자는 일하면 안 된다고 생각한다'고 생각한다.

하지만 이 연구에 따르면 그것은 사실이 아니었다. 남자들은 아내가 일해도 괜찮다고 생각했지만, 이웃을 포함한 사회가 여성이 일하는 것을 반대할 것이라고 생각했다. 실제로 이웃들도 똑같은 생각을 하고 있었고, 서로 상대방이 어떻게 생각하는지 모르고 있었다.

그래서 연구팀은 남성들에게 여성이 일하는 것을 긍정적으로 생각하는 남성이 있다는 사실을 알렸다. 그러자 이 사실을 알게 된 많은 남성들이 아내가 직업소개소에 등록하는 것을 허락했고, 4개월 후 많은 여성들이 직업을 갖기 시작했다. 이처럼 사회 규범에 대한 오해가 사회 생활이나 혹은 결혼 생활을 구성하기도 하고 파괴하기도 한다.

○○하기 시작했다고 변화를 강조하면 사람의 행동이 변한다

사회 규범을 어떻게 설정하고 변화시킬 수 있을까? 변화된 규범을 새로운 규범으로 발표하는 방법도 있다.

미국의 과학자 3명이 대학 식당이라는 친숙한 장소에서 실험을 진행했다. 이 식당에서는 보통 80%의 사람들이 고기 메뉴를 주문했고, 평균 5분 정도 줄을 서서 순서를 기다렸다.

연구원들은 줄을 선 사람들에게 두 종류의 설문지를 나눠주었다. 첫 번째 설문지는 "육류 섭취를 의식적으로 줄이고 있는 미국인의 비율(10명 중 3명)"이었고, 두 번째 설문지는 "'최근' 육류 섭취를 의식적으로 줄이기 시작한 사람의 비율(10명 중 3명)"이었다. 최근이라는 표현이 두 설문지의 중요한 차이다.

두 설문지의 반응에서 첫 번째 설문지 유형에서는 많은 미국인이 이미 의식적으로 육류 소비를 줄이고 있다고 했고, 두 번째 유형에서는 같은 비율의 사람들이 최근에 육류 소비를 줄이기 시작했다고 언급했다. 두 설문지의 차이는 단 하나의 단어뿐이었지만, 이 작은 차이가 사람들의 음식 선택에 큰 영향을 미쳤다. '최근에 줄이기 시작했다'라는 표현을 접한 사람들은 '지속해 왔다'라고 접한 사람들보다 채식 메뉴로 점심을 주문하는 비율이 두 배나 높았다(34%). 작은 변화지만 최근의 사례를 강조하는 것만으로도 규범을 오해 없이 효과적으로 변화시킬 수 있음을 보여주는 대목이다. 바로 집파리 효과의 전형적인 경우다.

사람은 일정한 조건 하에서 서로 협력하는 특성이 있다

앞서 동료들에게 초콜릿을 나눠주는 장면처럼 '집단 전체로는 초콜릿 개수를 너무 많이 요구하고 싶지는 않지만, 자신만은 2개를 원한다'는 상황을 '사회적 딜레마'라고 한다. 이러한 딜레마는 어류 남획, 자동차 과속 등 다양한 상황에서 발생한다. 예를 들어, 남획 문제에서는 사람들이 자원을 아껴 써야 한다는 것을 알면서도 더 많은 물고기를 잡고 싶어 하는 경우가 있다. 마찬가지로, 과속 문제에서도 모두가 도로의 안전을 위해 속도를 지켜야 하지만, 각자 더 빨리 가고 싶어 하는 상황이 발생할 수 있다.

사람들은 자신이 처한 상황을 깨닫게 되면 처음에는 대부분 양심적이면서도 전체 이익을 위한 최선의 행동을 한다. 이들은 관대하게 집단의 이익을 위한 결정을 내리는데, 특히 상호 신뢰가 규범인 문화에서 이런 경향이 더 강하다.

반면에 '세상을 위한 행동은 다른 사람에게 맡기고, 나를 우선시해야지'라고 생각하는 사람도 있다. 이는 반드시 이기심을 나타내는 표시는 아니다. 선의의 사람들은 **얼간이 효과(sucker effect)**로 이용당하지 않기 위해, 자신만 옳은 일을 하는 상황을 합리적으로 피한다. 이런 '무임승차자'라고 불러야 할 사람은 전체 인구의 3분의 1 정도에 불과하다.

하지만 사회적 딜레마가 발생하는 게임을 몇 번 반복하다 보면 처음에는 양심적이었던 참가자들도 이기적으로 행동하는 것이 결국 이득이라는 것을 깨닫게 된다. 이기적으로 행동하지 않으면 관대함에 속아 넘어간다는 것을 깨닫게 되는 것이다. 이렇게 되면 사회 규범은 무너지게 된다.

하지만, 실제 사회에서는 많은 사회적 딜레마들이 잘 균형을 이루고 있다. 우리는 계산대에서 차례를 기다리고, 기침할 때는 옷소매로 입과 코를 가리며, 공중화장실에서는 볼일을 보고 변기의 물을 내린다. 이는 부분적으로 인간이 조건부 협력을 추구하는 성향 때문이다. 다른 사람이 기부하는 모습을 보면, 우리도 선뜻 돈을 내는 것과 같은 원리이다. 이런 행동을 하는 사람은 전체 인구의 절반 정도인 것으로 알려져 있으며 사회적 규범으로 더욱 강화된다. 모두가 순서를 잘 지키고 있을 때 줄을 무시하는 것은 용납되지 않는다는 뜻이다.

그러나 규범의 힘이 불충분할 때, 사회에서는 사람들을 통제할 수 있는 다른 메커니즘이 금방 만들어진다. 하지만 규칙을 어긴 사람에 대한 처벌은 매우 효과적일 수 있지만,[45] 반면에 위험한 방식일 수도 있다. 예를 들어, 기차에서 일 때문에 휴대폰으로 통화하는 여성에게 '실내 정숙' 표지판을 가리킬 용기가 있겠는가?

게스트가 리뷰를
정직하게 남길 수 없는 이유

다행히도 규칙을 위반하는 사람들을 처벌하는 대신 다른 해결책이 있다. 가장 쉬운 방법은 비협조적인 사람들을 배제하는 방법이다.

과격하게 들릴 수 있지만, 한번 생각해 보자. 우리는 일상에서 낯선 사람들과 수많은 거래를 한다. 그 대부분은 물건이나 돈을 주고받는 식으로 원활하게 이루어진다. 예를 들어, 온라인에서는 연간 수천만 명이 이베이(eBay)를 이용하고 있으며, 한 시즌에만도 에

어비앤비(Airbnb)에서 130만여 건의 거래가 이루어지고 있다. 이러한 에어비앤비와 같은 온라인 사이트에서는 숙박객과 업체 측이 과거 거래에서 상대방이 어떻게 평가받았는지 평점을 확인할 수 있다. 훌륭한 장치이다.

하지만 약 12년 전, 이와 같은 온라인 거래 사이트가 처음 등장했을 때는 예상치 못한 여러 문제가 발생했다. 한때 에어비앤비에서 이용자인 게스트가 집주인인 호스트보다 먼저 후기를 작성하게 되어 있었다. 그렇다면 여러분이라면 어떤 글을 올렸을까? 호스트가 나중에 문제를 제기할 것을 감수하고 샤워 배수구가 더럽다고 솔직하게 쓸 수 있을까? 아마 그렇지 않았을 것이다. 이용자는 '집주인에게 좋은 평점을 줘서 나도 집주인에게 좋은 평점을 받자'는 심리가 작용한다. 그래서인지 에어비앤비에 유리하게 작용하여 전체 평점을 높이는 데 기여했다.

그러나 별점이 과도하게 높아지면서 사람들은 긍정적인 후기를 신뢰하지 않게 되었다. 이에 회사는 조사를 진행했고, 검토한 결과 게스트와 호스트 양측이 모두 후기 작성을 완료할 때까지 후기를 공개하지 않기로 했다. 이는 마치 밸런타인데이에 짝사랑하는 상대에게 고백의 카드를 보내도 상대방이 좋아할지 안 좋아할지 알 수 없는 구조가 된 것이다.

하지만 이 변화는 그다지 큰 효과를 가져다주지는 못했다. 왜냐하면 현명한 집주인은 리뷰 내용이 공개되는 이상 이용자에 대해 나쁘게 말할 수 없다는 것을 알고 있기 때문이다. 이용자들은 숙박객을 낮게 평가하고 세세한 불만을 토로하는 집주인의 숙소에는 머물고 싶지 않을 것이다.

당신이 에어비앤비 CEO라면 이 문제를 어떻게 해결할 것인가.[46] 다른 사이트를 보면 나중에 리뷰를 수정하거나 철회할 수 있는 곳도 있는 것 같다. 하지만 이렇게 하면 또 새로운 문제들이 발생할 수도 있을 것이다. 사용자들이 일부러 부정적인 후기를 남기고 리뷰 수정이나 철회의 대가를 요구하는 방식으로 악용하는 가능성을 예상할 수 있을 것이다.

실제로 이러한 악용 사례는 맛집 리뷰 사이트 옐프[47]에서도 보고된 바 있다. 레스토랑에 별점 1점짜리 리뷰를 올리겠다고 협박해 정기적인 무료 제공을 요구한 손님이 있었다는 것이다. 이러한 사람들은 '옐프 마피아'라는 별명을 얻기도 했다.

물론, 많은 사람이 이런 식으로 진상 짓을 하지는 않지만, 통계에 따르면 리뷰를 철회할 수 있는 기능은 전체 리뷰에 대한 신뢰도를 낮출 수 있다. 이는 서비스 전체의 붕괴로 이어질 수도 있다.

평판(Reputations)은 매우 중요한 자산이다. 평판이 좋은 가게는 같은 수준의 다른 가게보다 매출이 16% 더 높다. 이용자들은 판매자의 평가에 매우 민감하다. 그러나 이것은 또 다른 문제를 내포하고 있다. 예를 들어, 아프리카계 미국인 임대인이 프로필에 자신의 사진을 올리면 매출이 평균 12% 감소하기도 한다는 것이다.[48]

진정으로 사교적인 사람은
타인을 위해 행동한다

인간은 모두 소속감에 대한 욕구가 있다. 어떤 집단에 소속되기 위해서는 비사회적인 성향의 사람이라도 사교적으로 행동할 뿐 아니라, 사교적인 사람으로 보이는 것도 필요하다. 그렇지 않은 사람이라고 여겨지면 그룹에서 따돌림 당할 위험이 있다.

그렇다면 내가 어떻게 상대방에서 사교적인 사람이라는 것을 알릴 수 있을까?

'저는 매우 사교적이에요'라고 말하는 것은 오히려 거만하게 보이는 역효과를 준다. 반대로 겸손한 척하며 자랑하는 것도 사교적인 이미지와는 거리가 멀다. "제 가장 큰 단점은 제가 너무 완벽주의자라는 거예요, 정말 힘들어요!"처럼 불평하는 듯 자랑하는 사람은 사람의 마음을 이해하지 못하는 비호감으로 인식될 뿐이다.[49]

사람들에게 사교적이라고 생각하게 만드는 것은 쉽지 않지만, 좋은 방법이 있다. 태도로 자연스럽게 보여주는 것이다. 의미 있는 목적을 위해 기금을 모으거나, 환경 보호 활동에 앞장서거나, 스포츠 클럽에서 회계 담당을 맡거나, 온라인에서 자선 단체를 위한 모금 활동을 하는 등 누군가를 위해 적극적으로 도움을 주려고 노력한다면, 주변에서 당신을 사교적인 사람으로 인식할 것이다.

굳이 말하지 않아도 자신의 사회적 의식과 관심을 드러낼 수 있다. 타인을 돕는 과정에서 자신도 모르게 개인적인 이익을 얻을 수 있다. 사회 중요한 일원으로 인정받으면 어려울 때 주변에서 도움을 받을 수 있고, 이성으로부터도 인기를 끌기 더 쉽다. 생물의 진화 과정에서 이타적이고 사교적인 행동이 지속적으로 선택되어 온 이유도 여기에 있다. 즉 인간은 오랜 세월 동안 사회적 집단 안에서 살아왔기 때문에, 다른 사람들과 협력하고 돕는 이타적인 행동이 살아남기 위해 꼭 필요한 자질이기 때문이다.

좋은 말을 하는 사람은
좋은 일을 하지 않는다

하지만 선한 의도가 본래의 방향에서 벗어나게 되는 상황이 펼쳐지기도 한다.

의사표현을 하는 것이 실제 행동하는 것보다 더 중요한 의미를 가지게 되는 경우도 마찬가지다. SNS에 사회적으로 의미있는 활동에 대해 글을 올렸을 때를 생각해 보자.

'죽어가는 고래를 구해주세요'라는 글을 SNS에 올린 후 기분은 좋아지지만, 실제로 고래잡이를 막으러 배에 오르는 사람은 몇이나 될까? 사실, 그런 신호를 보낸 뒤에는 오히려 행동하려는 동기가 줄어들 수 있다. 마치 '이미 플라스틱 오염에 대한 재치 있는 밈을 공유했으니 오늘의 사회적 행동은 이것으로 충분해'라고 스스로를 다독인다. 그리고 정작 슈퍼에서 '오늘쯤은 비닐봉지 사용해도 괜찮아'라고 생각하게 된다.

다른 사람들에게 친절하거나 도덕적인 사람이라는 인상을 주기 위해 겉으로만 그런 행동을 하는 것이다. 실제로 깊이 있게 실천하지는 않고 외부에만 보여주는 즉, 잘못된 방향으로 사용되는 집파리 효과다.

이를 **도덕적 허용 효과(moral licensing effect)**라고 한다. 마치 술래잡기를 하는 아이가 잡히지 않기 위해 "타임!"을 외치는 것처럼, 우리는 선행을 한 뒤에 '도덕적 타임'을 경험한다. 이 기간에는 잠시 도덕적 행동을 중단하게 되도 내 평판이 쉽게 손상되지 않는다고 생각하게 되는 것이다. 많은 도덕적 지도자들이나 활동가들이 남에게 '설교'한 것을 스스로 '실천'할 때에 어려움을 겪는 이유이기도 하다.

21세기에 접어들면서 자선활동을 지지하는 간편한 방법들이 유행했다. 자선 리본, 손목 밴드, 가방 등의 굿즈 착용이다. 이는 자선 활동의 지지자임을 알리는 편리한 도구이지만, 실제 기부는 감소했다. 장기적인 약속을 꺼리는 신세대의 특성도 영향을 미쳤겠지만, 이미 노란 팔찌를 찬 것만으로도 '착한 행동에 대한 숙제'를 다한 것처럼 느끼게 되는 도덕적 허용 효과도 작용했을 수 있다.

때로는 사회적 행동이 경쟁으로 변질되어, 받는 사람이 불편해질 정도로 과도한 친절을 베푸는 상황이 발생한다.

예를 들어, 파티에서 가볍게 다쳐 코피가 났다. 사람들의 시선을 끄는 장면은 생각만 해도 창피하다. 하지만 다른 파티 참석자들에게는 누군가의 사고가 자신의 사교적인 면을 보여줄 절호의 기회가 될 것이다. 모두들 서로 돕겠다고 나서며 앞다투어 행동한다.

연구에 따르면 아프리카 갈색 바블러(African Brown Babbler)라는 새에게서 이와 비슷한 행동이 발견된다고 한다. 이 새들은 서로 경쟁하듯이 모두를 위해 희생적인 행동을 하고 '명예'를 얻으려 애썼다. 주로 망을 보는 역할에서 이런 경쟁이 일어났다. 아마도 집단 내에서 자신의 지위를 높이려는 의도일 것이다. 이를 **경쟁적 이타주의(competitive altruism)**라고 부른다. 유명인들이 선한 일을 하기 위해 목소리를 높일 때, 서로 더 감동적인 모습을 보여주려 애쓰는 장면을 간혹 볼 수 있다. 분명 연구 결과와 비슷한 부분이 있는 듯하다.

타인의 시선을 의식해
사람은 행동을 바꾼다

타인의 시선은 우리 행동에 영향을 미친다. 비록 그들이 내 옆에 없을지라도 말이다.

마음속으로 끔찍한 생각을 하고, 아무에게도 말하지 않았는데도 부끄러웠던 적이 있는가? 그만큼 우리는 타인의 눈을 통해 자신을 바라보고 있는 것이다. 단순히 누군가가 보고 있다는 것을 의식하는 것만으로도 우리는 올바른 행동을 하려고 노력하는 경향이 있다.

과학자들이 이를 체계적으로 연구하기 훨씬 전부터 종교 지도

자들은 이 사실을 알고 있었다. 그래서 '신은 모든 것을 보고 계시다'는 메시지를 활용했다.

심지어 정부도 이런 심리를 활용한다. 영국에서는 과속 벌금을 내지 않던 시민들이 위반 장면이 찍힌 사진이 첨부된 우편물을 받게 되자 벌금 납부율이 올라갔다.[50] 런던 외곽의 울위치(Woolwich) 지역은 기물 파손 문제로 골치를 앓고 있었다. 그러나 지역 예술가들이 상점 셔터에 어린이들의 얼굴을 그려 넣자, 기물 파손율이 약 24%나 감소했다.[51]

우리의 뇌는 얼굴과 눈은 특별한 것으로 인식한다. 인간의 생존과 사회적 상호작용에 중요한 역할을 하기 때문이다. 차, 구름, 전기 콘센트에서 얼굴 같은 형태를 인식해 본 적이 있는가? 이런 인간의 경향을 파레이돌리아(pareidolia)라고 한다. 뇌 일부는 항상 얼굴을 찾고 있다. 무의식적으로 다른 생명체가 어디에 있는지 알고 싶어 한다. 또한 무엇을 보고 있는지 알고 싶어 한다. 이 뇌의 메커니즘은 아주 어린 아이들에게서도 발견되며 '시선탐지기(EDD)'라고 불린다. 이 메커니즘은 '주의력 해킹'을 유발한다. 우리는 얼굴 모양이 있는 것에 강하게 주의를 빼앗기는 것이다.

한 실험에 따르면, 기부 모금함에 장난감 눈을 붙이면 기부금이 1.5배 가까이 증가한다고 한다. 그러나 이와 관련된 연구들을 분석한 결과, 이 효과는 여성의 눈을 사용해야만 의미가 있었다. 여성의 눈이 있을 때 남성은 자선 단체에 훨씬 더 많은 기부를 했다.

여기서 중요한 포인트를 알려주겠다. 회사 포스터에 매력적인 여성의 이미지를 넣을 생각이라면, 눈이 글자의 방향으로 향하도록 해야 한다. 포스터를 보는 사람들도 그 방향을 바라보게 될 것이기 때문이다.

사람들은 자신을 괜찮은 사람이라고 생각하기를 원한다

우리는 외부에 신호를 보내면서도 동시에 그 신호를 스스로에게도 보낸다. 그리고 그 신호는 우리의 생각이나 행동에까지 영향을 미친다. 이를 자기 신호화(self-signalling)라고 한다. 신호가 기묘하게 작동하는 집파리 효과다.

가끔은 어떠한 행동을 하고 난 뒤에, 그 행동을 정당화하거나 이해하려고 애쓰는 심리가 있다. 댄 애리얼리는 그의 책 《거짓말하는 착한 사람들》[52]에서 **될 대로 되라 효과(what the hell effect)**라는 흥미로운 집파리 효과를 설명한다. 애리얼리는 실험 참가자들에게 가짜 프라다 가방을 주고, 이 가짜 가방을 든 상태에서 질문에 대한 대답이 정직한지 여부를 살펴봤다. 결과는 사람들이 덜 정직해진다는 것이었다. "에라 모르겠다, 이미 가짜 가방으로 폼 잡고 있으니, 뭐 어쩔 건데? 어차피 이렇게 된 거, 상관없어"라고 생각하게 된다. 사람들은 자신을 좋은 사람이라고 생각하고 싶어한다. 하지만, 괜찮은 사람이 아닌 행동을 하고 있을 때에는 괜찮은 사람처럼 행동할 이유를 찾기가 어려워진다.[53]

권위를 앞세우면 논리적 사고를
할 수 없게 된다

사고실험을 한번 해 보자. 참고로 에바는 지금부터 소개할 사고실험이 큰 가치가 있다는 것을 박사학위 주제로 삼고 있다. 다음 두 가지 시나리오를 상상해 보라.

시나리오 1. 당신은 검사를 받기 위해 병원에 입원 중이다. 밝은 색 운동복을 입은 남자가 당신을 진찰한 후 독한 약을 처방한다.

시나리오 2. 당신은 검사를 받기 위해 병원에 입원 중이다. 깔끔한 흰 가운을 입은 남자가 당신을 진찰한 후 독한 약을 처방한다.

처방 지시대로 약을 더 잘 복용할 사람은 누구일까? 그리고 어떤 경우에 추가로 전문가의 의견을 듣고 이렇게 해도 되는지 확인받고 싶을까? 이 사고실험에서 피실험자는 **백의 효과(white coat effect)**를 경험하게 된다. 의사가 정장 대신 운동복을 입고 있으면 전문성이 의심되는 것도 마찬가지로 일종의 집파리 효과다.

흰 가운이 실제로 더 많은 지식이 있다는 것을 의미하지는 않지만, 우리는 무의식적으로 흰 가운을 권위의 상징으로 인식한다. 위 실험에서 사람들은 흰 가운을 입은 의사나 연기자에게 더 신뢰를 보였다. 현실에서도 자주 나타나는 일이다.

유명한 사례를 하나 들어보자. 의사로부터 영어로 된 귀마개에 대한 지시를 받은 한 간호사의 이야기다. 의사의 투약 지시서에 오른쪽 귀(Right ear)라는 뜻으로 'R. ear'라고 적혀 있었다. 간호사는 의사가 적은 지시를 '뒤쪽(Rear)'으로 오해해 아무 의심 없이 귀 약을 직장에 투여했다. 이 예시는 사람들은 권위가 개입되는 순간 때때로 논리적인 사고를 할 수 없게 되는 경우가 있다는 것을 보여준다.

위 사례는 우스운 실수이지만, '캡티니티스(captainitis)'의 경우는 훨씬 심각하다. 항공업계에서는 <u>스스로</u> 판단해야 할 부기장이 기장의 엉뚱한 지시에 계속 따르는 현상을 이렇게 부른다. 이는 치명적인 결과를 초래할 수 있다. 종종 블랙박스 녹음에서 그로 인한 비극적인 상황을 들어 본 적이 있을 것이다.

아마도 '의학이나 항공 분야는 너무 복잡해서 전문가에게 의존해야 한다'고 생각할 수 있다. 이 효과가 다른 상황에서도 적용되는지 알아보기 위해, '푸른 제복 효과'를 살펴보자. 실험에서 사람들은 경찰관이나 보안 요원처럼 보이는 사람이 지시할 때 더 순종적이었다. 심지어 그들의 낯선 사람에게 주차 요금을 내라고 명령하자 순순히 따르는 경우도 있었다.

광고는 모든 방식으로 권위화 되고 있다

흰 가운과 푸른 제복 효과의 극단적인 예는 **빨간 스니커즈 효과(red sneakers effect)**에서 나타난다. 빨간 운동화를 신은 CEO처럼, 본래의 규범을 벗어난 옷차림을 하는 사람들은 오히려 더 강한 권위와 능력을 가진 것 같이 보이는 현상이다. 이들은 너무 뛰어나서 눈에 띄는 옷차림조차 자신 있게 입을 수 있는 거물로 여겨지기 쉽다.

하지만, 운동복을 입은 의사 사례에서 보듯이 이것은 법칙이 아니라 예외다. 또한, 이런 효과는 수술실보다는 창의적인 직업에서 더 두드러질 것이다. 재미있게도, 문신에 관한 연구도서도 비슷한 결과를 보여준다. 문신을 한 의사는 신뢰도가 떨어지지만, 문신을 한 요리사의 신뢰도는 오히려 높아졌다.[54]

광고 업계는 오래전부터 권위의 힘을 잘 알고 있었다. 초기 광고에서는 '5명 중 4명의 치과 의사가 이 치약을 추천합니다'와 같은 문구가 사용되었다. 이와 같은 성공적인 캠페인도 있었고, '의사들이 가장 많이 피우는 담배는 카멜입니다' 같은 논란이 될 만한 캠페인도 있었다.

오늘날 브랜드들은 과거처럼 눈에 띄게 광고하거나 직접 메시지를 전달하는 대신, 은근하고 세련된 방식으로 이미지를 구축하거나 마케팅을 한다. 예를 들어, 고급 시계 광고에는 럭셔리 시계에 대해 잘 알 것 같은 부유한 배우가 등장한다. 데오드란트 광고에는 이걸 바르면 여성들에게 인기가 많을 것이라고 믿게 만들 정도로 매력적이고 멋진 남성이 등장한다.

슈퍼마켓 제품에 붙어 있는 다양한 라벨에도 같은 기법이 사용된다. 모두가 '권위 있는 기관의 승인을 받은 제품'임을 주장한다.

광고에서 어떤 언어를 사용하느냐가 권위를 암시할 수도 있다. 독일의 스포츠 브랜드인 아디다스나 퓨마는 다른 나라의 광고에서 독일어 슬로건을 사용하는 경우는 많지 않다. 하지만, 독일 자동차 브랜드들은 다르다. 'Das Auto(자동차)', 'Wir Leben Autos(우리는 자동차를 산다)', 'Vorsprung Durch Technik(기술을 통한 발전)' 같은 슬로건을 글로벌 광고에 사용함으로써 독일 기술에 대한 권위를 강조한다.

여러분도 아시다시피로
권위를 높일 수 있다

현대 사회에서는 왜 이렇게 권위자가 많은지 모를 정도로 그 수가 급격히 늘어나고 있다. 더 이상 권위는 과거처럼 목사, 의사, 교사 등의 특정 분야의 전문가만을 의미하지 않는다. 이제는 틱톡(TikTok)에서 활동하는 인플루언서, 토크쇼에 등장하는 온갖 전문가, 오늘날 트렌드를 전하는 Z세대 특파원, 사건을 취재하는 범죄 기자, 새로운 히트곡을 소개하는 톱 DJ 등 각자가 자신만의 분야에서 권위를 발휘하고 있다.

하지만 흰 가운이나 정장 없이도 이 흐름에 충분히 편승할 수 있다. 자신도 모르게 이미 직장이나 커뮤니티에서 특정 분야의 권위자로 인정받고 있을지도 모른다. 남들보다 그 분야에 대해 자신이 오래 종사해왔고, 그에 상응하는 지식과 실적이 있고, 직장과 지역에서 인정받는 분야가 있다면 충분하다. 겸손할 필요는 없다.

권위를 높일 수 있는 기법도 소개한다. 예를 들이, 모호한 사실을 말할 때 '여러분도 아시다시피'라는 문구로 시작해 보자. 혹은 같은 처지에 있는 동료의 업무를 칭찬한다. 그들은 칭찬을 고마워하면서도 당신을 자신의 옳고 그름을 평가할 수 있는 권위자라고 인식하게 될 것이다.

사실 이쯤에서 저자인 우리 두 사람도 고백할 것이 하나 있다. 에바의 박사 논문은 사실 사고실험과는 아무런 관련이 없었다.[55]

하지만 그녀는 과학자로서의 권위를 이용해서 독자들이 특정한 사고실험을 해 보도록 유도한 것이다. 효과가 있었는가?

나보다 다른 사람이 좋아하는 게시물에 좋아요를 누르고 있다

SNS에서 마음에 드는 게시물에 '좋아요'를 누른다. 그것은 지극히 단순해 보인다. 그런데 정말 그럴까? 예를 들어, 친구가 진부한 표현과 맞춤법 실수로 가득한 민망한 시를 올렸다고 해 보자. 친구를 기쁘게 하기 위해 '좋아요'를 누를까 고민할 것이다. 당신이 누른 '좋아요'를 다른 사람이 볼 수도 있다. 당신은 역시 '좋아요'를 누르지 않기로 한다. '이 사람은 이 시를 아름다운 시라고 믿는구나'라고 생각되는 것이 싫다.

이처럼 우리는 자신이 좋아하는 것을 다른 사람들도 좋아한다고 생각할 때 '좋아요'를 누르는 경향이 있다. 복잡하게 들리는가? 지금 느끼는 이 어지러움을 '마음 이론(Theory of Mind)'이라고 부른다.

경제학자이자 노벨상 수상자 존 메이너드 케인스(John Maynard Keynes)는 경제학을 '미인 대회'에 비유했다. 신문에 여러 매력적인 여성의 사진이 실린다고 상상해 보라. 구독자들은 가장 매력적이라고 생각되는 여성을 맞추면 상을 받을 수 있다. 이 경우, 사람들은 자신이 개인적으로 가장 매력적이라고 생각하는 여성을 선택하는 것이 아니라, 다른 사람들이 가장 매력적이라고 생각할 만한 여성을 예측하여 선택한다. 케인스는 주식 시장도 이와 비슷하다고 주장했다. 그러므로 가장 매력적인 종목이 항상 상위권에 오르는 것은 아니다. 주가의 작위적이고 작은 상승이 큰 영향을 미치는 집파리 효과를 불러일으킬 수 있다.

뛰어난 문학작품을 읽으면
전략적 사고를 기를 수 있다

몇 명이 테이블에 둘러 앉아 있다고 가정해 보자. 모두 종이에 0부터 100 사이의 숫자를 적게 한다. 그리고 평균의 3분의 2에 가장 가까운 숫자를 고른 사람이 상금을 받는다.

따라서 다른 사람들이 고를 숫자를 예측해 전략적으로 선택해야 한다. 자, 당신이라면 어떤 숫자를 적겠는가?

여기에 숫자를 적어보자. (   )

이것은 케인스의 '미인 대회' 사례를 추상화 한 버전이다. 모든 참가자가 무작위로 숫자를 적는다면 평균값은 50일 것이다(레벨 0 플레이어[56]라고 한다.). 이 경우, 이기기 위해서는 50의 3분의 2인 33을 적으면 된다(여기까지 생각하면 레벨 1로 승격이다.). 하지만 대부분은 이 정도까지는 생각한다. 그것을 예상한다면 22를 적는 것이 더 나을 수 있다(축하한다. 여기까지 생각했다면, 레벨 2에 도달한 것이다.). 그렇게 계속 계산을 반복하다 보면 결국 0이 최적의 답이 된다. 하지만 모든 참가자가 그 결론에 도달할 가능성은 매우 낮으므로 실제로 0을 적어서는 이기기 어렵다. 즉, 이 게임은 내가 얼마나 전략적으로 생각하는가에 대한 것뿐만 아니라, 다른 사람들이 어떻게 생각하는지 전략적으로 추론하는 것이 관건인 게임이다.

현실에서도 이와 같이 특정 목표를 달성하기 위해 신중히 계획하고 결정을 내려야 하는 상황이 종종 발생한다. 이러한 전략적 상황이 발생했을 때, 모든 사람이 깊이 생각하는 것은 아니다. 약 5분의 1은 레벨 0에서 사고를 멈추고, 3분의 1은 레벨 1에 도달하며, 4분의 1은 레벨 2까지 도달한다. 나머지 사람들은 그 이상을 생각한다.

실제로는 1~2레벨 수준의 사고가 평균적으로 가장 좋은 결과를 낸다. '상대방이 내 생각을 어렴풋이 짐작하고 있을 것이라는 사실을 알고 있다'는 수준의 사고다.

컴퓨터 시뮬레이션을 해봐도 1~2레벨 사고가 대부분 승리한다. 소셜 미디어에서 '좋아요'를 받고 싶다면 깊이 고민해볼 만한 대목이다. 다만, 내 친구의 친구의 친구가 무엇을 좋아할지까지는 생각할 필요는 없다.

우리네 인생은 눈치작전이다. 즉, 위에서 말한 크고 작은 미인대회로 가득하다. 연봉을 협상할 때, 회사의 경영진이 기업을 인수할 때, 혹은 전략 보드게임을 할 때, 진정으로 이기고 싶다면 상대방의 처지에서 생각하면 된다. 단, 지나치게는 금물이다.

만약 앞서 테스트에서 당신의 전략적 사고가 부족하다고 느꼈다면, 사고를 키울 방법이 있다. 연구에 따르면 타인의 마음을 읽는 능력이라 할 수 있는 '마음 이론'은 훈련을 통해 계발할 수 있는 기능이다. 놀랍게도, 수학이 아니라 문학 작품을 읽음으로써 전략적 사고를 키울 수 있다. 다만 가벼운 연애소설 같은 책은 효과가 없다. '타인의 생각이나 감정'을 아는 것만으로는 실질적인 도움이 되지 않고, 그에 대한 공감이나 적절한 대응이 필요하다. 좋은 소설을 읽을 때처럼 상대의 관점에 몰입하면 전략적 사고를 키울 수 있다. 조금만 '마음 이론'을 이해해도 그 효과는 놀랍다. 작은 공감 능력이라도 큰 변화를 가져온다는 점을 기억하라.

호혜적 관계가 인류 문명의
기반이 되고 있다

공이 언덕을 오르고 있는 이미지를 떠올려 보길 바란다. 공이 언덕 꼭대기 앞에 오면 그곳에 있던 사각형이 공을 아래로 밀어버린다. 그때 작은 삼각형이 공 밑으로 들어가 한 걸음씩 공을 위로 올려 결국 언덕 정상에 도달하게 만든다. 추상적인 이야기지만, 한 살도 되지 않은 아기들조차 이 장면을 본 후 못된 사각형보다 친절한 삼각형과 더 놀고 싶어 한다.

신뢰의 진화

각박한 현실에서 사람들은 왜 타인하게 친절하게 행동할까? 이 질문에 대한 해답의 힌트를 보여주는 온라인게임이 있다. 〈신뢰의 진화[57]〉라는 게임을 검색해보자. 간단한 그림 속 캐릭터가 되어 자신의 이익을 챙길지, 다른 사람을 도울지 선택하는 게임이다. 이때, 세 가지 선택지가 주어진다. 1) 상대방이 자신에게 친절하게 대했을 때 돕거나, 2) 무작위로 돕거나, 3) 다른 사람에게 도움을 받은 직후 도울 수 있다.

다양한 캐릭터와 경쟁하게 되는데, 이기적인 사람, 무조건 퍼주는 착한 사람, 처음엔 친절하다가 나중에 갑자기 화를 내며 당신을 괴롭히는 사람 등 다양한 유형의 상대가 등장한다.

자신의 선택이 집단의 행동에 어떤 영향을 미치는지 관찰할 수 있다. 집단 내에서 이기적인 행동이 성공하는지, 아니면 선의가 더 좋은 결과를 가져오는지를 실험해볼 수 있다. 이 게임은 매우 중독성이 강하다. 조금만 플레이하다 보면 평소 현실 세계에서 동료나 자녀가 협상할 때 어떤 전략을 사용하는지 알 수 있게 된다. 10분 정도 계속하다 보면 복잡하기로 유명한 과학 이론인 '진화 게임 이론'의 핵심을 간접적으로 체험할 수 있다.

호혜성은 인류 문명의 기반이다. 사랑은 상호적이다. 공동의 프로젝트에서 함께 일하고, 술집에서 술 한 잔을 사는 것, 소중한 사람과 주고받는 선물 모두가 호혜성에 기반을 둔 상호작용을 통해 이루어진다.

이 균형이 깨지면 관계는 삐걱거린다. 그래서 우리는 무의식적으로 어떻게든 균형을 유지하려고 노력한다. 만약 나의 농담에 항상 '하하하하' 과장되게 웃으며 반응해주는 친구의 메시지에 그냥

미지근한 이모티콘 하나로만 대답할 수는 없는 노릇이다.

사람에게 친절을 베푸는 것은
대가를 바라서가 아니다

기업이나 브랜드들은 호혜적 균형을 유지하려는 인간의 심리를 잘 활용하고 있다. '미끼' 혹은 '낚시' 전략으로 최대한 집파리 효과를 이용한다. 그 전형이 선물을 이용한 접근법이다. 예를 들어, 식료품을 사면 공짜로 주는 장난감, 이메일에 첨부된 흥미로운 기사, 식당에서 영수증과 함께 무료로 나눠주는 박하사탕 등이다. 이런 작은 보상들은 실제로 효과가 있다.

실험에 따르면 웨이터가 추가로 과자를 제공했을 때 받는 팁이 21% 더 증가했다. 더 극단적인 예를 보자. 호혜성이 더욱 확장된 형태로 나타나는 사례다. 밸런타인데이에는 여성이 먼저 남성에게 초콜릿을 건넨다. 한 달 뒤인 '화이트데이'에는 남성은 답례를 하는 것이 관례인데, 세 배는 더 가치 있는 사탕 등으로 답례해야 할 것이다. 그런데 남성이 둘 사이의 관계를 특별하게 만들 생각이 없다면, 그저 자기가 받은 초콜릿과 얼추 비슷한 가격의 과자를 건네는 것만으로도 분명한 메시지를 전달할 수 있을 것이다.

사람은 상대에게 아무런 대가를 바라지 않고 친절을 베풀기도 한다. 왜 그럴까? 겉보기에는 친절이 큰 이득이 될 것 같지 않은데도, 왜 진화 과정에서 이토록 많은 이타적 행동이 나타났을까? 애덤 스미스(Adam Smith)와 같은 경제학자들은 타인에게 친절을 베푸는 것이 단순히 기분이 좋아지는 일이라고 생각했다. 이를 **온정 효과 (warm glow effect)**[58]라고 한다. 〈빅이슈〉[59] 한 권을 구매할 때 느끼는 뿌듯한 감정처럼 말이다.

생물학자들 역시 이 질문에 큰 관심을 가졌다. 찰스 다윈은 사람들이 서로 돕는 이유가 이기적인 계산에 따른 결과라고 생각했다.[60] 원숭이들은 서로를 위해 털을 다듬으며 그루밍을 통해 유대를 강화한다. 이는 직장 동료들 간에 볼 수 있는 상호 이익의 메커니즘과 유사하다. '지금은 내가 너를 도와줄 테니, 나중에 너도 나를 도와줘'라는 마음이 있는 것이다. 이 이야기에서 인간만이 가질 수 있는 특징은 '간접적 호혜성'이다. 예를 들어, 당신이 에바를 도우면, 그 대가로 팀이 당신을 돕는 식이다. 에바에게 직접 보답하는 대신, 다른 사람에게 선의를 베푸는 방식이다. 내가 친절을 받고, 남에게 친절을 베푸는 행위. 이른바 페이 포워드(pay-forward)를 하는 것이다. 비슷한 제목의 영화 〈아름다운 세상을 위하여(Pay It Forward)〉에서 할리 조엘 오스먼트(Haley Joel Osment)는 누군가 당신에게 호의를 베풀면 무작위로 세 명에게 친절을 베풀라고 한다. 낯선 이들에게서 아무것도 기대하지 않고, 그들도 단지 다른 사람들에게 호의를 전하는 것 외엔 아무것도 바라지 않는다.

사람들은 실제로
은혜를 베풀고 있는 것일까

그렇다면 사람들은 감동적인 영화 속뿐만 아니라 현실에서도 정말 선행을 베풀고 있을까?

중국의 메신저 앱 위챗(WeChat)의 데이터가 그렇다는 것을 증명한다. 이 앱에는 사용자들이 송금할 수 있는 기능이 있다. MIT의 위안(Yuan) 교수는 흥미로운 기능이 어떻게 사용되고 있는지 연구했다.

앱의 사용자들은 이 기능을 이용해 지정한 그룹에 돈을 선물할 수 있다. 선물은 중국의 결혼식과 새해에 흔히 볼 수 있는 '홍바오(紅包)'라 불리는 붉은 돈봉투를 모티브로 한 형태이다. 돈을 받는 그룹 내 사람들은 무작위로 돈을 나누어 받게 되며, 그 금액은 공개되지 않지만 가장 많은 금액을 받은 사람은 '행운의 당첨자'로 호명된다. 1년 동안 340만 명의 중국인이 총 2,000만 달러가 넘는 금액을 선물했으니 이 아이디어는 사람들의 마음을 완전히 사로잡았다고 해도 과언이 아니다.

행운의 당첨자는 무작위로 선택되기 때문에, 위안 교수는 친절이 정말로 전염되는지를 연구했다. 더 많이 받는 사람이 더 많이 베푸는지, 즉 사람들은 받은 만큼 '호의를 이어가는' 경향이 있는지를 살폈다. 결론은 호의가 전염된다는 것이다. 아무 이유 없이 돈을 받은 사람들은 그 돈을 전부 가질 수도 있었다. 그러나 익명의 수혜자들은 받은 금액의 10%를 같은 붉은 봉투에 넣어 다시 기부하였다. 이 과정에서 그들은 직접적인 이익이 없음에도 불구하고, 단순히 나눔의 기쁨을 느끼는 것 같았다. 은근히 평판을 고려한 행동도 엿보였다.

또한 이름이 공개된 '행운의 당첨자'는 조금 달랐다. 평균적으로 다른 사람들보다 15퍼센트를 더 기부하는 경향이 있었다. 결론적으로, 자신이 당첨자라는 사실이 알려지는 것을 자각하든 못하든 관대함에 영향을 미쳤다. 그리고 그로 인해 더 기부하고 싶다는 생각이 들게 만들었다.

'호의를 이어가는' 방식과 '이성적인' 호혜성이라는 두 가지 메커니즘은 우리의 사회 구조에 깊이 뿌리내리고 있다. 이처럼 다양한 경로가 존재하며, 하나는 '이기적인' 경로, 다른 하나는 '공감'의 경로다. 우리가 서로에게 친절을 베푸는 이유가 바로 이 두 가지 때문이다.

4장 요약:
호의 덕분에 인류는 발전해 왔다

이처럼 친절성은 인류에게 큰 도움이 되어 왔다. 보답을 바라지 않고 누군가를 돕는 덕분에 많은 사람과 협력할 수 있게 되었다. '누가 누구에게 무엇을 했는가'를 하나하나 따지지 않아도 말이다. 간척지[61]의 물을 빼내고, 민주적인 선거를 치르며, 어쩌면 지구를 해수면 상승에서 구할 가능성도 생긴 것이다.

직장에서 작은 친절을 실천해 보자

당신이라면 어떻게 하겠는가? 위챗 사용자들처럼 동네 앱을 통해 이웃에게 돈을 나눠줄 수 있을까? 따뜻한 마음이 담긴 행동이긴 하지만, 아무 이유 없이 이웃에게 돈을 건네는 건 다소 낯설다. 그런데 만약 어제 '로또 당첨'으로 약간의 돈을 받았다면 어떨까?

감사하는 마음으로 이웃에게 커피 한 잔 정도 대접하거나, 다른 사람들에게 일명 '붉은 봉투'를 나눠줄지도 모른다. 하지만 여기서 중요한 질문 하나를 해 보자. 그 명단에 평소 관계를 피하고 싶거나, 타인과 통 어울리지 않는 이웃도 포함할 것인가?

- 그렇다, 난 너그러운 사람으로 보이고 싶다.

   (축하한다! 당신은 전략적인 선행가다.)
- 그렇다, 그 사람에게 선한 영향력을 주어서 좋은 사람이 되길 기대한다.

   (훌륭하다! 당신은 '선행을 이어가는' 선의의 전파자다.)
- 아니다, 그 사람은 받을 자격이 없다.

   (잘했다! 당신은 '눈에는 눈' 전략가다. 이웃을 경계해 반사회적인 사람들이 권한을 잡지 못하게 한다.)

이제 당신이 일상에서 이 원칙을 실천하자. 직장 동료에게 바라는 것이 있다면, 일단 커피를 가져다준다. 이처럼 작은 호의부터 시작해 보자. 그러면 동료가 나중에 당신에게 무언가를 보답할 가능성이 커질 것이다.[62] 직은 행동이 사무실 분위기에 큰 변화를 일으키고, 그 덕분에 뿌듯하고 '따뜻한 마음'이 느껴질 것이다.

게다가 이 친절함은 전략적으로도 사용할 수 있다. 누군가에게 작은 호의를 베풀면, 그 호의가 크게 돌아올 것으로 기대해 볼 수 있다. 나는 손가락 하나 내밀었을 뿐인데, 상대는 말 그대로 손 전

체를 내어줄 수 있다. 하찮은 작은 행동이 전형적인 집파리 효과를 보여준다.

이제 인간이 얼마나 사회적인 동물인지 알게 되었을 것이다. 그리고 그로 인해 강력한 집파리 효과가 발생한다는 것도.

사람들이 다른 사람들의 행동을 따라 하는 경향을 '사회적 증거'라고 한다. 내가 원하는 일을 많은 사람이 이미 하고 있거나 점점 더 많이 하고 있다는 사실을 보여주면, 사회적 증거를 통해 그 행동을 다른 사람들도 따라 하도록 유도할 수 있다.

반면, 부정적인 행동이 흔하다는 것을 강조하면 오히려 그 행동이 정상화되는 부작용을 낳는 경우를 **부정적인 사회적 증거(negative social proof)**라고 한다. 이를 점차 피할 수 있을 것이다. 나쁜 행동이 얼마나 흔한지 강조할수록, 그것을 정상화하고 오히려 무의식적으로 부추기게 되니 말이다.

이 장을 통해 사람들이 친절하거나 이타적인 이유를 더 잘 이해했길 바란다. 친절한 언행은 자신의 기분도 좋게 할 뿐만 아니라 배려하는 사람들이 있는 사회에서 삶으로써 얻는 다양한 혜택도 있다. 그리고 관대한 이미지는 평판에도 좋다. 그러니 친절하게 행동하라! 하지만 내면의 나침반이 순간적으로 흔들릴 때 '도덕적 면역'이 생기는 **도덕적 허용 효과(moral licensing effect)**에 주의하라. 이 과정에서 자신만의 영향력을 키울 수 있을지 모른다. 여기서 얻은 통찰이나 깨달음을 다른 사람들과 꼭 나누어 보자. 물론 순전히 이타적인 이유로 말이다.

지금 당장
원하지만
아직 하고 싶지 않다

시 간 을 효 율 적 으 로 쓰 는 기 술

피크-엔드 법칙(peak-end rule), 자아 고갈(ego depletion) 과도한 가치폄하 효과 (hyperbolic discounting), 현재 편향(present bias)과 같은 집파리 효과들의 영향력 은 강력하다. 효율적이고 신속한 행동은 인간의 뇌가 선호하는 방식인데, 빠르게 목표에 도달하려고 하거나 당장의 보상을 원하게 되는 현상들은 이와 깊은 관련이 있다. 일상생 활이나 업무 환경에서, 그리고 연말연시나 블랙프라이데이와 같은 특정 시기에 특히 두 드러진다. 이 효과들은 때로는 긍정적인 결과를 가져오지만, 적절하게 이해하고 통제가 이루어지지 않으면 혼란을 초래할 수도 있다. 이를 효과적으로 관리하려면 이 효과들에 대해 정확하게 이해하고 체계적으로 접근하는 것이 중요하다.

미래의 내 행동을 예측하는 것은 어렵다

어린 시절 이야기부터 시작해 보기로 하자.

흔히 '마시멜로 테스트'라고 불리는 20세기 가장 유명한 심리 실험이 있다. 사회심리학자인 월터 미쉘(Walter Mischel)은 네 살짜리 아이들에게 "지금 마시멜로를 하나 먹을래, 아니면 20분을 기다린 상으로 마시멜로 두 개를 먹을래?"라고 물었다. 혼자 방에 남겨진 아이들은 마시멜로를 앞에 두고 고민에 빠졌다. 어떤 아이는 마시멜로를 손에 두고 참으려 애썼고, 마시멜로를 숨기거나 고개를 돌리며 유혹을 피하는 아이도 있었다.[63] 하지만 대부분의 아이는 금방 마시멜로를 먹어버렸다.

이 실험은 수많은 이야기와 해석을 불러일으켰고, 미쉘이 이 실험 결과로 아이들의 미래 수입을 예측할 수 있다고 한 것은 유명하다. 그러나 그런 주장은 모두 부정되고 있지만, 미쉘의 이 실험이 중요한 통찰을 담고 있었음은 분명하다.

당시 아이들의 마음속에서는 어떤 생각이 오가고 있었을까? 그들은 분명히 두 개가 하나보다 많다는 사실을 이해했다. 다만, 전전두엽이 충분히 발달하지 않아 유혹을 참기가 어려웠던 것이다. 전전두엽이 성장함에 따라 해마와 같이 미래 지향적 사고를 담당하는 뇌 부위의 연결이 더 많이 형성된다. 이 연결고리가 강할수록 미래의 보상을 더 중요하게 여기게 된다. 그러나 전두엽이 완전히 발달한 성인이더라도, 미래의 나를 잊지 않기 위해 다양한 심리적 트릭이 필요하다.

에바는 연어 한 팩을 샀다. 유효 기간이 어제까지라 싸게 파는 훈제 송어를 35% 할인된 가격으로 구입했다. 다 먹지도 못할 양을 슈퍼마켓의 교묘한 상술에 넘어가 구입한 것이다. 오늘 결국 다 먹지 못하고 남은 절반을 버리고 말았다. 음식물 쓰레기를 연구하는 행동경제학자로서 다소 부끄러운 선택이었다.

당신은 맛있는 간식을 고를 때 며칠 후에도 그걸 꼭 먹고 싶을 거라고 확신하고 구매하는가? 정말 확신하는가? 사람들은 식재료를 고를 때 먹을 확률이 80%는 된다고 예상한다. 하지만 실험 결과에 따르면 막상 선택의 순간이 오자, 그들 중 55%가 결국 다른 상품을 택했다. 즉, '이번 주 내내 이 음식을 먹을 수 있을 거야'라고 과도한 낙관주의에 빠져 현실적인 판단을 간과하는 것은 단지 에바뿐이 아니다.

에바는 자신의 선택을 지나치게 확신한 나머지, 다른 가능성은 전혀 염두에 두지 않았다. 그 결과, 어차피 송어를 오늘 먹겠다는 생각이 있었기 때문에 정가를 내고 유통기한이 긴 연어를 고를 필요도 느끼지 못했다. 내일로 미룰 생각은 고려하지 않았기 때문이다. 이를 '음식에 대한 미래 선호의 과신'이라 부른다. 앞으로도 지금의 음식 취향이 그대로 유지될 것이라고 지나치게 믿는 것이다. 여기에서 얻을 수 있는 교훈은 간단하다. 미래에 대한 예측을 너무 믿지 말라는 것이다.

미래보다 지금
눈앞의 보상이 중요하다

이 원칙은 인생의 행복에도 적용된다. 우리는 복권에 당첨되거나, 꿈꾸던 여행을 가거나, 심각한 병에 걸리면 삶이 크게 달라질 거라고 믿는다. 하지만 그 영향은 우리가 생각하는 만큼 크지 않다.[64] 우리는 예상치 못한 큰일이 닥치면 과대평가하는 경향이 있다. 그 충격과 고통이 매우 크고, 또 아주 오래 갈 것으로 생각한다. 가령 유방을 절제하는 것은 분명 큰 상실이지만, 1년 후에는 한쪽 유방을 잃은 사람의 행복 수준은 그렇지 않은 사람들과 같은 수준으로 회복한다. 반면, 매일 반복되는 일상적인 불편함을 과소평가한다. 예를 들어, 설거지 그릇 정리나 출퇴근과 같이 우리를 지치게 하는 일들이다. 이런 사소한 일들은 생각보다 우리 행복에 더 큰 영향을 미치기 마련이다.

간단히 말해, 우리는 자신이 미래에 할 생각을 예측하기 어렵다. 집파리 효과 중에서도 시간과 관련된 집파리 효과가 특히 무서운 것은 바로 이 때문이다.

미래 예측의 어려움 때문에 우리는 눈앞의 즉각적인 만족을 쫓는 경향이 있다. 사람들이 정글을 탐험할 때나 슈퍼마켓에서 쇼핑을 할 때 눈앞의 작은 보상을 발견하면 그 유혹을 거부하기 힘들다. 마시멜로 실험에서 보듯이, 우리 뇌는 지금의 보상을 미래의 보상보다 훨씬 더 높게 평가하도록 설계되어 있다.

그건 자연스럽고 논리적인 현상이다. 우리에게 유전자를 물려준 먼 조상들은 눈앞에 있는 것을 즉시 손에 넣어야만 생존할 수 있었기 때문이다. 일정한 시간에 맞춘 간헐적 단식 같은 생활방식으로는 생존할 수 없었다. 이런 생존 본능의 유전적 흔적 때문에 우리 뇌는 가끔 엉뚱한 방향으로 탈선한다. 예를 들어, 불쾌한 일을 지나치게 미루는 경향이 생기는 것이다. 예컨데 일단 돈은 쓰기 바쁘고 저축은 미루게 되는 것이다.

우리는 시간을 정확하게 계산하지 못한다. 일을 마치는 데 걸리는 시간을 늘 과소평가한다. 그리고 휴가의 만족도도 돌아오는 길이 얼마나 즐거웠나에 따라 전체 감상이 크게 좌우된다. 이러한 현상은 모두 집파리 효과 때문이다. **현재 편향(present bias)**은 아무리 벗어나려 해도 쉽사리 사라지지 않는다.

5장에서는 타이밍과 시간을 인식하는 방식에 관한 집파리 효과에 대해 소개한다. 먼저, 아니 신중하게 생각해야 한다. 장의 내용이 어떤 순서로 구성되느냐에 따라 기억하는 내용에 큰 영향을 미치게 되기 때문이다.

첫 번째 주제는 '순서 효과'다. 나쁜 소식부터 전할 차례다. 우리의 기억력과 예측 능력은 형편없다. 그리고 이로 인해 내리는 결정들이 삶의 행복에까지 영향을 미친다. 예측을 잘 못하기 때문에 계획도 잘 세우지 못한다. 스트레스를 받으면 상황은 더욱 악화된다.

다행히 이런 문제를 해결할 방법이 있다. 우리의 선택에는 결정하는 타이밍이 크게 작용한다. 상황을 얼마나 선명하게 상상하는가, 미래를 이야기할 때 어떤 단어를 사용하는가도 마찬가지다. 겉으로는 사소해 보여도, 이런 요소들이 모여 결국 우리의 판단과 행동을 좌우한다.

이런 집파리 효과에 휘둘리지 않는 여러 요령들이 많이 있지만 그 부분은 책의 마지막으로 남겨두도록 하자. 그 편이 책을 덮은 후에도 오래 기억에 남을 것이다.

슈퍼는 왜 야채 코너로 시작하는가

건축가는 건물 내 사람들의 보행 동선을 세심하게 살펴 설계한다.[65] 우리가 무심코 지나치는 슈퍼마켓의 쇼핑 동선은 물론 온라인 쇼핑몰의 클릭 동선도 정교하게 짜놓는다. 이를 위해 사람들이 가야 할 경로를 안내하기 위해 명확하게 알 수 있는 화살표나 이정표가 사용되기도 한다. 코로나 사태에서는 사회적 거리두기를 위해 이러한 방법이 사용되었다.

기부를 할 때 우리가 가장 먼저 보게 되는 금액이 큰 액수일까, 작은 액수일까? 왜 슈퍼마켓에서는 채소 코너를 지나야만 과자 코너가 나올까? 그리고 이케아 가구 매장은 출구 근처에서 왜 싸구려 아이스크림을 팔까? 이 모든 것은 작지만 은근히 스며드는 **순서 효과 (order effects)**로 선택을 미묘하게 유도해 매출을 끌어올리는 비법이다.

평소 자주 가는 슈퍼마켓을 거니는 장면을 상상해 보자. 어느 브랜드의 매장이든, 입구는 늘 신선식품 코너가 있고, 과일과 채소를 팔 것이다. 대형 유통업체들은 매장 동선과 배치도를 철저히 연구해 수익을 극대화하는 방향으로 상품을 배치한다. 신선 식품을 더 많이 팔기 위한 목적도 있지만, 진짜 이유는 단순하다. 눈에 잘 띄고 손이 쉽게 닿는 물건이 더 잘 팔린다는 것이다. 건강한 식재료가 많이 팔리는 건 소비자와 유통업체 모두에게 좋은 일이다. 그런데 마케팅 업계에서는 이런 심리적 요인을 교묘히 활용한다. 장바구니에 당근 한 묶음을 넣고는 '건강한 식재료부터 담기 시작했다'라는 생각이 든 순간, 무의식적으로는 평소의 건강하지 않은 생활습관에 대한 죄책감은 어느새 말끔히 사라진다. 조금만 더 가다 보면 시원하고 깔끔한 맛의 맥주나 스페셜티 맥주를 마시고 싶다는 생각이 들게 된다. 이를 **대리 목표 달성(vicarious goal fulfilment)**이라고 한다. 못난이 유기농 사과를 사면서 기름진 감자튀김을 먹을 면죄부를 얻은 듯한 기분이다. 2000년대 초반, 맥도날드가 샐러

드와 생수 같은 건강한 메뉴를 홍보하기 시작했을 때, 오히려 패스트푸드 판매량이 증가한 것도 이 효과 때문이다. 묘한 주문 효과라 할 수 있다.

유혹을 견디다 보면
의지력이 고갈된다

사람들은 계산대에 가까워질수록 발걸음이 빨라진다. 슈퍼마켓은 이 심리를 잘 활용하고 있다. 이 현상은 마케팅에서 '계산대 앞 자석(checkout magnet)'이라 불린다. 어떤 매장에서는 쇼핑 카트의 속도를 늦추기 위해 계산대 근처에 홈이 파인 타일을 깔기도 한다. 그러나 대부분 매장에서는 오히려 속도를 높이는 전략을 취한다. 고객의 걸음이 빨라지면 충동적으로 더 비싼 제품을 구매할 확률이 높다고 판단한 것이다. 과자 매장의 5개입 팩이 더 저렴함에도 불구하고 계산대 옆의 비싼 초콜릿을 무심코 장바구니에 담게 되는 것은 바로 이 때문이다.

쇼핑이 끝날 무렵 이런 비이성적인 충동에 휩싸이는 이유에 대해서 여러 가지 설이 있지만, 다음 가설과 깊은 관련이 있다고 알려져 있다. 바로 **자아 고갈(ego depletion)**이라는 가설이다.

예를 들어, 여러 번 술잔을 거절하는 식으로 오랜 시간 유혹을 견디다 보면 의지력이 고갈난다. 그리고 제어력을 잃어 '카나페[66]'에 정신없이 손이 가게 된다. 어쩌면 뇌의 전전두엽의 에너지 예산이 다 소진되면서 제 기능을 못하는 것일지도 모른다. 온라인 쇼핑에서도 결제 직전에 비슷한 전략이 적용된다. 하지만 이런 상황을 조심하고 있어도 기업들은 순서 효과(order effect)를 활용해 새로운 수익 모델을 찾아내기 마련이다.

도박에 졌다고 하면
높은 위험을 감수하고 싶어진다

일상 생활에서도 순서 효과가 강한 영향을 미치는 경우가 많다. 에바는 자주 함께 식사를 먹으러 가는 친구가 있다. 와인을 곁들이다 보면 이번 식사는 누가 계산할 차례인지 기억하기 어려워진다. 이에 에바는 둘 사이에 법칙을 만들었다. 동전을 던져 앞면이 나오면 본인이 계산하고, 뒷면이 나오면 친구가 계산하는 방식이다. 그러나 이 방법을 시작한 이후 벌써 일곱 번이나 연속으로 졌다. 그 모습을 본 친구는 신나 보였고, 자신의 불운을 즐거워하는 친구의 태도에 화가 났다. 분노의 감정이 올라오면 '배 째라'는 심정으로 더 큰 위험으로 다가가는 경향이 있는데, 에바도 예외는 아니었다. 친구에게 다음에는 더 비싼 레스토랑에 가자고 제안한 것이다. 배팅을 두 배로 늘리다 보면 결국 손실을 만회할 수 있다는 오랜 카지노 전략을 떠올리게 한다.

이런 함정에 빠지는 사람은 에바만이 아닐 것이다. 경쟁에서 패배하면 분노 외에도, 손실을 만회할 수 없을지도 모르는데 베팅 금액을 올리려는 심리가 작용한다. 스위스 출신의 네덜란드 경제학자 토마스 부저(Thomas Buser)는 학생들에게 수학 게임을 시켜 이를 입증했다. 실험에서 참가자들은 세 그룹으로 나뉘었고, 각각 그룹의 3분의 1에게는 높은 점수를 받았다고 통보하고, 또 다른 3분의 1에게는 평균 이하의 점수를 받았다고 통보했으며, 나머지 3분의 1에게는 아무런 정보도 주지 않았다.

자신의 점수가 평균 이하라고 통보받은 학생들은 다음 대회에서 평균보다 더 큰 위험을 감수했다. 답을 고를 때 '에라 모르겠다'라는 심정으로 과감히 선택했다. 그러나 이 선택은 오히려 부정적인 결과를 초래했다. 수익이 이미 망친 첫 번째 대회보다 20% 감소하게 되었다.

반면 여학생의 경우는 달랐다. 성적이 저조하다는 통보를 받은 후 다음 대회에서 오히려 위험을 줄이는 전략을 택했다. 그 결과 손실도 더 적게 발생했다.

여성은 남성보다 위험을 회피할까

여성은 남성에 비해 패배 후 위험을 감수하지 않으려는 경향이 강하다. 하지만 에바는 예외다. 친구와의 내기에서 판돈을 올려 상당한 돈을 잃었는데도 타고난 승부욕 덕분에 극한 상황을 잘 대처했다고 애써 자신을 위로한다.

실제로, 위험을 감수하는 것은 예를 들어 유리한 경우가 많다. 연봉 인상을 요구 등의 상황이다. 그런데도 왜 여성은 남성보다 위험을 회피하는 경향이 더 강할까? 그 이유 중 하나는 다음과 같다.

동전의 앞면이 나오든 뒷면이 나오든 이는 완전히 무작위다. 즉, 경쟁의 결과는 예측할 수 없는 요인에 좌우된다. 하지만 에바가 자신을 '나는 동전던지기를 잘 못한다'라고 생각한다면 어떻게 될까? 바로 그 생각이 위험을 감수하지 못하게 한다.

여성은 경쟁 상황에서 실패의 원인을 불운이나 게으름보다 자기 탓으로 돌리는 경향이 남성보다 강하다(1장에서 설명한 '귀인 편향'이 여성에게 불리하게 작용하기 때문이다.). 이로 인해 여성은 패배 후에 쉽게 소심해져서 노력의 강도를 줄이고, 그러다 보니 결과가 부실한 경우가 많다.

여성이 위험을 감수하는 데 더 주저하는 이유는 여전히 명확히 밝혀지지 않았다. 그 근본 원인은 아마도 승패에 따른 남성과 여성의 호르몬 반응 차이에 있을 것이다. 도박에서 승리하면 남녀 모두 테스토스테론 수치가 상승한다. 이 남성 호르몬이 더 큰 위험을 감수하게 만든다. 남성은 원래 여성보다 수치가 높기 때문에 더 많은 위험을 감수하는 경향이 있는 것으로 추정된다.

패배 후 반응은 사람마다 다르다. 어떤 이들은 테스토스테론 수치가 높아진 상태에서 결국 비싼 외식을 하거나, 식당에서 에바가 그랬던 것처럼 그들은 계속해서 판돈을 늘리기도 한다.

에바가 이번 일을 통해 얻은 교훈은, 경쟁에는 과감하게 뛰어들되 패배했을 때는 판돈을 올릴지 한 번 더 곱씹어보라는 것이다.

승패의 문제가 없는 경우에도 **순서 효과(order effects)**가 생사의 문제를 결정할 수 있다. 이 모든 것은 결정 피로에 의해 발생한다. 예를 들어, 법원에서 판결이 내려질 때 판사의 결정 피로가 피고인의 생사를 가르는 경우도 있다. 오후가 되면 판사의 판결은 더

엄격해지는 경향이 있는 것으로 알려져 있다. 병원에서도 하루 중 이른 시간대에 가는 것이 적절한 치료를 받기 쉽다. 근무시간이 끝나갈수록 의료진이 손을 씻는 빈도가 줄어들고 환자의 병세에 맞지 않는 항생제를 처방하는 경향이 높아지기 때문이다. 차이가 미미할지 몰라도, 우리는 본능적으로 판단력이 가장 신선한 아침 시간대에 중요한 결정을 내리는 것이 더 현명하다고 판단한다.

끝이 좋으면 다 좋은 것은
과학적으로도 옳다

우리는 기억을 마치 하드디스크에 저장된 정보처럼 여기지만, 기억은 그렇게 정적인 것이 아니다. 사실 기억은 불러올 때마다 수정되고 덧씌워진다. 뇌는 우리 예상대로 작동하지 않기 때문에 집파리 효과가 집요하게 작용하기 때문이다. 휴가의 마지막을 의도적으로 기분 좋게 마무리하면, 아름다운 추억으로 남는다.

지난 독감에 걸렸던 순간을 떠올려 보자. 열이 펄펄 끓던 기간은 별로 기억에 남아있지 않다. 시간이 지나고 나면 열이 내리고 낮잠을 자고, TV를 보며, 따뜻한 국물을 마셨던 마지막 시점만이 기억에 남았을 것이다.

대니얼 카너먼은 이 현상을 잘 설명한다. 그는 실험을 통해 대장내시경 검사를 받은 사람들이 검사에 걸린 시간을 잘 기억하지 못한다는 사실을 알아냈다. 검사 후 환자가 느끼는 불편함의 정도는 평균적인 불편함이나 소요 시간과 꼭 일치하지 않았다.

검사 대상자들은 스냅사진처럼 특정 순간의 기억을 가지고 있는 것 같았다. 검사자들은 이 검사 경험을 가장 격렬한 순간(최고점)과 마지막 순간(종료 시점)이 얼마나 불편했는지를 기준으로 기억하고 있었다. 카너먼은 이를 **피크-엔드 법칙(peak-end rule)**이라고 불렀다. 그 이후로 의사들은 시술의 마지막 몇 분 동안 기구를 움직이지 않았다. 검사 시간은 좀 더 걸리더라도 환자들이 주관적으로 느끼는 고통이 줄어들고 검사에 대한 환자들의 평가도 훨씬 더 높아졌다.

사람은 다른 상황에 처한 자신을
예측하는 데 어려움을 겪는다

나이가 들면 시간이 참 빠르게 지나가는 느낌이 든다. 사건이나 경험이 적을수록 시간이 더 빨리 지나간 것처럼 느껴지는데, 특히 코로나 기간에는 새로운 경험이나 사건이 줄어들면서 시간이 더 금세 지나간 것처럼 느껴진다.

여기에는 물리적인 이유가 있다. 심리적 시간은 우리가 받아들이는 연속적인 감각 정보들로 구성된다. 그런데 나이가 들수록 감각 정보를 처리하는 속도가 점차 느려지고 안구 운동의 빈도도 감소하게 된다. 코가 둔감해져 시간이 지나면 데오도란트의 향을 느끼지 못하게 되는 것처럼, 우리의 경험과 기대치도 상황에 맞춰 적응한다.

팀이 인상 깊게 본 광고 중에 이 현상을 제대로 표현한 광고가 있었다. "당신의 집, 사실은 냄새가 날지도 몰라요!"라는 메시지를 강조하는 후각 둔화(odour blindness) 콘셉트를 활용한 광고였다. 후각을 비롯해 무언가에 대한 적응은 우리가 기억을 형성하는 방식에 큰 영향을 미친다. 따라서 상황이 오랫동안 변하지 않으면 새로운 기억이 줄어들고, 그로 인해 시간이 더 빠르게 흘러가는 듯한 느낌을 받게 된다.

이처럼 기억은 그다지 신뢰할 수 없지만, 우리는 미래를 예측하는 데도 그다지 능숙하지 못하다. 사람들은 '지난번에는 어땠는데'라는 기억을 바탕으로 사건을 상상하고, 그것을 눈앞의 상황에 투영한다.

예를 들어, 팀은 매번 음반을 살 때마다 '이제 내 음반 컬렉션이 완성됐다'고 생각하지만, 그 믿음이 꼭 현실과 일치하지 않을 수 있다. 당신도 비슷한 착각을 한 경우가 있을 것이다. 사람은 지금과 다른 상황에 처했을 때 자신이 어떻게 느끼고 어떻게 행동할지 예측하는 데 매우 서툴다. 이를 **공감 격차(hot/cold empathy gap)**라고 한다.

여기서 핫은 흥분, 욕구 또는 배고픔과 같은 정신 상태를, 콜드는 그 반대인 흥분이 없는 상태를 뜻한다. 예를 들어, 점심을 막 먹었을 때는 '오늘 밤은 간식을 먹지 않겠다'고 자신만만하게 생각할 수 있다. 하지만 몇 시간 후에는 달라진다.

상황으로부터 어떤 영향을 받는지 인식한다

상황을 구체적으로 떠올리고 그 상황에 처한 자신의 감정을 상상할수록 그 상황에서 자신이 어떤 행동을 취할지 정확하게 예측할 수 있게 된다. 내일 할 일을 구체적으로 상상해 보자.

예를 들어, 아침 일찍 일어나 조깅하는 계획을 세웠다고 가정해 보자. 먼저 아침에 눈을 떴을 때를 상상해 보자. 분명 어둡고 추울 것이다. 그래서 전날 밤 어떤 준비를 해야 할지 세세하게 그려 보자. 만약 알람을 끄려고 했는데 늦잠을 자고 말았다면? 조깅은 어떤 동선으로 할까? 늘 함께 뛰던 친구가 갑자기 못 가겠다고 하면 어떻게 할 건가? 게으름을 뚫고 혼자 나가서 조깅할 것인가? 더 중요한 건, 몸을 움직일 때 어떤 기분이 드는지 상상하는 것이다. 처음엔 몸이 뻣뻣하고 어색하겠지만, 점차 자신의 페이스를 찾아가면서 입술이 마르고 숨이 차오를 것이다. 그래도 목표 지점에 도달했을 때 느끼는 성취감은 어떨지 미리 떠올려 볼 수 있다. 그 과정에서 어떤 문제가 발생할지도 함께 그려 본다. 이렇게 생생하게 상상하면 계획이 더 잘 세워지고, 실제로 그 계획을 실행에 옮길 가능성도 훨씬 커진다.

예측 능력을 키우려면 먼저 자신이 어떤 상황에서 어떤 영향을 받는지 인식하는 것이 중요하다. 심리학 및 마케팅 교수인 로버트 치알디니(Robert Cialdini)는 예수 그리스도 다음으로 이 세상 사람들에게 큰 영향을 끼친 인물로 꼽히는 인물이다.

그는 자신의 내면에 두 명의 작가가 있다고 말한다. 이해가 쉽고 흥미롭게 글을 쓰는 '독자 중심 작가'와 다소 딱딱하지만 전문적인 어조로 글을 쓰는 '학문적 작가'다. 그는 자신의 가장 유명한 저서 《설득의 심리학(Influence)》을 대학 연구실과 집에서 썼다고 했다. 대학 연구실에서 쓴 첫 문장은 "내 학문 분야인 실험 사회심리학은 주로 사회적 영향력이 어떻게 작용하는지를 연구하는 데 중점을 둔다."였다. 그렇게 첫 문장은 완성된 듯 보였다.

그러나 집에 돌아와 다시 읽어본 후, 이렇게 바꾸었다. '솔직히 털어놓자면, 나는 지금까지 정말 속기 쉬운 사람이었다.' 두 곳에서 책을 쓴 탓에 장소에 따라 마음가짐이 달라졌다. 그 결과 그의 책에서는 두 가지 뚜렷한 어조가 등장했다.[67] 하지만 그는 교정할 때까지 그 사실을 깨닫지 못했다.

돈이 없을 때 사람은 머리가 나빠진다

돈이 없는 사람은 가끔 이상한 행동을 하기도 한다. 즉석복권이나 로또를 사거나, 저축을 하지 않거나, 큰 빚을 지기도 하는 등 가난을 부르는 습관을 지닌다.

그렇다고 해서 '가난한 사람들이 이런 선택을 하는 것은 교육이나 사회 환경 때문이 아니라 타고난 성격 때문'이라고 쉽게 생각해서는 안 된다. 그것은 큰 오해다. 빈곤은 잘못된 선택의 결과가 아니라 오히려 원인이다. 많은 연구에서 일시적인 빈곤이 의사결정 능력에 영향을 미친다는 사실이 밝혀졌다. 그러나 그 영향도 일시적인 것이다.

가난은 **현재 편향(present bias)**을 불러일으키는 정신상태를 만들어낸다.

몇 년 전, 일 년에 두 번 수확을 하는 (즉, 수입도 일 년에 두 번이다.) 인도의 농부들을 대상으로 한 실험에서 잘 드러난다. 농업 종사자들의 IQ 테스트 점수는 수확 직후에 비해 수확기 직전에 훨씬 낮았다. 소득을 얻은 직후의 사람들은 생활비 문제로 머리가 가득 찬 사람들보다 현명한 판단을 내릴 수 있었다는 것이다. 빈곤은 실험 참가자들이 시험 전에 밤을 새운 것만큼이나 시험 결과에 나쁜 영향을 미쳤다.[68]

인도의 농부들이 먼 얘기처럼 들릴 수 있겠지만, 누구든 갑자기 돈이 부족해지면 눈앞의 일에 급급해지기 마련이다. 이 심리 상태는 돈과 시간, 어느 쪽이 부족해도 유발된다. 두 가지가 미치는 영향이 비슷하기 때문이다. 즉, CEO가 일의 마감에 쫓기는 것은 가난한 사람이 지불 기한에 쫓기는 것만큼이나 바람직하지 않다.

미국인의 1시간의 가치는 19달러인가

예로부터 "시간은 돈이다."라는 말이 있다. 과연 이것이 맞는 말일까? 물론 맞다. 그렇다면 당신의 1시간은 얼마나 가치 있는 시간일까? 당연히 사람이나 상황에 따라 다르다. 시간당으로 환산하면 상당한 고액 연봉을 받는 CEO가 무료로 급식 자원봉사를 하는 것보다 자신의 시간당 급여를 푸드뱅크에 기부하는 편이 더 큰 도움이 될 수 있다. 하지만, 기본적으로 시간은 누구에게나 평등하게 주어진다. 한 실험에서는 차량 공유 서비스를 제공하는 택시 회사의 1,400만 건의 이용 데이터를 분석해 승객이 목적지에 빨리 도착하기 위해 얼마를 지불할 의향이 있는지를 시뮬레이션했다. 도착 예정 시간에 0초, 60초, 150초, 240초를 무작위로 추가하고, 승객이 정해진 요금으로 승차할지 여부를 추정해 승객이 '자신의 시간에 어느 정도의 가치가 있다고 생각하는지'를 계산한 것이다.

이러한 데이터는 큰 의미가 있다. 예를 들어, 정부는 이러한 데이터를 이용해 대중교통에 대한 투자 금액과 연간 경제 성장률을 계산한다. 이 연구에 따르면, 미국인들은 1시간을 절약하기 위해 평균 19달러를 쓰는 것으로 나타났다. 이는 미국인 평균 시급의 약 75%에 해당하는 금액이다. 그렇다면 이 책을 읽는 시간 동안 당신은 이 책을 읽는 데 100달러 정도를 지출한 셈이 된다. 그만한 가치를 발견할 수 있었을까?

시간 부족은 경제적 궁핍만큼
판단력을 떨어뜨린다

사람들에게 기한과 경제적 스트레스를 인위적으로 유발하면, 그들이 어떤 방식으로 사고하고 의사결정을 내리는지를 관찰할 수 있다.

행동경제학 연구자들은 창의적인 방법을 동원했다. 학생들을 초대해 게임을 시키면서 힘든 상황에 처하게 하는 실험을 고안해낸다. 한 실험에서는 학생 피실험자들에게 '행맨[69]', '앵그리버드[70]'와 같은 다양한 게임을 하게 했다. 이 버전에서는 참가자가 새 폭탄을 장착한 새총으로 돼지 무리를 쓰러뜨리는 것이 목표였다. 이때 '풍족한 선수' 참가자에게는 다른 비교군보다 다섯 배 많은 기회를 제공했다. 이 실험을 통해 연구진은 기회가 적은 '가난한 상황'이 사고력을 약화한다는 사실을 밝혀냈다.

가난한 선수들은 풍족한 선수들보다 훨씬 더 오랜 시간을 들여 조준한 후 행동했기 때문에 목표물을 명중시킬 확률이 높았다. 하지만 좋은 소식은 거기까지였다. 다음 라운드에서 규칙을 바꿔 한 번의 기회를 더 '빌릴 수 있는' 선택권을 주자 풍족한 선수들의 점수가 더 높아졌다. 추가기회를 한 번 더 빌리면 다음 라운드에서 두 번의 기회를 잃어야 했고, 이는 100% 이자에 해당한다. 이렇게 높은 비용에도 불구하고, 가난한 선수들은 풍족한 선수들보다 12배나 많은 기회를 빌려 큰 손실을 보았다. 연구진은 가난한 선수들이 현재 라운드에 지나치게 몰두한 나머지 미래를 간과했기 때문이라고 분석했다.

또다른 실험에서는 피실험자들에게 '5 대 5'라는 게임을 하게 했다. '피크닉에 무엇을 가지고 갈 것인가'라는 질문에 대한 일반적인 대답을 맞추는 게임이다.

이때 다음 라운드의 질문을 학생들의 시선이 닿는 위치에 게시했다. 생각할 시간이 충분히 주어진 '풍족한' 학생들은 답변하는 동안 다음 질문을 볼 수 있는 여유가 있었기 때문에 전반적으로 성적이 더 좋았다.

반면, 생각할 시간이 거의 주어지지 않은 '가난한' 학생들은 시간적 압박에 시달려 다음 질문으로 넘어갈 여유가 없었다. 생각하는 시간을 늘리기 위해 시간을 빌리는 방법도 사용했지만, 그 성과는 여전히 저조했다. 시간 부족은 경제적 빈곤과 마찬가지로 사고력을 떨어뜨렸다.

우리는 돈이 부족하거나 시간이 부족하게 되면 그다지 중요하지 않은 눈앞의 문제들로 머리가 가득 차서 차분히 생각할 여유를 잃게 된다.

돈을 지불해야 하거나 마감이 닥쳐와서 스트레스를 받는 사람들이 잘못된 판단을 내리는 것도 같은 이유에서다.

고금리 대출에 대한 경고문은
거의 도움이 되지 않는다

앞에서 설명한 게임에 당신의 친구가 참여하고 당신이 게임 마스터라고 가정해 보자. 친구가 다음 라운드에서 한 번 더 기회를 얻으려고 할 때, 그것이 비참한 결과를 초래할 수 있다는 것을 알고 있는 당신은 어떻게 할 것인가?

□ 게임 규칙을 바꿔 추가 기회를 얻는 것을 금지한다.
□ 친구에게 그만두는 것이 좋다고 조언한다.
□ 기회에 대한 선불 규칙이 없는 그룹에 친구를 배정한다.

많은 사람들은 세 번째 선택이 최선이라고 생각한다. 그렇다면 이를 실제 사회에 적용해 보자. 만약 당신이 정치인이라면 법을 개정하여 고금리 대출을 과감히 금지할 것인가?

그것은 쉬운 일이 아닐 것이다. 이런 터무니없는 고금리 대출을 제공하는 쪽은 '사람은 누구나 자신에게 좋은 선택이 무엇인지 알고 있다'는 전제를 깔고 그 정당성을 주장한다. "이용자는 나름대로 신중하게 고민하고 대출을 받는 것이니 우리 대출기관이 잘못한 것이 아니다."라고 말이다.

하지만 당신은 '돈에 쪼들리는 사람은 판단력이 흐려진다'는 것을 알고 있다. 소중한 친구가 이런 종류의 대출에 손을 대지 못하게 하고 싶은 마음이 들지 않겠는가? 그렇다면 당연히 누구에게나 그 점을 경고하고 싶을 것이다. 자신을 보호할 수 있도록 말이다.

월급날 대출에 대한 조언을 주제로 여러 실험이 진행되었다. 한 실험에서 엄청난 이자를 부과하는 대출을 제공하는 2,000개의 웹사이트에 "주의: 돈을 빌리는 데는 비용이 듭니다."라는 경고 문구를 표시했다. 과연 이 경고가 사람들에게 얼마나 도움이 되었을까? 사람들이 이 경고를 보고 대출에 관한 결정을 바꾸었을까? 네덜란드 금융시장청의 보고서에 따르면 거의 도움이 되지 않는다.[71]

미루는 사람에서
바로 하는 사람이 되는 방법

지금까지 살펴본 바와 같이, 마감일은 스트레스를 유발하고, 스트레스는 잘못된 판단으로 이어진다. 하지만 대책은 있다. 마감일을 잘 계획할 수도 있고 그렇지 않을 수도 있기 때문이다. 마감일을 좋은 타이밍에 설정하면 긍정적인 효과를 얻을 수 있다. 효과적인 시간 관리는 막대한 집파리 효과를 발휘할 수 있기 때문이다.

사람은 9로 끝나는 나이(29, 39, 49 등)에 과감한 변화나 새로운 행동을 취하기 쉬운 경향이 있다.[72] 타이밍 전략은 해외여행이나 취미 강좌를 판매하는 입장에서는 꼭 알아야 할 지식이다. 9에서 10으로 넘어가는 임계점에는 마치 마법과도 같은 무언가가 존재하는 듯하다. 이 마법은 마감일에도 적용된다.

예를 들어, 마감일이 월말이나 연말처럼 특정 기한을 넘어가면, 사람들은 그 기한이 더 멀게 느껴진다. 한 연구에 따르면, 캐나다 학생들을 대상으로 언제 과제를 시작할지 물어본 결과, 마감일이 다음 달인 학생들은 같은 달에 마감일이 있는 학생들보다 과제를 훨씬 늦게 시작하는 경향이 있었다.

지연 행동(procrostination)은 토론토의 학생들만의 문제가 아니었다. 인도의 농부들 역시 미루는 습관이 뿌리 박혀 있었다.[73] 그래서 그들에게 자녀 교육비를 저축할 기회를 주었다. 6개월 동안 정해진 최소 금액을 저축하면 보너스를 받을 수 있었는데, 성공 여부는 자녀를 위해 얼마나 많은 돈을 쓰려고 했는지가 아니라 저축 목표를 달성해야 하는 기한이 언제인지에 따라 달라졌다. 예를 들어, 6월에 참여 요청을 받은 사람들 (기한은 12월 1일까지다.) 중 28%가 보너스를 받을 만큼 저축에 성공한 반면, 7월에 요청을 받은 사람들 (기한은 이듬해 1월 1일까지다.) 중에는 단 4%만 성공했다.

사람들은 왜 마감일이 가까워지면 빨리 일을 시작하려고 하는 것일까? 그 주된 이유는 해야 할 일을 구체적으로 상상할 수 있기 때문이라고 한다. 예를 들어, 마감일이 멀게 느껴지면 '해야 할 일을 막연하게 결심하는' 정도만 하려고 하지만, 마감일이 가까워지면 '해야 할 일 목록'을 만들어 구체적인 행동을 시작하게 된다. 중요한 것은 마감일이 멀게 느껴지지 않도록 노력하는 것이다. 결심한 직후 바로 시작하는 것이 성공의 열쇠다.

목표를 달성하고 싶다면 단색 인쇄 스케줄러를 사용해야 한다

성공은 머리로 생각하는 것뿐만 아니라 실제로 행동할 수 있느냐에 달려 있다. 행동을 유도할 수 있는 재미있는 팁을 하나 알려주겠다. 바로 단색으로 인쇄된 스케줄러를 사용하는 것이다. 일반적으로 스케줄러에는 두 가지 이상의 색상이 사용되는 경우가 많다. 이러한 스케줄러는 주말과 평일의 차이, 주중과 주말의 차이 등을 강조하기 위해 다른 색상이 사용된다. 색이 구분되어 있으면 시간의 경계가 명확해진다.

실험에 따르면 사람들은 목표를 구체적으로 설정하기보다 모호하게 표현하는 경향이 있다. 여러 색이 사용된 스케줄러를 사용한 피실험자 학생들은 미래의 목표 행동을 추상적으로 표현하는 경향이 나타났다. 예를 들어, '내일 아침 5km 달리기'보다는 '체력 단련' 같은 모호한 말을 사용했다. 이는 스케줄러의 색이 서른 다른 곳에 목표 행동을 적게 되면 심리적으로 멀게 느껴졌기 때문인 것으로 보인다. 그래서 통일감 있는 단일 색상의 달력을 구매하거나 내려받으면 마감일이 더 가까워 보이고, 일을 더 빨리 시작하도록 동기를 부여할 수 있다.

인생의 고비조차도
마케팅에 활용된다

"좋아, 이제 시간에 대한 집파리 효과의 메커니즘을 이해했어. 이제 더 이상 속지 않겠어."라고 생각한 사람도 있을 것이다. 하지만 안타깝게도 마케터들도 이 메커니즘을 잘 알고 있고, 소비자보다 한 수 위를 노리는 전략을 구사한다.

초보 엄마들이 출산 후 갑자기 세제를 다른 브랜드의 제품으로 바꾸는 것은 흔한 일이지만, 초보 아빠가 맥주 브랜드를 바꾸는 것도 흔한 일이라는 것을 알고 있는가?

기업 입장에서는 '라이프 이벤트'라고 불리는 인생의 이정표가 되는 사건들을 통해 소비자가 무엇을 구매할지 쉽게 예측할 수 있다. 데이터베이스를 활용한 마케팅에서는 알고리즘을 이용해 별것 아닌 구매 이력에서 다양한 예측을 하고 있다.

예를 들어, 신용카드 회사는 이용자가 나이트클럽에서 결제 건수가 늘어나면 미리 신용 한도를 조정하거나 금융 위험을 대비하는 방향으로 경계 수위를 높인다. 이 이용자는 이혼할 가능성이 높다고 보고 신용 한도를 낮추는 것을 고려할 수도 있다.

이런 사례도 있었다. 마트에서 고객의 구매 기록을 바탕으로 맞춤형 할인 쿠폰이나 광고를 보내주는데, 한 남성이 광고 메일을 받고 여자 친구의 임신 사실을 알게 되었다. 둘은 계정을 공유하고 있었는데, 언제부턴가 쿠폰과 광고의 내용이 달라진 것이다.

그리고 장바구니 내역을 살펴보니 평소에 마시던 와인이 사라지고, 비타민 제품이 들어 있었다. 이 상황을 알고리즘은 이렇게 해석한다. 부모로서의 '고객 여정'이 시작되었고, 우리 기업에게 수익을 창출할 기회도 시작되었다.

영국에서는 마케터들이 지나친 맞춤형 제안이 고객에게 불쾌함을 유발할 수 있다는 점까지 고려해, 가끔 예상 밖의 제품을 섞기도 한다. 예를 들어, 위스키 할인 같은 제안을 던져 사생활 보호의 환상을 주는 '교활한 집파리 효과' 전략을 쓰기도 한다.

5일 일찍 확정신고서를
제출하게 한 메모

한편, 정책 입안자들도 개인의 중요한 삶의 사건들에 대해 점점 더 많이 인식하고 있다. 위에서 등장한 새내기 아빠를 잠시 상상해보자. 그의 이름은 샌더. 막 아이의 출생 신고를 마쳤다. 아빠이자 가장으로서 책임감이 가중된 탓에 즐겨 먹던 맥주도 주 1회로 줄였다. 게다가 4시에 퇴근해 아이를 어린이집에서 데려온다.

그런데 어느 날 집에 돌아와 보니 아내가 옆집 남자와 침대에서 뒹굴고 있는 것이었다. 인생을 뒤흔들 정도로 심각한 사건이다. 그에게도 중요한 사건이지만, 행정 기관에서도 여러 가지 절차가 필요한 중요한 사건이다. 부인의 외도를 용서하지 못한 샌더는 이혼을 신청하고, 주택담보대출 조건을 변경하며, 부인에게서 양육비를 받게 되었다.

그런데 정신적 부담과 시간 부족으로 보육료에 대한 세금 공제 변경 신청을 깜빡했다. 이혼 후 샌더가 아이를 돌보는 시간이 줄어들면, 정부에 신고한 돌봄 시간에 따라 세금 공제를 받는 금액이 줄어들 수 있기 때문이다. 작은 실수라고 볼 수 있지만, 나중에 벌금을 물거나 불이익을 받을 수 있다.

위 사례는 실화다. 실제 2020년 네덜란드에서 벌어진 일로 헤드라인 뉴스를 장식했다.

많은 규정은 시민들이 침착하게 이성적으로 사고하고 행동할 수 있다는 가정에서 만들어진다. 그러나 샌더처럼 일시적으로 그런 여유가 없는 사람도 있다. 이에 따라 몇 년 전부터 새로운 규제에는 '행동 능력'에 대한 고려가 포함되기 시작했다. 새로운 규정을 만들 때는 개인이 제공해야 할 정보의 양, 이를 자발적으로 제출해야 하는지 여부, 그리고 실수로 제출하지 않았을 때의 결과까지 꼼꼼하게 평가된다. 사람들이 건망증에 빠지는 원인이 반드시 큰 사건 때문만은 아니라는 이유에서다.

또한 정부는 시간에 대한 집파리 효과를 잘 활용하기도 한다. 네덜란드 세무 당국은 10년 전부터 세금 서류가 담긴 파란색 봉투에 "10일 이내에 답변 협조해 주셔서 감사합니다."라는 메모를 붙여서 보냈다.

바로 하는 사람은 미래 시제를 사용하지 않는다

리마인드 메일을 보내는 것 외에도 어떠한 단어와 시제를 사용하는지에 따라서 도 '집파리 효과'를 발생시킨다.

미래를 표현하는 단어를 사용하면 그 미래는 심리적으로 멀게 느껴진다. 예를 들어, "아, 내일 또 비가 오네."라고 하면, 내일의 일이 지금 당장 일어나는 것처 럼 가까이 느껴진다. 반면에, "내일 또 비가 올 거야."라고 하면, 미래를 따로 떼 어 표현함으로써 내일의 일이 더 멀게 느껴진다.

실제로 네덜란드어처럼 미래 시제가 없는 언어들도 있다는 점을 흥미롭게 보자. 어느 나라 사람들이 상대적으로 저축을 많이 하고, 부유한 노후를 보내며, 담배 를 적게 피우고, 위험한 섹스를 하지 않고, 더 날씬할까? 그렇다. 네덜란드다! 미 래를 먼 일로 표현하는 언어를 사용하는 사람들은 미래에 덜 신경 쓰는 경향이 있다.

이 차이는 이탈리아 북부 메라노의 같은 학년 학생들 사이에서도 확인되는데, 미래 시제가 없는 독일어를 쓰는 학생들이 이탈리아어를 쓰는 학생들보다 마시 멜로 실험에서 더 좋은 성적을 거뒀다. 즉, 현재의 충동을 억제하고 장기적인 목 표를 중시하는 경향이 있었다. 따라서 무언가를 진정으로 성취하고 싶다면, 미 래 시제 '할 것이다'와 같은 표현을 피하는 게 좋다.

이렇게 구체적이고 임박한 날짜가 적힌 메모를 붙이자, 평소에 늦어지기 일쑤였던 확정신고서가 평균 5일 일찍 제출되는 효과를 거둘 수 있었다. 세무서에서는 독촉 전화로 인한 수고가 크게 줄어 들었다. 이 밖에도 병원, 치과, 미용실 등 다양한 곳에서 리마인더 메모의 위력을 확인할 수 있다.

눈 앞의 작은 보상이
미래를 위한 행동을 방해한다

사람들에게 '월말'은 일의 마무리나 정리를 상징하게 되어, 시간이 끝나는 시점처럼 느껴진다. 현재 편향이나 **과도한 가치폄하 효과(hyperbolic discounting)**에 대해 들어본 적이 있는가? 뇌에게 있어 미래의 나는 낯선 사람으로 인식되는 현상에 대한 과학적 용어다. 미래의 나도 나라는 것을 알지만 지금의 나와는 거리가 멀게 느껴진다. 그래서 미래의 나를 위해 헌신하거나 계획을 세우는 일이 덜 중요하게 여겨질 수 있다.

팀은 또다시 화려한 문신을 새기려 하지만, 그 대가를 치르는 것은 몇 년 후의 나이든 자신이다. 에바는 마감일을 미래의 자신에게 떠넘기지만, 이것도 마찬가지다. 여러분도 경험해 본 적이 있을 것이다. 예를 들어, 노후자금을 위해 저축을 시작하려고 해도 좀처럼 행동으로 옮기지 못했던 경험이 있을 것이다. 눈앞의 작은 감정적 보상이 미래를 위한 행동을 크게 방해하는 것이다.

앞서 소개한 마시멜로 테스트와 같은 경우를 상상해 보자. 참을성이 없는 사람은 이렇게 생각할 것이다. "지금 당장 이 사탕을 먹을래. 5분씩이나 못 기다려." 그렇다면 같은 사람에게 "한 달 후에 사탕 하나를 받을래, 아니면 한 달 하고 5분 후에 사탕 두 개를 받을래?"라고 물어보자. 아무리 참을성이 없는 사람이라도 후자를 선택할 것이다. 하지만 딱 한 달 후에 과자를 내밀면 여기서도 다시 눈앞의 보상이 승리한다. 그 사람이 5분 동안 과자를 참을 가능성은 매우 희박해진다. 즉, 그 사람은 미래의 자신의 행동을 잘못 본 것이다. 적어도 미래의 자신의 자제력을 속였다고 할 수 있다.

미루는 것과 참을성은 세트다

우리는 즐거운 일이 생기면 참을성이 없어진다. 주문한 책이 빨리 배달되기를 바라며, 이를 위해 추가 비용을 기꺼이 지불한다. 반면 하기 싫은 일은 계속 미루려 한다. 유리병을 재활용 수거함에 넣는 일을 내일로 미루고, 번거로운 서류 정리는 그다음 날로, 강아지 발톱 다듬기는 또 그다음 날로 미루는 식이다. 조급함과 미루는 성향은 서로 밀접하게 연결되어 있다는 점이 흥미롭다. 얼핏 보면 미루는 사람은 인내심이 많고 조급하지 않은 것처럼 보이기 때문이다. 과연 그럴까?

사람이 얼마나 조급한지 측정하는 것은 그리 어렵지 않다. 마시멜로 테스트 방법을 이용하면 된다. 한 실험에서는 과자가 아닌 현금을 이용해 학생 피실험자의 인내심을 조사했다.

실험 참가자들은 일정 금액을 그 자리에서 받을지, 2주 후에 2% 더 받을지를 선택할 수 있었다. 그리고 65%의 피험자가 2주 후에 2%를 더 받는 것보다 지금 돈을 받는 것을 선택했다. 일부 학생들은 2주 후 12%의 이자를 받는 조건조차 받아들이지 않았다. 흥미롭게도, '지금 당장 받고 싶다'는 성향을 보인 학생들은 학기 중 과제나 신청서를 가장 늦게 제출하는 경우가 많았다.

　이 실험은 여기서 끝나지 않는다. 연구자들은 보상 지급 방식에 흥미로운 변수를 추가했다. 학생들은 현금 대신 수표로 보상을 받았다. 이 방식 덕분에 연구자들은 학생들이 수표를 실제로 현금화한 시점을 추적할 수 있었다. 그런데 결과는 의외였다. 더 빨리 돈을 받겠다고 선택한, 즉 조급함을 보인 학생들이 정작 수표를 현금으로 바꾸는 데는 더 많은 시간이 걸렸다. 조급한 선택을 하는 사람들도 행동으로 옮기는 데는 미루는 습성이 작용했을 가능성을 나타낸다.

　따라서 미루는 습관은 단순히 독자적으로 존재하는 나쁜 습관이 아니라, 조급함과 깊이 연결되어 있다. 장기적인 목표(예를 들어, 책 쓰기, 이자 불리기)보다 즉각적인 만족감(예를 들어, 지금 당장 트위터 피드 확인하기, 지금 당장 돈 쓰기)이 더 매력적으로 느껴지는 것은 어찌 보면 자연스러운 일이다. 결국, 단기성 집파리 효과가 다시 발생하는 것이다.

　하지만 개선할 수 있다. 지금 이 순간, 미래의 자신과 확실한 약속을 정하는 것이다. 그리고 만약 목표를 미루면, 자선단체에 돈을 기부하기로 결정한다. 심지어 더 큰 효과를 위해 자신이 좋아하지 않는 자선단체에 기부하기로 결정할 수도 있다.

안 가던 헬스클럽을 똑똑하게 다니는 방법

스포츠클럽 회비를 내는 것은 미래의 자신의 행동에 대한 내기를 하는 것이기도 하다.

'헬스장에 안 가는 대가로 돈을 낸다'는 재미있는 제목의 유명한 논문이 있다. 이에 따르면 헬스장 회원들이 미래의 자신의 행동을 예측하는 패턴에는 몇 가지 유형이 있다고 한다. 당연히 헬스장 측도 그에 따른 회원 형태를 제공하고 있다.

1. 합리적 유형: 미래의 자신이 얼마나 자주 헬스장에 갈지 생각해서 저렴한 회원권을 선택해 그에 따라 헬스장을 다닌다.
2. 미래의 자신을 잘 이해하는 유형: 1년 연회원을 가입해 운동을 계속할 수 있도록 자신을 독려한다.
3. 순진한 유형: 미래의 자신이 한 달에 9번 헬스장에 갈 수 있다고 생각해 '무제한' 연회원에 가입한다. 840달러를 지불하지만 실제로는 한 달에 70달러를 들여 4번 운동하는 것이다. 10회 방문권을 끊었으면 월 40달러만 지급하면 된다.
4. 똑똑한 척하는 순진한 유형: 3번 유형에 속할까 봐 월정액 회원을 선택했지만 매달 해지하는 것을 잊어버려 결국 3번보다 더 나쁜 상황에 부닥치게 된다.

다행히도 이런 실수를 방지할 수 있는 해결책이 있다. 가장 효과적이라고 생각되는 방법을 선택하기만 하면 된다(정답은 목록 끝에 있다.).
  [ ] 다른 사람에게 헬스장에 가는 비용을 대신 지급하게 한다.
  [ ] 일주일 동안 운동을 거르면, 벌금을 내야 한다.
  [ ] 해리포터 오디오북을 헬스장에 넣어두고 재미와 세트로 묶어 행동을 유도하는 **유혹 번들링 효과(temptation bundling)**를 활용한다.
마지막 방법이 가장 효과적이다. 행동경제학자 케이티 밀크맨(Katy Milkman)은 이 개념을 자신과 여러 학생을 대상으로 처음 실험했다. (자세한 내용은 '체육관에서 헝거 게임 인질 잡기'[74]라는 논문에서 확인할 수 있다.) 운동과 재미있는 활동을 결합한 학생들은 체육관을 가는 빈도가 50% 늘었고, 좋아하는 책을 인

질로 잡힌 것에 대해 기꺼이 돈을 지불했다.[75]

자발적인 목표 설정으로
미래의 나를 움직인다

타임머신이 없어도 미래의 자신에게 바람직한 행동을 하게 하는 기술이 있다. 그것은 의지력을 키우는 것이다. 단, 어떻게 키울지를 알아야 한다.

일반적으로 사람은 자신이 생각하는 것만큼 열심히 일하지 않는다. 직장인이라면 그 주된 이유가 의지력 부족이라는 것을 알고 있을 것이다. 학생이나 자영업자들도 미루는 습관이 영향을 미친다.

오늘 해야 할 일이 있는데도 불구하고 몇 시간 동안 SNS를 보다가 '내일 해야지'라고 생각하게 된다. 하지만 안타깝게도 내일도 인스타그램은 존재하고, 게다가 내일은 내일 해야 할 일이 있다. 이런 미루는 행동은 상사가 있는 직장에서는 상황을 더욱 악화시킨다. 업무의 질이 떨어지고, 승급이나 상여금에도 악영향을 미친다.

회사의 보상 구조가 직원들의 행동에 미치는 영향을 연구한 세 명의 경제학자가 있다. 그들은 124명의 인도 데이터 입력 직원들을 대상으로 보상을 언제, 어떻게 받는지가 노동자의 미루는 행동에 미치는 영향을 조사했다.

무엇보다 직원들이 자신의 미루는 경향을 인식하고, 이를 개선하기 위해 자발적으로 노력하려 한다는 점을 확인했다. 이 직원들은 보통 입력한 데이터 입력 항목당 0.03루피(50원)를 받았고, 하루 평균 약 4,500원을 벌었다.

11개월에 걸친 실험 기간 동안 근로자가 목표치를 설정할 수 있는 선택권을 부여했다. 목표를 설정한 경우, 하루 4,000개 이상을 입력해야만 항목당 0.03루피를 받을 수 있었고, 4,000개 미만을 입력하면 보수는 0.015루피로 줄어들었다. 객관적으로 보면, 목표를 설정하는 것이 이득이 적어 보였지만, 목표 구조 덕분에 게으름 법한 미래의 자신이 더 열심히 일하도록 동기를 부여할 수 있었다.

실험 데이터를 분석한 결과, 노동자들의 업무량에 가장 큰 영향을 미친 것은 월급날이었다. 근로자들은 월급날에 평균 7% 더 많은 돈을 벌었다. 월급날의 효과는 개인차가 있어 20% 이상 더 많이 버는 사람도 있고, 일주일 내내 비슷한 수준으로 버는 사람도 있었지만, 전반적으로 월급날이 가까워질수록 데이터 입력 건수가 늘어났다.

또한, 직원들은 자신의 의지력이 약하다는 것을 알고 있었기 때문에 전체 근무일의 3분의 1정도에 목표치를 설정하여 동기부여를 유지하려고 노력했다. 현명한 판단이 아닌 것 같지만, 실제로는 근로자들이 스스로를 잘 알고 있었다고 볼 수 있다. 목표를 설정했을 때 그렇지 않았을 때보다 생산성이 2% 더 높아진 것이다. 물론 이는 회사 측에서도 반가운 일이었다.

약속으로 숙제에 대한 동기를 부여하는 방법

사람들에게 숙제를 내주는 입장에 있는 사람은 다음과 같이 약속을 통해 집단의 동기를 부여해 보자.

1단계: "여러분, 숙제 할 사람은?"라고 묻는다.

2단계: "꼭 해 올 수 있나요?"라고 묻는다.

3단계: 숙제를 하겠다는 약속(약속, 선언)을 요구한다. 이 약속을 지키지 않으면 감점 등의 벌칙이 주어질 것이라고 설명한다.

4단계: 전년도 시험 결과를 보여준다. 약속을 지키지 못해 감점을 받은 학생도 있었지만, 약속을 지킨 그룹이 대체로 성적이 더 좋았다는 것을 설명한다.

5단계: 다시 한번 "숙제를 꼭 해올 수 있나요?"라고 묻고 손을 든 사람의 사진을 찍는다.

이렇게 하면 숙제가 제때 제출될 가능성이 커지고, 학생들은 더 좋은 성적을 받을 수 있다.

자연스레 저축을 늘리려면
기업연금을 사용해야 한다

스스로에게 약속을 부과하는 구조는 고용주와 종업원을 행복하게 한다. 정부 기관도 이 메커니즘을 활용하려 하고 있다. 넛지라는 개념을 널리 알린 다음 연구 역시 직원들이 스스로 약속을 설정하는 방식에 주목하며 큰 변화를 끌어냈다.

《넛지》에서 리처드 탈러는 널리 알려진 '내일 더 많이 저축하기 (Save More Tomorrow)' 프로그램에 관해 설명한다. 그가 만든 이 프로그램에서는 직원들에게 급여가 인상될 때마다 더 높은 비율을 연금으로 저축할 수 있는 옵션을 제공한다. 대수롭지 않게 들리겠지만, 이 프로그램을 통해 1,500만 명이 자발적으로 저축하는 방법보다 더 많은 금액을 저축했다.

자신의 저축 계좌로 이 작업을 수행하면 적어도 세 가지 집파리 효과를 한 번에 극복할 수 있다. 첫 번째는 미래의 임금 인상분에서 저축이 이루어지기 때문에, 지금 당장은 소득이 줄어든 느낌을 피할 수 있다. 두 번째는 오랜 시간 동안 저축을 하기 때문에 지금 당장 돈을 쓰고 싶은 충동에서 벗어나기 쉽다는 것이다. 세 번째는 지금 약정하면 별도로 중단 요청을 하지 않는 한 프로그램에 계속 참여하게 된다. 물론 프로그램을 취소하는 행동을 할 수도 있다. 하지만 미래의 당신은 그 행동도 미루게 되지 않을까? "내일 취소하면 되겠지." 하고 말이다.

5장 요약:
즉시 실행하는 사람이 되어 목표를 달성한다

이 장에서는 일이 진행되는 순서와 타이밍에 따라 집파리 효과가 얼마나 발생하는지 살펴보았다. 몇 가지 흥미로운 용어도 기억에 남을 것이다.

일을 미루다 마감이 가까워져서야 겨우 시작하게 될 때, 상대에게 이렇게 말해 보는 건 어떨까. "죄송해요. **과도한 가치폄하 효과**

(hyperbolic discounting) 때문에 너무 늦어졌네요."

휴가를 잘 마무리하려면, 성가신 집안일을 마지막까지 미루지 않도록 하라. 휴가의 마지막 순간은 될 수 있는 대로 즐거운 일로 채우는 것이 좋다. 그렇지 않으면, 휴가 내내 즐거웠더라도 마지막에 한 귀찮은 일이 휴가에 대한 전체적인 기억을 흐리게 할 수 있다. 이것이 **피크-엔드 법칙(peak-end rule)**의 핵심이다.

운 좋게도, 순서 효과나 미루는 습관을 극복하면서도 자신이 원하는 방식을 유지할 수 있는 다른 방법이 있다. 이 장에서 제시된 해결책은 하나는 외부 환경을 바꾸는 것이고, 다른 하나는 미래에 대한 생각을 바꾸는 것이다.

첫 번째 범주에는 데이터 입력 작업자들이 사용한 것과 같은 **담보 약속하기(commitment)**와 같은 기술이 있다. 헬스장 회원들도 비슷한 방법을 사용했다. 헬스장에 계속 다니고 싶다면 좋아하는 오디오북 듣기와 헬스장에서 운동하기를 세트로 묶는 방법을 사용하면 효과적이다. 정부는 사람들이 장기적으로 더 많이 저축할 수 있도록, 자동으로 저축 금액을 증가시키는 시스템을 도입했다. 그리고 이 모든 것에 더해, 미래의 자신을 위한 '함정'을 만드는 것도 좋은 방법이다. 예를 들어, 트위터를 4분 후에 자동으로 차단하는 앱처럼 말이다.

덜 극단적인 개입 방법으로도 집파리 효과로 인한 여러 문제점을 충분히 해결할 수 있다. 외부 환경을 바꾸기보다는 상황에 대한 자신의 관점을 바꾸는 것이다. 먼저, 결심을 실천할 적절한 순간을 선택하는 것이 중요하다. 배가 고플 때는 장을 보지 않는다. 스트레스를 받을 때는 의지력에 의존하지 않는다. 새로운 경험이 더 효과적이다. 예를 들어, 새달의 시작, 새 컴퓨터를 쓰는 것, 새로운 연인이 생기는 것 등 말이다.

목표를 더 구체적으로 상상할수록 달성하기 쉬워진다. 기억이 생생할수록 그것을 다시 반복하고 싶어지는 것은 그 일을 친숙하게 느낄 수 있기 때문이다. 물론 사람의 기억력이 항상 믿을 수는 없다. (혹시 몇 페이지 전에 읽은 내용을 기억하는가? 기억 안 나도 상관없다.) 미래의 이점을 오감을 동원해 최대한 구체적으로 상상하는 것이 성공의 비결이다.[76]

결심을 세울 때, 무엇이 그 결심을 방해할 수 있는지 미리 생각해 보는 것이 중요하다. 이를 전문 용어로 **실행 의도(implementation intentions)**라 한다. 그렇다면 목표를 어떻게 구체화할 수 있을까? 예를 들어, 팬데믹 이전부터 사용하지 않던 헬스장 멤버십을 취소하려고 결심했다고 가정해 보자.

1. 회원권을 해지하면 얻을 수 있는 혜택을 구체적으로 열거한다. 예를 들어, 매달 절감되는 금액이다.
2. 회원권을 해지하기 위해 언제, 무엇을 할 것인지 구체적으로 적는다. 예를 들어, 오늘 밤 웹사이트에 로그인하기이다.
3. 무엇이 방해될지 미리 생각한다. 예를 들어, 비밀번호를 잊어서 재설정 요청하기이다.

4. 그런 방해 요소가 생겼을 때 대처 방안을 적는다.

5. 주의할 점은 미래 시제를 피해서 쓴다는 것이다.[77]

이러한 방법은 타인의 시선에 의한 압박과 결합하면 더욱 효과적이다. 뭔가를 걸고 공개적으로 약속하면 그 효과가 더욱 커진다. 오디세우스가 사이렌[78]의 유혹을 이기기 위해 자신은 돛대에 묶고, 선원들의 귀는 밀랍으로 막아 유혹에 넘어가지 않도록 했던 이야기를 떠올려 보라. 조금 극단적일 수 있지만, 만약 저녁 내내 공부에 집중하고 싶다면 친구에게 자신의 번호를 그 시간 동안 차단해 내 연락을 받지 않도록 부탁하는 것도 한 가지 방법이 될 수 있다.

'순서 효과'는 개인이나 비즈니스의 이익을 극대화하는 데 활용될 수 있다. 예를 들어, 많은 카페의 적립 쿠폰은 10번째 음료를 무료로 제공한다. 첫 번째 스탬프가 이미 찍혀 있는 경우도 흔하다. 앞으로의 계획도 마찬가지다. 이미 자전거로 몇 번 출근한 상태라면 그 연속성을 깨는 것이 아쉬울 수 있다. 연속된 습관이 중단되면 마치 무언가를 잃은 듯한 기분이 들기 마련이니 말이다. 이제 망설일 것이 없다. 지금 바로 책장을 넘겨서 6장째 독서를 계속 이어가자.

나도 모르는 사이에
나의 뇌가
주목하고 있다

유혹의 메커니즘을 이해하고 이용하는 방법

초점 효과(focusing illusion), 앵커링 효과(anchoring), 내러티브 오류(narrative fallacy), 로미오와 줄리엣 효과(Romeo and Juliet effect) 등의 집파리 효과들은 일종의 뇌를 유혹하는 성격을 띄고 있다. 명품 쇼핑, 중독성 강한 앱 사용, 무의미한 비교 상황에서 이러한 뇌의 유혹 심리가 드러난다. 이 심리는 광고주, 정치인을 PR하는 스핀 닥터, 픽업 아티스트와 같은 사람들이 전략적으로 활용하며, 매우 다양한 모습으로 나타난다. 마치 카멜레온처럼 변화무쌍하게 나타나는 특징이 있다. 종종 과소평가되지만, 그 영향력이 매우 크므로 주의해야 한다.

사람을 끌어당기는 매력을
테크닉으로 익힐 수 있을까

　1999년 제작된 명작 영화 〈매그놀리아(Magnolia)〉를 본 적 있는가? 톰 크루즈(Tom Cruise)가 연기한 주인공은 동기부여 연설가다. 외롭고 자신감 없는 남성들에게 '여성을 유혹하는 법'을 전수하며 큰돈을 버는 소름 끼치고 불쾌한, 극도로 여성 혐오적인 인물이다. 그리고 이야기는 실존 인물에 기반을 둔다. 그들의 직업은 바로 '픽업 아티스트'이다. 그들은 여성을 속여 전화번호를 얻는 방법을 알려주는 세미나를 열어 많은 청중을 불러 모으고 있다.

　그 커리큘럼은 여러 내용이 뒤섞여 있다. 심리학, 속임수, 과학, 여성에 대한 왜곡된 사고와 진부한 성차별적 내용 등으로 구성되어 있다. 이게 합법적인지 얼마나 위험한지에 이어 드는 의문은 바로 '과연 효과가 있을까?'이다. '교묘한 사기가 아닐까?' 아니면 '이성의 관심을 끄는 매력을 배울 수 있을까?' 사기처럼 보이지만, 이런 식의 강의는 어느 정도 효과는 있어 보인다. 물론 그 이유에는 타깃이 되는 수강생과 표적 고객층과도 관련이 있을 것이다. 예를 들어, 원래 데이트 신청을 할 용기가 없었던 사람들이 용기를 길러 주는 강연 덕분에 최소한의 자신감은 얻을 수 있을 것이다.

게다가 그들이 가르치는 기술들이 실제로 큰 효과를 내는 듯하다. 그런데 어떻게 그게 가능한 걸까? 저널리스트 닐 스트라우스(Neil Strauss)도 같은 의문을 품었다. 그의 책 《더 게임(The Game)》에서 픽업 아티스트 커뮤니티[79]에 잠입한 후 '여성 유혹의 달인'이 된 자신의 모습을 생생하게 묘사한다.[80] 그는 마술사나 점쟁이가 사용하는 기법을 빌려, "이건 돌아가신 어머니가 아낀 유품이었어요."와 같은 거짓말을 하며 여성들에게 값싼 보석을 나눠준다.

스트라우스는 뻔한 속임수를 이용했다. 세탁 건조기에서 나온 보푸라기를 주머니에 넣고 다니다가 LA의 한 클럽에 방문한다. 그리고 매력적인 여성을 발견하면 그녀의 등을 쓸어내며 큰 보푸라기를 떼어내는 척하며 말을 건넨다.

스트라우스는 이 기술이 효과적인 이유를 잘 설명한다. 여성은 순간적으로 당황한다. 그리고 온종일 먼지를 달고 다녔다는 생각에 부끄러울 것이다. 이렇게 픽업 아티스트는 여성을 당황하게 하고, 자연스럽게 신체를 접촉하며, 친절한 행동을 느끼게 한다. 하지만 독자인 당신은 이미 눈치챘을 것이다. 그들은 결국 매력적으로 보이게 만드는 기술을 연마한 집파리 같은 존재일 뿐이라는 사실을 말이다.

유혹과 관련된 집파리 효과는 다양하다. 어떤 사물 혹은 어떤 사람이 나와 잘 어울린다고 느끼게 하는 집파리 효과가 있다. 사물 자체와는 상관없이 자부심, 고급스러움, 지위 등을 불러일으키는 집파리 효과도 있다. 자신보다 매력없는 상대와 비교하도록 유도하거나 다른 시각으로 바라보게 하거나, 무언가가 친숙하거나 놀랍고 흥미롭다고 느끼게 하는 집파리 효과도 있다. 마지막으로 무언가에 주의를 기울이도록 은밀하게 유혹하는 집파리 효과도 있다.

주목하게 된다고 말하면
좋아하게 된다

매력적으로 보이기 위해서는 먼저 상대방의 주목을 끌어야 한다. 픽업 아티스트들의 전략도 이와 비슷한 원리다. 그들은 상대방의 시선을 사로잡아 인식을 왜곡시키고, 매력적으로 보이도록 유도한다. 이때 등장하는 개념이 **초점 효과(focusing illusion)**다. 단순히 어떤 것에 관심이 가기만 해도 우리는 그것을 실제보다 더 매력적이고 중요하다고 착각하게 된다.[81] 분명히 그만한 가치가 있는 경험처럼 느껴지지 않는가?

특히 초점효과는 주목하도록 만드는 공간에서 가장 두드러진다. 예를 들어, 미술관 전시실을 떠올려 보자. 엄숙한 고요함에 작은 소리도 울리는 공간이다. 자연스럽게 발걸음이 느려진다. 목소리를 낮추게 된다. 게다가 미술관의 하얀 벽은 작품을 더 돋보이게 한다.

스포트라이트를 따라가 보면 세심하게 배치된 쓰레기봉투에 시선이 머문다. 그리고 처음으로 평범한 쓰레기봉투의 독특한 질감이 눈에 들어온다. 부드럽고 거친 그 감촉이 묘하다. 단순한 검은 색이 아니라 짙은 무연탄의 색감이 예상보다 훨씬 아름답다는 사실을 깨닫는다. 감동이 밀려온다. 일상에서 너무 자주 간과되는 아름다움이 얼마나 많은지 생각하며, 이 깊은 깨달음을 트위터에 올려야겠다고 생각하며 휴대전화를 꺼낸다. 그리고 그 작품의 사진도 함께 올리려던 순간, 뒤에서 누군가가 말한다. "뭐 하세요, 청소도구함에서?"

이 효과는 고급 레스토랑에서 와인 한 잔을 천천히 음미할 때도 발휘된다. 얼마나 복잡한 맛과 향이 느껴지는지! 그리고 영화관에서 한 편의 영화에 완전히 집중할 때도 마찬가지다. 하지만 같은 영화를 집 소파에서 휴대전화를 들고, 가족과 이야기하며 보면 왠지 실망스럽다.

명상할 때도 집중의 강도에 따라 경험이 달라진다. 주의의 차이가 경험의 질을 변화시킨다. 그리고 주목의 차이는 우리의 행동과 선택, 구매에도 영향을 미친다. 눈에 띄는 것은 다른 것보다 더 흥미롭고 중요하게 느껴진다. 자세히 보면 볼수록 아름답게 느껴진다. 어떤 회사든 그들의 제품, 서비스, 기기에 우리의 관심을 끌수 있는 회사가 압도적으로 수익을 올리는 것은 당연하다. 그러니 소비자들의 주목을 받기 위한 경쟁이 이토록 치열할 수밖에 없다.

컬러풀하고 귀여운 로고를 사용한
데스메탈 밴드

'파티 캐넌(Party Cannon)'이라는 이름을 들어본 적 있는가? 이 영국의 데스메탈 밴드는 지금까지 세 번이나 인터넷에서 큰 화제를 불러일으킨 적이 있다. 으르렁거리는 기타 사운드로? 파멸로 가득 찬 가사로? 아니, 로고 때문이다.

데스메탈 밴드의 로고는 모두 비슷하고, 섬뜩한 돌 틈새처럼 끔찍하게 들쭉날쭉한 흑백 글자를 사용하기도 한다. 하지만 파티 캐논은 장난감 가게에서나 볼 법한 경쾌하고 컬러풀한 풍선 모양의 글자를 로고로 삼았다. 덕분에 페스티벌 포스터에서 다른 밴드들을 압도하며 단연 눈에 띄었다.

폰트는 정말 강렬한 '집파리 서체'의 진수를 보여주었다. 밴드 멤버들은 음표 하나 바꾸지 않고도 세간의 주목을 받을 수 있었다. 로고가 시선을 집중할 만큼 화려해서도 아니었다. 그들의 로고가 장난감에 박혀 있어도 무방할 정도의 '순한 맛'을 표방했기에, 그 자체로는 시선을 끌지 못하지만, 주변 환경과의 대비로 시선을 사로잡은 것이다.

시사회에 턱시도를 입으면 군중 속에 자연스럽게 녹아들 수 있다. 하지만 파티 초대장의 '스마트 캐주얼(smart casual)' 복장 규정을 잘못 읽은 팀의 동료는 유일하게 턱시도를 입고 갔고, 결국 밤새도록 파티의 주목의 대상이 되었다.

주목의 대상이 된 이유는 앞서 언급한 것처럼, 뇌는 에너지를 절약해야 하기 때문이다. 뇌는 주변 환경을 읽고 패턴을 기억하려고 한다. 그렇게 함으로써 익숙한 것들, 혹은 이미 알고 있는 것들까지 굳이 주의를 기울이지 않아도 되기 때문이다.

한편, 패턴에서 벗어난 것들에 주목하려고 한다. 그것은 위험한 것일 수도 있고, 매력적인 것일 수도 있다. 새집으로 이사를 가면 작은 소음에 처음엔 민감하지만, 시간이 지나면 그 소음들이 일상적이라는 것을 인식하고 더는 신경 쓰지 않게 되는 것처럼 말이다. 뇌는 위험할 수 있거나 새로운 자극에만 더 집중하고, 익숙해진 것에는 에너지를 덜 쓰는 편이다. 뇌는 패턴을 인식하면 그 패턴에서 벗어나는 소리만을 주목한다. 익숙해진 환경에서는 반복되는 소음에는 반응하지 않지만, 예상치 못한 소리에는 깜짝 놀라게 되는 것이다. 예를 들어, 평소 새벽 3시에는 기차가 지나가지 않는데, 어느 날 갑자기 천둥 같은 기차소리에 화들짝 놀라 잠에서 깬다.

남들과 다른 것이 눈에 띄는 현상은 지난 세기에 이 이론을 주창한 독일의 정신과 의사의 이름을 따서 **폰 레스토프 효과(Von Restorff effect)**라고 불린다.[82] 이 용어에 익숙한 광고 담당자는 많지 않지만, '튀어야 뇌리에 박힌다'는 효과는 누구나 잘 알고 있다. 그래서 브랜드는 화려한 비주얼이나 독특한 홍보 방식을 활용하고, 때로는 사업 모델을 혁신하거나 도저히 지나칠 수 없을 정도로 강렬한 광고를 통해 항상 차별화를 시도한다.

아이팟에 흰색 이어폰을 장착한
애플의 전략

이 집파리는 광고뿐 아니라 제품에도 자연스럽게 녹아 있다. 구독형 자전거인 스왑피츠(Swapfiets)[83] 자전거를 본 적이 있다면 독특한 파란색 앞 타이어가 눈에 띄었을 것이다. 여기서도 폰 레스토프 효과가 작용하고 있다. 시장을 점령한 브랜드는 아니지만, 검은색 타이어를 단 자전거보다 훨씬 더 눈에 띈다.

애플도 아이팟을 처음 출시할 때 똑같은 일을 했다. 당시 이어폰은 검은색이 많았기 때문에 아이팟에는 흰색 이어폰을 도입했다. 그 결과 아이팟을 사용한다는 것을 금방 알아볼 수 있었다. 애플의 TV 광고에서도 새하얀 이어폰을 낀 검은 실루엣이 춤을 추는 영상이 사용되었다.

몇 년 후, 흰색 이어폰이 흔해지자 애플은 기존 이어폰과 다른 모양의 에어팟을 출시했다. 곧 많은 사람들이 귀걸이처럼 생긴 이 기묘한 흰색 제품을 사용하기 시작했다. 물론 이는 애플의 의도대로였다. 애플은 자신이 만든 인지적 편향의 효과를 잘 알고 있다.

비단 애플뿐만 아니라 광고주, 미디어, 앱 개발자, 정부 등이 사람들의 관심을 끌기 위해 안간힘을 쓰고 있다. 그 결과 우리의 스마트폰에는 항상 버튼이 깜빡이고, 알림 벨소리가 울리고, 눈에 띄는 빨간 숫자가 표시되고 있다. 거리에는 화려하고 역동적인 전광판[84]이 넘쳐나고, 라디오에서는 광고 음성이 점점 더 시끄러워지고, 잘 안 되면 음향효과가 추가된다.[85]

노골적으로 관심을 구걸하는 행동은 단지 성가실 수 있지만, 반대의 경우는 더 비열한 방법이다. 기업들은 온갖 수단을 동원해 소비자의 관심을 '해킹'하고 있다. 예전에는 복권이나 모금을 권유할 때 스티커, 연필, 동전 등이 들어있는 두툼한 봉투를 보내주곤 했다. 별로 쓸모없는 상품이 많았지만, 관심을 끌기에는 충분했다.

그런데 요즘은 스마트폰 배너 광고에 실제와 똑같은 머리카락을 그려 넣는 기업이 있다. 사용자가 머리카락을 떼어내려고 화면을 스와이프하면 해당 기업의 온라인 쇼핑몰로 연결되는 구조로 되어 있다. 교묘한 디지털 트릭을 '다크 패턴(dark patterns)' 또는 '눈속임 패턴(deceptive patterns)'이라고 부른다.

착한 마음씨가 사람을 움직인다

이야기를 다시 교활한 픽업아티스트에게로 돌려보자. 이성의 관심을 끌기 위해서라면 춤이나 마술 등 어떤 수단을 사용해도 상관없을 것이다. 하지만 앞서 건조기 보푸라기의 사례에서는 친절하고 자상한 남자를 코스프레 하기로 선택했다.[86]

반면, 경쟁과 도전을 통해 최후의 1인을 가리는 리얼 버라이어티 TV 방송에서는 참가자들이 '나는 이곳에 친구를 사귀러 온 게 아니다'는 각오로 참여한다. 시청자 손에 땀을 쥐게 하는 흥미로운 장면들이 펼쳐진다. 방송에서 새로운 사업을 시작하든, 차세대 톱 모델이 되든, 혹은 최고의 스테이크를 요리하든, 성공을 목표로 한다면 강한 정신력이 필수다.

그래서 '남의 눈치를 보지 않는 방법'을 알려주는 강좌가 인기를 끄는 것도 당연하다. '더 자기중심적으로 되는 방법'을 설파하는 자기계발서가 잘 팔리는 것도 마찬가지다. 착하게 굴면 성공할 수 없고, 정상에 오르면 외롭다고들 말한다. 하지만 사실은 그렇지 않다. 연구 결과에 따르면, 직장에서 자기중심적인 사람일수록 성공하지 못한다고 한다.

연구에 따르면, 이기적인 사람들은 오히려 성공하기 어렵다. 일시적으로 성과를 내더라도 동료들과 잘 협력하지 못하면 금방 불리한 입장에 처하기 때문이다. 반대로, 배려심이 많은 사람은 동료들에게 더 큰 영향력을 발휘해 직장에서 좋은 성과를 내는 경우가 많다. 데일 카네기의《인간관계론》이 여전히 영향력을 발휘하는 이유도 여기에 있다.

우리는 공감의 힘을 머리로는 알고 있다. 하지만 공감이 얼마나 큰 효과를 발휘하는지 알면 놀랄 것이다. 이성적인 사람이라면 '상대방이 활짝 웃고 있어도 나는 속지 않을 것'이라고 생각할 수도 있다.

하지만 예를 들어, 메시지를 보낸 사람에 대한 호감 여부에 따라 메시지 내용 자체에 대한 인상도 달라질 수 있다. 사실 메시지를 보낸 사람에 대한 호불호 인상에 따라 수신자가 메시지 내용을 어떻게 받아들이는지는 큰 영향을 받는 것으로 알려져 있다. 상대에 대한 공감, 좋은 감정, 연결의식 등은 강력한 편견이 된다.

자기소개는 공통점을 찾는 것이 목적이다

설득과 협상의 대가인 심리학자 로버트 치알디니는 "'우리'라는 같은 집단에 속하면 사람들은 '예스'라고 말한다."라고 설명한다.

이는 터퍼웨어 파티[87]가 오랫동안 성공을 거둔 이유이기도 하다. 이미 존재하던 가족과 친구 간의 유대를 활용한 파티다. 하지만 그런 관계가 없더라도 유대감을 형성할 방법은 많다. 비록 픽업 아티스트들은 먹잇감에 종종 소름 끼치는 방식으로 접근하지만, 더 미묘하고 세련된 방법도 있다.

예를 들어, 팀은 대형 광고대행사에 신입사원으로 입사했을 때, 책상 한구석에 좋아하는 재즈 CD를 놓아두었다. 이를 계기로 음악 애호가인 동료들과 대화를 나누며 금세 친분을 쌓을 수 있었다.

혹은 직장에서의 자기소개에 대해 생각해 보자. 많은 사람이 이 시간을 부담스러워하고, 무슨 말을 해야 할지 몰라 스트레스를 받았다. "오늘은 시간도 없으니 그냥 생략하죠."라는 제안이 나오기도 했다.

하지만 부담스럽더라도 자기소개 시간을 생략하면, 신뢰를 쌓고 조기에 협력할 수 있는 기회를 놓치게 된다. 서로를 더 잘 알면 공통의 관심사를 찾을 수 있고, 협력도 쉬워진다. 그러니 자기소개에 적극적으로 참여해 상대방의 이야기에 귀를 기울여 보자. 자신의 차례가 오면, 상대방과 공통된 관심사나 경험을 찾아 대화에 연결해 보자. 이렇게 하면 더 자연스럽게 유대감을 형성하고, 대화를 이어나갈 수 있을 것이다.[88] 이전에 같은 회사에서 일한 경험이 있거나 대학 동문이거나 어린 자녀가 있다는 점을 언급하는 것만으로도 유대감을 형성할 수 있다. 둘 다 집파리 효과를 공감했다는 점만으로도 가까워진다.

데이팅 앱에서는 두 사람의 작은 공통점도 부각해, 마치 두 사람이 매우 잘 맞을 것처럼 보여준다. 같은 취미나 관심사를 강조해 친밀감을 높이는 전략이다.[89] 공통점은 들끓는 파리처럼 집파리 효과가 잔뜩 발생한다. 실험에 따르면 같은 계열의 옷을 입거나, 같은 언어를 사용하거나, 생일이 같으면 상대방이 내 요구에 응할 가능성이 높아진다는 것이다. 비슷하게 들리는 이름도 같은 효과를 준다. 예를 들어, 잠재 고객의 이름이 '마르코'이고 동료 이름이 '마크'라면, 동료에게 견적을 보내달라고 요청해 보라. 안 될 이유가 없다.

같은 일을 반복하는 것만으로도
매력적이 된다

"같은 일을 반복하면서 다른 결과를 기대하는 것은 미친 짓이다." 이 유명한 말은 흔히 아인슈타인의 명언으로 알려져있다. 하지만 누가 말했든, 이 말이 반드시 옳다고 할 수는 없다. 적어도 소비자 행동에는 해당되지 않는다. 반복은 실제로 엄청난 집파리 효과를 가져온다. 특히 광고에서는 그 효과가 더 크다. 누군가에게 광고를 한두 번 보여주는 것만으로는 별다른 효과가 없을 수 있지만, 일곱 번, 여덟 번, 아홉 번 반복하다 보면 점차 그 사람의 선택에 영향을 미치기 시작한다.

똑같은 것을 반복하다 보면 같은 것이 점점 더 매력적으로 다가온다. 이상하게 느껴지지만, 생각해 보면 일리가 있는 이야기다. 우리의 뇌는 생존을 위해 익숙하고 안전한 것을 선호하도록 작용한다. 어떤 대상을 여러 번 보고도 여전히 무사하다면, 뇌는 그것을 해롭지 않고 친근한 것으로 인식하게 되며, 자연스럽게 호감을 느끼게 된다.

뇌가 무언가를 반복적으로 제시받으면 뇌에서는 '처리 유창성 (processing fluency)'이라는 현상이 일어난다. 뇌에 그 대상을 인식하는 경로가 생겨 그 대상을 쉽게 처리할 수 있게 되는 것이다. 사람은 그것을 편안하고 긍정적인 것으로 느낀다. 하지만 주의해야 할 것이 있다. 우리는 어떤 사물이나 사람에게 그런 긍정적인 감정을 갖게 되는지 명확하게 인식하지 못한다.

예를 들어, 유행하는 노래는 처음에는 마음에 들지 않더라도 몇 번 듣다 보면 귀에 익숙해지는 경우가 있다. 이것도 반복이 가져오는 효과다. 동네 가게가 문을 닫으면 한 번도 쇼핑한 적이 없는데도 아쉬운 마음이 드는 것도 같은 원리이다.

암스테르담에 사는 필자 두 사람은 평소에도 시민들의 '구출 프로젝트[90]'에 감탄하고 있다. 낡은 건물, 낙서, 부서진 벤치, 심지어 더러운 공중 변기까지 철거하려고만 하면 도시 풍경을 보존하자는 위원회가 곧바로 결성되기 때문이다. 이렇게 일상에서 익숙한 것들에 대한 애정은 마치 스톡홀름 증후군[91]처럼, 그 자체로 지역 주민들의 사랑을 받게 되는 듯하다.

가짜 뉴스의 충격적인 진실이 밝혀지다!

사람은 같은 정보를 반복해서 접하면 그 정보를 믿게 된다. 특히 SNS에서는 그런 경향이 강하다. '자기 강화 사이클'이 계속 반복되는 것이다. 2016년 트럼프 당선 이후, SNS 플랫폼들은 가짜뉴스에 의해 자신들의 SNS 플랫폼이 훼손되지 않도록 필사적으로 방어해 왔다. 이를 위해 매일 다양한 노력을 기울이고 있다. 그렇다면 다음 중 가짜뉴스의 확산을 막는 가장 좋은 방법은 무엇일까?

[ ] 팩트체커가 반박하는 뉴스 옆에 정보 출처를 추가한다.

[ ] 팩트체커가 허위임을 밝혔다는 경고 문구를 추가한다.

[ ] "가짜 뉴스를 조심하세요!"라는 일반적인 경고문을 발신한다.

[ ] 사용자가 '신뢰할 수 있는' 출처로 표시한 게시물을 더 많이 눈에 띄게 한다.

[ ] 사람들에게 무언가를 공유하기 전에 한 번 더 생각해 보도록 요청한다.

[   ] 사람들에게 무작위 게시물의 정확성을 평가하도록 요청한다.

정답은 마지막 세 가지 선택지다. 페이스북(Facebook)과 X(구 트위터)에서 광범위한 테스트를 진행한 결과, 선택지 1, 2, 3은 가짜 뉴스의 신뢰도와 확산에 거의 영향을 미치지 않는 것으로 나타났다. 반면, 마지막 세 가지는 효과가 있었다. 직관적으로 유용해 보이는 조치가 항상 효과적인 것은 아님을 보여준다. 당신은 몇 개를 맞혔나?

새로운 디자인을
받아들이게 하는 비결

사회 심리학자 로버트 자이언스(Robert Zajonc)는 앞과 같은 현상을 광범위하게 연구하여 **단순 노출 효과(mere-exposure effect)**라고 명명했다. 단순히 무언가에 반복적으로 노출되는 것만으로도 따뜻한 감정이 유발되는 효과를 뜻한다.

자이언스의 실험에서 의미 없는 한자를 포스터에 붙여 전시한 뒤, 학생들이 그 한자의 의미를 긍정적이거나 부정적인지 평가하도록 했다. 몇 주에 걸쳐 전시한 후, 결과는 어떠했을까? 보는 횟수가 늘어날수록 학생들의 평가는 긍정적으로 바뀌었다. 이 실험에 이어 한자에 그림을 포함한 버전을 진행했고, 이미지를 노출하는 기간이 길수록 그림에 대한 호감도가 높아지는 결과가 나왔다.

그런데, 이런 현상이 과연 해가 없을까? 국민들의 분노를 불러일으키며 뉴스의 헤드라인을 자주 장식하는 정치인에 대해 생각해 보자. 단순한 반복 노출이 의도하지 않은 영향을 줄 수도 있지 않을까? 저널리스트들은 때때로 논란이 되는 주장이나 자극적인 인물을 다루면서도 그것이 공익을 위한 일이라 믿는다. 하지만 매일매일 같은 얼굴이 뉴스에 나오면 어떻게 될까? 시청자들은 이 정치인이 나쁜 사람임에 틀림없다고 생각하지만, 동시에 친근감을 느끼게 된다. 같은 얼굴을 여러 번 본 결과 감정의 변화가 일어나는 것이다. 단순 접촉 효과를 경험하는 사람이 많아지면 선거 결과에도 영향을 미친다. 작은 행동이 큰 영향을 미치는 것이다.

새로움과 익숙함의 조합이
가장 효과적이다

그렇다면 단순 접촉 효과와는 반대로, 반복하고 반복하다 보면 너무 익숙해져 버리는 경우는 없을까? 그럴 수도 있다. 그리고 그 경우 전혀 다른 현상이 발생한다. 너무 익숙해진 결과, 대상이 보이지 않게 되는 것이다. 이를 **부주의맹(inattentional blindness)**이라고 칭한다.

대인 관계가 삐걱거리는 것도, 반복되는 일상에서 발생하는 수많은 교통사고도, 이 때문인 경우가 많다. 어떻게 하면 해결할 수 있을까? 익숙함에서 오는 문제를 해결하기 위해서는 약간의 놀라움의 요소를 도입하는 것이 효과적이다. 사람은 낯선 것을 보면 경계심을 높이고, 긴장하고, 흥분하기 때문이다.

익숙한 제품을 다시 주목받게 하고 싶은가? 새로운 감각을 입혀 보라. 기존에 없던 새로운 제품을 알리고 싶으신가? 친숙한 느낌을 더해 보라. 애플(Apple)은 제품에서 저장 버튼에 플로피 디스크 아이콘을 사용하고, 삭제 아이콘으로 휴지통을 채택하며, 문서를 가상의 A4 용지처럼 보이게 한다. 왜 그럴까? 스티브 잡스는 이를 '스큐어모피즘(skeuomorphism)' 효과라고 칭했다. 새로운 것을 선보일 때, 사람들이 익히 알고 있는 형태로 포장하는 방식이다.

그래서인지 많은 커뮤니케이션 전문가가 '채식주의 정육점(Vegetarian Butcher)'이나 고기를 연상시키는 상품명, 예를 들어 '잘 가라, 슈니첼(Auf Wieder Schnitzel)[92] 등에 비판적인 태도를 보인다. 집파리 효과를 잘 아는 사람들이라면, 이런 다양한 별칭이 괜히 붙어 있는 게 아니라는 점을 잘 알 것이다. 그 때문인지 축산업계에서는 '콩 소시지'나 '채소 버거' 같은 용어가 소비자에게 혼란을 준다며 사용 금지를 요구해왔다. 그러나 유럽 의회는 이에 반대하며, 식물성 대체품에 '버터'나 '부드럽고 크림 같은(creamy)' 같은 표현을 사용하도록 허용했다.[93]

따라서 '익숙한 놀라움'의 콘셉트를 활용하는 전략은 효과적이다. 익숙하지만 약간의 신선한 충격을 준다는 통찰을 토대로 브레인스토밍한다면, 최상의 아이디어들을 추려내기 쉽다. 먼저 화이트보드에 세로선 3개를 그려 화면을 4등분하고, 왼쪽에서 오른쪽으로 향하는 4개의 영역에 각각 '지루함', '익숙함', '놀라움', '혼란'이라고 적는다. 모든 아이디어를 이 축에 배치해 보라.

최근 방영한 TV 성공작이나 히트곡은 어디에 위치시킬까? 아마 익숙함과 놀라움의 중간일 것이다. 무언가가 지나치게 익숙하고 예측 가능해지면 지루해질 수 있고, 반대로 놀라움이 너무 크면 혼란스럽게 느껴질 수 있다. 최고의 지점은 그 중간 지점이다. 그곳에서 바로 최고의 아이디어를 도출할 수 있다.[94] 이 책에서 새로운 통찰을 기대하지만 익숙한 아이디어가 보인다면, 그것은 우연이 아니라 공감대를 통한 깊은 이해를 돕기 위한 전략임을 알아주길 바란다.

완벽함보다 결점이 더 선호된다

'완벽한' 사진 모델은 대중들의 자아상에 악영향을 끼칠 수 있다. 이 문제에 대해서는 언론에서도 건전한 논의가 오가고 있다.

흥미롭게도 광고 제작자들도 너무 완벽하지 않은 모델을 선호한다. 완벽한 슈퍼모델은 고급 향수 등 선망을 파는 브랜드에는 어울리지만, 생활밀착형 슈퍼마켓 광고에는 어울리지 않기 때문이다.

이런 완벽함은 동경보다는 오히려 짜증을 불러일으킬지 모른다. 우리의 질투심 때문일까? 꼭 그런 감정 때문만은 아니다. '세상에 완벽한 것은 존재하지 않는다'는 것이 세간의 상식이다. 그래서 사람들은 너무 잘 만들어진 것 같은 물건이나 사람을 보면 "어딘가에 함정이 있지 않을까?"라고 생각하게 된다.

반대로 작은 결함 하나가 큰 집파리 효과를 불러 일으킬 수도 있다. 우리는 불완전함을 발견할 때 마음을 열게 된다. 작품이나 성격의 일부가 다듬어지지 않거나 약간 부족할 때 말이다. 이 현상이 나타나는 실험을 보자. 두 그룹의 참가자들에게 물리학 관련 질문에 답하는 전문가의 영상을 보여주었다. 첫 번째 그룹은 짧은 버전을 시청했다. 두 번째 그룹은 같은 영상이지만 마지막에 전문가가 커피를 엎지르는 장면이 추가된 버전을 시청했다. 결과는 흥미로웠다. 실수한 전문가에게 더 많은 동정심과 존경심을 느낀 것은 두번째 그룹이었다. 완벽해 보이는 상대가 볼품없는 실수를 할 때 더 존경심을 느끼는 **실수 효과(pratfall effect)**다.

이와 같은 현상은 온라인 몰에서도 볼 수 있다. 제품이나 여행지의 평점이 평균 4.7점일 때 신뢰도가 가장 높았다. 5점 만점에 가까운 평점은 오히려 너무 완벽해 보였다. 이로 인해 신뢰도가 떨어졌다. 그렇다고 해서 프레젠테이션 마지막에 일부러 실수하는 것이 좋다는 뜻은 아니다.

단, 실수할 경우, 그것을 인정하면 청중의 신뢰도를 높이는 데 도움이 된다. 그러니 실수는 솔직하게 인정하라! 다만 주의할 점이 있다. 이 효과는 이미 상대방으로부터 어느 정도 신뢰를 얻고 있고, 실수를 해도 전문성에 큰 흠집이 나지 않을 때 더욱 커진다는 점을 명심하자. 이런 경우에는 실수를 인정하는 것이 오히려 신뢰로 이어질 수 있다.

예를 들어, 토론 중 정확한 수치를 파악하지 못하는 내각 장관은 유권자와 동료들의 존경을 잃는다. 반면, 텔레비전에서 순간적으로 본인의 역할에서 벗어나는 푼수 같은 모습의 정치인은 인간적인 매력을 더하면서 호감을 얻는다. 사람들은 그 정치인에게 한층 더 친근함을 느끼고, 그에게 투표할 가능성도 조금 더 커진다.

95% 저지방과 지방 5% 함유
어느쪽이 더 좋을까

정치인 이야기 나왔으니 말인데, 그들이 모두 좋아하는 집파리 효과가 있다. 바로 생각의 틀에 갇히게 하는 **프레이밍 효과(framing effect)**이다. 똑같은 정보라도 어떻게 표현하느냐에 따라 사람들이 다르게 받아들이는 현상이다.

정치인의 프레이밍에 대해 이런 반응이 나올 것이다. "으악! 그건 유권자를 속이려는 정치인들의 소름 끼치는 전략 아닌가?" 맞다. 하지만 당신도 지난 한 주 동안 같은 일을 하고 있을 것이다.

프레이밍이란 특정한 시각을 통해 사물을 보는 방식을 정하는 것일 뿐이다. 인간은 같은 사물을 다양한 관점에서 볼 수 있다. 그러나 동시에 여러 관점을 동시에 갖는 것은 어렵다. 예를 들어, 어린아이에게 낮은 잔에 담긴 레모네이드를 보여준 후, 높은 잔에 내용물을 부어준다. 아이는 잔의 모양 때문에 음료가 더 많아졌다고 느낄 수 있다. 어린아이들은 두 잔에 담긴 양이 같다는 사실을 이해하기 어려워 더 크고 좁은 유리잔에 담기면 더 좋아한다.

이와 마찬가지로, 같은 양의 음식을 작은 접시에 나누어 담으면, 접시의 크기와 형태에 따라 음식이 더 많아 보일 수 있다. 바로 이것이 프레임의 힘이며, 프레임이 선택에 미치는 영향력은 엄청나다.

정부를 예로 들어보자. 정부란 '국민의 공동의 이익을 위해 봉사하는 공공부문'을 말하는 것일까? 아니면 '권위주의적인 공무원들로 구성된 조직'을 의미하는 것일까? 아니면 '비즈니스'라고 하면 떠오르는 것은 '근면하고 의욕적인 기업가'일까, 아니면 '산업계를 지배하는 거물들의 집단'일까?

사람은 머릿속에 같은 대상에 대해 대조적인 두 가지 개념을 가지고 있으며, 작은 말 한마디에 자극을 받아 두 개념을 전환할 수 있다. 예를 들어 이 책《뇌는 어떻게 성공하는가》를 생각해 보자. 이 책은 유용한 팁이 가득한 재미있는 읽을거리일까, 아니면 사람의 심리를 갖고 노는 교묘한 조작을 위한 핸드북일까? 뒤표지를 살펴보고 어떻게 구성되었는지 확인해 보라. 이처럼 프레임에 관해 고민하는 사람은 우리만이 아니다. 프레임을 설정하는 것은 피할 수 없는 일이며, 어디에나 존재한다.

슈퍼마켓의 유제품 진열대를 떠올려 보라. '저지방 95%'라고 표기된 요거트를 고르겠는가, 아니면 '지방 5% 함유'라고 적힌 제품을 선택하겠는가? 두 제품은 같은 지방 함유량이지만, 표현 방식에 따라 소비자 반응은 다르다. 건강에 관심이 많은 사람은 전자를 택하는 경향이 높고, 더 풍성한 맛을 기대하는 사람들은 후자를 선택할 가능성이 크다.

이제 '요거트 따위가 뭐 그리 중요해'라고 생각할 수도 있겠다. 물론 사람들은 이런 사소한 것에는 큰 관심이 없을지 모른다. 충분히 이해한다. 자, 이제 다음 실험으로 이동해볼까?

프레임의 놀라운 효과

1981년, 코로나19가 알려지기도 훨씬 전에 노벨상 수상자 대니얼 카너먼은 한 학생 그룹에게 이런 질문을 던졌다. "아시아에서 발생한 전염병으로 600명이 사망할 것으로 예상됩니다. 다행히 치료제가 있습니다. 당신이라면 다음 두 가지 중 어느 쪽을 선택하시겠습니까?"

- A: 200명의 생명을 구할 수 있는 계획
- B: 600명을 살릴 확률이 1/3이고, 아무도 생존하지 못할 확률이 2/3인 계획

답을 고른 후, 잠시 다른 주제로 넘어간다. 가까운 사람에게 잠시 시간을 내어 다음 질문에 답해달라고 부탁해보라. "아시아에서 발생한 전염병으로 600명이 사망할 것으로 예상됩니다. 다행히 치료제가 있습니다. 당신이라면 다음 두 가지 중 어느 쪽을 선택하시겠습니까?"

- C: 400명이 사망할 것으로 예상되는 계획
- D: 사망자가 없을 확률이 1/3, 600명이 사망할 확률이 2/3인 계획

결과는 어떠했을까? 1번 실험에서는 아마도 당신도 대다수(72%)가 선택한 것처럼 계획 A를 선택했을 것이다. 두 번째 실험에서는 78%가 그랬던 것처럼 계획 D를 선택했을 가능성이 높다. 하지만 자세히 살펴보면, A와 C는 사실상 같은 계획이다. A는 사망자 수 대신 생존자 수를 강조하여 긍정적인 프레임을 사용했다는 것이 차이점이다. 마찬가지로 B와 D도 같지만, B는 몇 명이라도 구하기 위해 위험을 감수해야 한다는 점을 부각하고 있다.

뻔뻔한 거짓말로 논쟁을 뒤집는다

프레임 씌우기, 즉 프레이밍에는 상당한 영향력이 있다. 그것은 비단 언어의 문제에만 국한되지 않고 이 인지적 편향성을 알고 있느냐 없느냐가 생사를 가를 수도 있다.

이 말은 결코 과장이 아니다. 의사는 환자에게 치료법을 선택하게 할 때, 생존율과 같은 긍정적인 프레임을 사용할 것인지, 사망률과 같은 부정적인 프레임을 사용할 것인지에 따라 환자의 판단이 크게 달라진다는 것을 알고 있다. 또한 의사 자신도 이러한 프레임에 영향을 받기 쉽다는 것을 경험으로 안다.

그러니 정치판에서도 프레임을 애용할 수밖에 없다. 예를 들어, 미국 공화당은 낙태 반대 견해를 '생명의 존엄성'으로 표현해 생명을 반대할 수 없다는 뉘앙스를 풍긴다. 그들의 표현대로라면 상속세는 '사망세'이기도 하다. 워싱턴 D.C.는 원래 습지대 위에 지어진 도시로, '늪'이라고 불리기도 한다. 워싱턴의 정치판을 진흙탕이고, 더럽고, 위험한 늪으로 비유하기도 한다. 정치인들이 속한 정당도 결국 이 늪 같은 환경과 다를 바 없지 않나?

'그랜드 올드 파티(Grand Old Party)'는 미국 공화당을 가리키는 별명이다[95]. 심지어 반대자들조차도 GOP라 부른다. 프레이밍은 단순한 별칭 이상으로, 공화당의 가치와 정체성을 긍정적으로 연상하게 만드는 대목이다. 일례로 공화당 트럼프 대통령은 코로나19를 '보이지 않는 중국 바이러스'로 묘사하면서 인기가 정점에 이르렀다.

조지 W. 부시는 이라크 침공에 대한 미국군의 대응을 설명하며, "우리는 환영받고 있다고 생각한다. 하지만 그것은 평화로운 환영이 아니었다."라고 언급했다. 미군이 해방자로서 환영받을 것이라는 예상을 반영한 동시에, 실제로는 복잡하고 폭력적인 반응을 맞닥뜨렸음을 인식하게 만드는 프레이밍이었다. 흥미로운 점은 이 주제를 다루는 주요 지성인들이 거의 모두 민주당 성향, 즉 군사 개입보다는 외교와 협력을 우선시하는 경향이 있을 가지고 있다는 사실이다.[96]

반면 공화당은 이론을 실제 행동으로 옮기는 데 뛰어난 편이다. 교활한 프레임 전략이 이상주의자보다 트럼프 같은 딜러에게 더 잘 맞는 걸까?[97] 공화당의 실천적 성향과 트럼프의 실용주의적 이미지가 잘 맞으니 말이다.

정치에서 행동경제학의 통찰을 무시한 파급 효과는 크다. 예를 들어, 당신이 특정 사안을 '위험한 시한폭탄'이나 '악성 전염병'처럼 사람들이 불안감을 느끼도록 부정적인 이미지로 프레임을 설정했다고 해 보자. 이 경우, 상대는 이 사안이 실제도 위험하지 않다고 해명하려고 애쓰게 될 것이다. 그렇게 되면 상대는 당신의 프레임 안에서 방어하게 되고, 논의의 주도권은 자연스럽게 당신에게 넘어온다.

브렉시트 찬성 진영은 이를 뻔뻔하게 활용했다. 당시 브렉시트 지지자들은 '매주 EU에 3억 5천만 파운드를 낸다'는 문구를 대형 버스에 크게 적어 전국에 보냈다. EU로부터 독립하면 이 돈을 영국의 공공 서비스에 사용할 수 있다는 메시지를 전달했다. 하지만 실제 금액은 2억 4천 8백만 파운드밖에 되지 않았고, 실제보다 부풀려진 것임을 알면서도 홍보에 사용했다. 이를 통해 유권자들의 부정적 인식과 탈퇴 지지 여론을 형성하려는 전략이었다. 이 수치가 지나치게 높았기 때문에, 잔류파는 당연히 이를 바로잡으려 했다. 그러자 논쟁의 초점은 EU 잔류의 긍정적 이유였던 평화, 경제, 여행, 유학 등에서 멀어져, 돈의 액수로 옮겨갔다. 이것이 바로 브렉시트 찬성 진영이 노렸던 정치적 프레임의 함정이었다.

질문이라는 덫을 놓으면
프레임에 갇혀버리는 이유

그렇다면 토론의 틀을 효과적으로 잡으려면 어떻게 해야 할까? 아무도 눈치채지 못하게, 원하는 시각과 관점으로 논의의 흐름을 자연스럽게 유도하는 방법 말이다. 버스에 잘못된 수치를 인쇄하는 것 외에도 흔히 사용되는 방법은 '질문 공세'다. 질문을 던지면 상대는 자동으로 머릿속에서 답을 찾기 시작한다.

존 F. 케네디는 그의 가장 유명한 연설에서 이를 활용했다. "국가가 여러분을 위해 무엇을 해줄 수 있는지 묻지 말고, 여러분이 국가를 위해 무엇을 할 수 있는지 물어보십시오." 그 당시 "됐어요, 대통령님, 내가 알아서 할게요."라고 반응한 사람은 거의 없었다. 지금 생각하면 놀랍지만, 사람들은 이 질문이 '숙고할 가치가 있는 올바른 질문'이라고 무의식적으로 인정했기 때문이다.

비슷한 사례로, 유명 샴푸 브랜드의 슬로건 "나는 그럴 자격이 있으니까요."가 있다. 여기서 근본적인 질문은 "나는 그만한 가치가 있는가?"이다. 물론 "당연히 너네 샴푸 정도는 내가 쓸 자격이 있지. 참나, 말해 뭐해!"라고 생각할 수 있다. 그러나 정작 이 샴푸가 다른 브랜드보다 더 나은 선택인지는 묻지 않는다. 강조하는 대상이 '샴푸'에서 '나 자신'으로 옮겨진 것이다. 이처럼 지금 이 순간에도 우리는 이런 방식으로 프레임에 영향을 받으며 살아간다.

정치에서 프레임 설정은 종종 비유를 통해 이루어진다. 예를 들어, 젊은 난민을 '테스토스테론 폭탄의 쓰나미[98]'로 묘사하거나, 복지를 '안전망' 혹은 '해먹[99]'에 비유하며, 산업을 '국가의 엔진' 또는 '사회의 원동력'이라고 표현하는 방식이다. 특정 시각을 강조하고, 대중이 각 사안을 특정한 관점으로 이해하도록 유도하는 데 효과적인 전략이다.

제조업체들 또한 은유를 많이 활용한다. "지금 보고 계신 모델은 잉크젯 프린터계의 롤스로이스다." 상당히 혹할 만한 구절이지만, 사실임을 확실히 보장할 수 없다. 그 프린터가 모닝이나 캐스퍼에 더 가깝다는 사실을 어떻게 증명할 수 있을까?

우리 언어의 많은 부분이 비유로 이루어져 있기에, 은유를 통해 프레임을 설정할 기회는 무궁무진하다. 프레임을 설정하는 사람, 즉 특정한 관점이나 해석의 틀을 만들어 내는 사람은 이 점을 활용할 줄 안다.

비유만 잘 써도 박수를 받는다

업무상 어떤 비유를 사용하고 있는지 떠올려보고, 그 비유가 어떤 프레이밍 효과를 낼 수 있는지 생각해보자. 동의어 사전이나 사이트를 통해 비슷한 의미를 가진 단어들을 살펴보는 것도 좋다. 예를 들어, '싸움'은 '전투하다', '타격하다', '격돌하다' 같은 단어들과 연관되어 있고, '점수'는 '승리', '성공'과 연결되어 있다. 따라서 듣는 이에게 적절한 연상을 불러일으킬 단어를 선택하는 것이 중요하다.

프레젠테이션 중에 "자, 질문 공세로 우두두 쏴 보시죠. 우리 팀은 방어태세를 이어갑니다."라고 말할 수도 있지만, 이 은유는 어떤 프레임을 떠올리게 할까? 바로 '전쟁'이다. 서로 적대적인 팀들이 맞서 싸우고, 어느 한쪽이 승리할 때까지 끝나지 않는 전투의 이미지가 그려진다. 혹시 연례 보고서 구성이 이렇게 전투적인 프레임으로 만들어지면 어떻게 될까?

아니면, "이 아이디어가 히트곡이 될 거라 생각하지만, 청중의 박수가 들리기 전까지는 확신할 수 없습니다."라는 음악적 은유를 시도해 볼 수도 있겠다.

이름만 바꿨을 뿐인데
큰 인기를 얻은 물고기

사람을 조종하는 데 능숙한 사람은 비유뿐만 아니라 범주도 자유자재로 조작한다. 뇌는 사물을 여러 가지 상자에 분류하는 것을 좋아한다. 어떤 상자에 넣느냐에 따라 매력을 느끼는 방식도 달라진다. 예를 들어, 아침 식사로 케이크를 먹는 것은 자괴감이 들지만, 이름을 머핀으로 바꾸어 부르면 그렇지 않은 것 같다.

인스턴트 수프를 국 대신 마시려고 하면, 조악한 식사를 한다는 느낌이 강해진다. 하지만 기운을 든든하게 내고 싶을 때 커피 대신 마시는 것으로 인식하면 나쁜 인상이 갑자기 사라진다. 이처럼 행동도 비슷한 방식으로 재구성할 수 있다.

회식 후 음주운전 예방을 내세운 '생명을 위한 친구(Mates for Life)' 캠페인이 있다. 이 캠페인 덕분에 술을 먹지 않는 사람이 분위기를 깨는 사람이 아니라 친구를 안전하게 집에 데려다주는 든든한 영웅으로 변모했다. 음주가 사교 활동의 일부로 여겨지면서 비음주자가 종종 재미없다는 인식을 받기도 하지만, 비음주를 건강과 안전을 지키는 긍정적 선택으로 바라보도록 유도하는 것이다.

또한, 미국의 공중 보건 당국도 같은 방식을 활용해 식사량을 줄이도록 권고했다. 한입에 즐기는 작은 크기를 '스몰 사이즈'에서 '펀 사이즈'로 프레임했다. '무제한 먹기'는 '마음껏 즐기기'로 표현함으로써 긍정적인 반응을 끌어내었다.

어부들도 물고기의 이름을 지을 때 프레임에 신경을 쓴다. 1977년, 미국의 수산업자 리 랜츠는 맛은 좋지만 인기가 없는 생선을 팔고 싶었다. 문제는 이 거대한 생물이 괴물 같은 외모에, 이름도 식욕을 잃게 하는 '파타고니아 이빨고기'였다는 점이다. 랜츠는 이 물고기의 이름을 '칠레 농어'로 바꾸었다. 이는 앞서 이야기한 친숙하면서도 매력적인 조건에 부합하는 이름이었다. 이 이름 덕분에 이 어류는 큰 인기를 끌었고, 결국 남획 대책이 필요할 정도로 인기가 높아졌다.

영국 어부들 역시 브렉시트 이후 유럽 국가에 생선을 팔 수 없
게 되자 이와 비슷한 프레임 전략을 활용했다. 오싹한 이름을 가진
'거미게'를 영국의 아름다운 청정 휴양지 콘월을 연상하는 '코니시
킹크랩[100]'으로 이름을 바꾸어 국내 시장에 선보였다.[101] 네이밍 전
략을 통해 소비자가 대상에 대한 특정한 느낌이나 이미지를 떠올
리도록 하여 프레임을 씌우면 효과적이다.

절대 선택하지 않는 선택지를 굳이 마련하는 이유

선택도 중요한 프레이밍이다. 팀이 예전에 근무했던 한 대형 교육기관에서는 예
비 학생들에게 신청서를 가위로 오려서 작성하고 우편으로 발송하는 전통적인
방식을 채택하고 있었다. 그때 고객이 체크하는 항목에는 반드시 다음과 같은
항목이 포함되어 있었다. "아니요, 이용하지 않겠습니다. 이 모든 혜택을 포기하
고 멋진 미래를 포기할 것입니다!"

논리적으로 생각해보면 '신문에서 쿠폰을 오려서 굳이 등록하지 않겠다고 말하
는 사람이 있을 리가 없다'고 생각할 것이다. 그렇다. 아무도 그 선택지를 선택한
사람은 없었다. 교과서적인 능동적 선택강화의 예시다. 선택을 강하게 유도하는
방법으로 이는 '자신의 의지로 선택한 것'을 고객에게 확인시키는 전형적인 방법
이다.

이는 단순한 옵션 제시가 아니라, 특정 선택을 장려하거나 반대로 거부할 경우
불이익을 주는 방식으로 구성된다. 인터넷 쇼핑을 하는 사람이라면 이미 익숙할
것이다.

[　] 네, 가장 저렴한 이 가격으로 구매합니다.

[　] 아니요, 괜찮습니다. 힘들게 번 돈을 계속 낭비합니다.

　　명확한가? 그렇다. 효과적일까? 물론이다. 그래서 우리 모두가 이 방법을
　　사용하는 것이다. 당신도 예외가 아닐 것 같은데, 집에서 사랑하는 가족에

게 이런 선택지를 준 적은 없는지 생각해 보라.

[ ] 준비됐어?

[ ] 오래 걸려? 그렇다면 굳이 가지마. 늦으면 어차피 축제를 제대로 즐길 수
없거든.

우리는 모두 스핀 닥터다. 조언하자면, 이 기술을 즐기되 적절하게끔 프레이밍을 활용하자. 무엇을 하든 역효과가 나는 프레임을 만들지 말자. 이 집파리 효과가 돌아와 당신을 곤경에 빠뜨릴 수 있다.

운율만으로도 설득력이 높아진다

광고주는 과학에서 힌트를 얻을 때가 있다. 반면 과학자는 광고주가 경험적으로 이미 알고 있는 것을 과학적으로 발견할 수 있다. 후자의 경우가 바로 **압운의 이성적 설득 효과(rhyme-as-reason effect)** 또는 **키츠 휴리스틱(Keats heuristic)**[102]인데, 매력적인 문장일수록 사람들은 그 내용을 옳다고 느끼기 쉽다는 집파리 효과다.

"운율이 있어야 울림이 있다(If it rhymes, it chimes)."는 표현이 있다. 운율이나 리듬이 자연스럽게 맞으면 듣는 사람에게 강하게 다가온다는 의미다. 같은 내용도 운율이 맞으면 훨씬 더 그럴듯하게 들린다는 사실은 연구 제목 "유유상종: 같은 깃털을 가진 새들은 함께 모인다(Birds of a feather flock conjointly)."에서도 확인된 바 있다. 원래 속담은 "Birds of a feather flock together"이고, 'together'로 끝나야 'feather'와 운율이 맞아 자연스럽다. 'conjointly'라는 단어를 써서 조금 더 격식 있게 바꾸었지만, 원래의 의미와 자

연스러움은 살짝 떨어진다.

또 다른 고전 속담을 보자 "밤하늘의 붉은 빛, 양치기의 기쁜 낮(red sky at night, shepherd's delight, 'night'와 'delight'가 운율을 이룸)", "고양이 없는 자취, 쥐가 노는 잔치(when the cat's away the mice will play, 'away'와 'play'가 운율을 이룸)"도 있고, 광고계에서 자주 쓰이는 표현 "핑 돌 때까지 쇼핑 돌자(shop till you drop. 'shop'과 'drop'이 운율을 이룸)" 등이 있다. 운율 효과를 잘 아는 광고 제작자들은 "질레트, 남자가 얻을 수 있는 베스트!(Gillette, the best a man can get!, 'get'과 'Gillette'가 끝소리가 비슷하게 들리며, 리듬도 일정하게 맞춰져 있음)" 같은 운율 맞춘 광고를 만들 때 그 효과를 잘 알고 활용한다.

왜 아무도 주문하지 않는
비싼 와인을 메뉴에 올리는가

뉴욕에 있는 파인 다이닝 다니엘 불루(Daniel Bouloud)는 메뉴에 햄버거가 있다. 가격은 무려 100달러다. 당신이라면 주문하겠는가, 햄버거 치고는 좀 비싸다고 생각하는가? 이 햄버거는 고베 소고기와 트러플 등 최고급 재료로 최고의 셰프가 만든 만큼, 맥도날드보다 맛있다는 데는 의심의 여지가 없다. 하지만 같은 돈을 내면 맥도날드 햄버거를 80개나 살 수 있다!

한술 더 떠 뉴욕의 '666 버거(666 Burger)'가 있다. 푸드 트럭에서 제공하는 이른바 '두쉬 버거(Douche Burger)'는 길거리에서 서서 먹어야 하지만, 고베 소고기와 트러플은 물론이고 푸아그라, 캐비어, 랍스터까지 들어 있다. 그리고 금박으로 포장까지 해준다. 공식 슬로건은 이렇다. "맛도 맛이지만, 한 입 먹는 순간 부자가 된 기분을 보장합니다. 과시욕을 제대로 채워줄 이 제품, 가격은 666달러." 당신이라면 하나 사겠는가? 우리는 그냥 맥도날드에 가는 편이 나을 것 같다.

여기서 흥미로운 일이 벌어졌다. 다시 100달러짜리 '불루'의 버거를 떠올려 보면, 꽤 합리적인 가격처럼 느껴지지 않나? 물론, 100달러라는 금액도 결코 저렴하지 않다. 하지만 그 돈을 내고 얻는 경험을 생각해 보라. 고급 레스토랑에서 테이블에 앉아 정성스러운 서비스를 받으며 즐기는 경험까지 포함되어 있다. 이 모든 것이 터무니없이 비싼 '허세 버거' 가격의 6분의 1도 안 된다! 대체 어떤 묘한 집파리 효과가 작용해 처음 그 버거에 느꼈던 불합리함을 이렇게 누그러뜨린 걸까?

두 셰프는 이 현상의 본질을 너무나도 잘 알고 있다. 바로 각인된 정보가 '닻'처럼 박혀 이를 기준으로 판단하려는 경향을 나타내는 **앵커링 효과(anchoring effect)**, 또는 **참조효과(reference effect)**다.

사람들은 사물의 가치를 독립적으로 판단하는 데 서툴다. 결국, 비교하는 정보가 없으면 무엇이 싸고 무엇이 비싼지 잘 알 수 없다. 그래서 대부분 가격 등의 숫자를 비교해서 판단한다. 예를 들어, 여행 가방을 들어보고 그 무게를 킬로 단위까지 맞출 수 있는 사람은 드물지만, 여행 가방 두 개를 따로따로 들어보면 어느 쪽이 더 무거운지 알 수 있는 것과 같은 원리이다.

비교를 통해 발생하는 인지적 편향의 큰 효과가 있다. 그것은 앵커 포인트(앞서 주어진 정보)와 비교하는 것이다. 예를 들어, 666달러짜리 버거라는 터무니없는 가격이 기준점으로 제시되면, 100달러짜리 버거가 상대적으로 합리적인 가격처럼 느껴지게 된다. 이런 전략은 식당 업계에서 흔히 사용하는 방법이다. 메뉴에 가장 비싼 와인을 올려놓는 이유는 손님들이 두 번째로 비싼 와인을 선택하도록 유도하기 위한 미끼인 경우가 많다. 심지어 가장 비싼 와인은 실제로 재고가 없는 경우도 많다.

런던의 한 이탈리아 레스토랑은 한층 더 과감한 기준점을 도입했다. 피자와 파스타 메뉴 옆에 '베스파 스쿠터(Vespa scooter)'를 추가한 것이다. 가격은 무려 3,000파운드에 달한다. 스쿠터는 실제로 팔리기 위해 있는 것이 아니라, 메뉴 가격에 대한 인식을 조작하기 위한 마케팅 도구로 활용된 것이다.

두꺼운 책을 읽게 되면 비싼 와인을 살까

이 책에서 원하는 페이지를 열고 여기에 해당 페이지 번호를 기입하기 바란다.
(   )쪽
자 이제 와인을 한 병 사려고 한다. 이 와인에 얼마를 지불하고 싶은가? 금액을 적어보자.
(   )원[103]

이제 이렇게 생각할 수도 있다. 베스파 스쿠터와 피자를 비교하는 것은 사과와 오렌지를 비교하는 것과 같이 유사한 것과의 비교다. 하지만 전혀 관련이 없는 기준점도 우리의 판단에 영향을 미칠 수 있다.

예를 들어, 미국의 한 연구에서는 우편번호를 '큰 숫자'로 입력한 실험 참가자가 '작은 숫자'로 입력한 참가자보다 자선 단체에 더 많은 금액을 기부했다. 이와 같은 맥락에서, 추천 기부 금액이 기부 의사에 어떤 영향을 미치는지 생각해 보자. 실험에서는 다음과 같은 두 가지 옵션이 제시되었다. 어느 경우에 더 많은 금액이 모금되었을까?

> 기부하고 싶습니다(숫자를 선택해 주세요):
> 5만 원 - 3만 원 - 2만 원 - 1만 원
> 기부하고 싶습니다(숫자를 선택해 주세요):
> 1만 원 - 2만 원 - 3만 원 - 5만 원

그렇다. 더 높은 금액부터 제시하면, 평균 기부 금액이 증가한다. 이른바 '기부 사다리[104]'는 철저히 분석된 전략의 결과물이다. 금액을 낮은 순서에서 높은 순서로 제시하면, 기부의 진입 장벽이 낮아 보이기 때문에 더 많은 사람이 기부에 참여할 가능성이 높아진다. 또한, 각 금액 간 차이도 사람들이 최종적으로 기부하는 금액에 영향을 미친다. 가장 수익성이 높은 사다리는 빠르게 금액이 커지는 방식으로 설계된다(예: 1만 원 – 2만 원 – 5만 원 – 25만 원). 세심하게 전략을 세우는 기부 캠페인 주최자는 기부자의 과거 데이터를 분석해 요청 금액을 설정한다. 최소 금액을 이전 기부액의 1.5

배로 정해, 자연스럽게 더 높은 금액을 기부하도록 유도하는 것이다. 매우 정교한 방법이지만, 결국 좋은 일에 쓰이는 돈이라면 크게 상관없지 않을까?

판사도 참조 효과에서 벗어날 수 없다

"참조 효과는 무의식적으로 빠르게 판단할 수 있는, 그다지 중요하지 않은 상황에서만 유효하지 않을까."라고 생각할 수도 있다. 하지만 그렇지 않다. 다음 사례는 실제 실험에 근거한 것이다.

1. 법정에서 검사가 판사에게 사건에 대해 진술한다. 내용인즉, 운전자가 사람을 치었다. 피해자는 평생 휠체어 생활을 해야 하는 상황에 처해 배상금을 요구하고 있다. 운전자는 차량 점검을 소홀히 했고, 브레이크에 결함이 있었다. 당신이라면 얼마의 손해배상을 인정할까?

(   )원

2. 두 번째 그룹의 판사들도 똑같은 설명을 들었지만, 피고 측에서 "항소의 최소 금액은 300만 원"이라는 추가 정보가 하나 더 있었다. 이 그룹에게도 "당신이라면 얼마의 손해배상을 인정할까?"라는 질문을 던졌다.

(   )원

첫 번째 사례의 경우, 당신의 대답은 아마도 1억 원은 넘을 것이다.

예를 들어, 첫 번째 경우에는 항소 기준에 대한 언급이 없었기 때문에 판사들은 평균적으로 1억 3천만 원을 보상금으로 책정했다. 그러나 두 번째 경우, 항소 기준이 300만 원이라는 사실을 들은 판사들은 9천만 원으로 보상금을 낮췄다. 거의 4천만 원이나 줄어든 셈이다. 사실 그 항소 기준은 판결에 영향을 줄 필요가 없는 정보였는데도, 무의식적으로 보상금을 낮춰도 괜찮다고 생각하게 된 것이다. 따라서 '참조 효과'는 단순히 햄버거 가격에만 영향을 미치는 것이 아니라, 정의와 삶의 질을 다루는 고학력 전문가들의 판단에도 분명히 영향을 미친다.

정가를 낮추는 것보다
할인 쿠폰을 나눠주는 것이 더 좋은 이유

참조 효과의 대표적인 예로는 특별 행사, 할인, 그리고 마감 세일이 있다.

"100유로로는 안 돼요. 단 40유로면 충분!"

필자가 가장 좋아하는 심야 홈쇼핑 방송에서 사용하는 판매 문구다. 직접적으로 할인을 한다고 말하지 않고 마치 할인을 한 것처럼 말하는 교묘한 방법이다. "이런 문구에 넘어가는 사람은 별로 없을 것 같은데?"라고 생각하는 사람도 있을 것이다. 하지만 그렇지 않다. 미국 소매 체인 JC 페니는 이 할인 효과를 톡톡히 보고 있다.

미국 백화점 체인 JC 페니(JCPenney)는 애플(Apple) 출신의 유명 인사를 CEO로 영입하며 색다른 실험에 도전했다. 애플은 거의 할인을 하지 않는 회사로 잘 알려져 있지만, JC 페니는 정반대로 할인 쿠폰과 전단지로 고객의 마음을 사로잡는 전략을 펼쳐온 것이다. '익스트림 쿠폰[105]'을 본 적 있다면, 이 마케팅 방식이 얼마나 강력한지 쉽게 이해할 수 있을 것이다.[106]

새 경영진은 새 CEO의 취임이 무의미한 할인을 중단할 수 있는 좋은 기회라고 생각했다. 게다가 마케팅 부서가 고객들을 대상으로 설문조사를 한 결과, 할인을 그다지 원하지 않는다는 것을 알게 되었다. 그들이 원하는 것은 정가를 낮춰달라는 것이었다. 이 회사는 정가 인하를 단행했으나 마케팅 부서가 원했던 결과는 아니었다. 정가 인하로 매출이 25% 감소했고, 연간 3억 달러의 손실이 발생했으며, 주가도 50% 가까이 하락했다. 그러나 현재는 쿠폰이 부활하자 고객도 다시 돌아왔다.

설문조사에 참여한 소비자들은 90달러짜리 드레스를 정가로 사는 것과 180달러짜리 드레스를 90달러에 사는 것이 완전히 다른 경험이라고 느꼈을 것이다. 이는 물건의 실제 가치를 판단하기가 어렵기에 당연한 반응이다.

예를 들어, 프라이마크[107]에서 티셔츠가 5달러에 판매되는 반면, 길 건너 백화점에서는 비슷한 상의가 150달러에 팔리고 있다면, 고객 입장에서는 가격만으로 제품의 가치나 품질을 평가하기가 어려워지고, 무엇이 진정 '합리적인 가격'인지 혼란스러워질 수 있다.

협상을 성공으로 이끄는 역설법

직장이나 가정에서 **앵커링 효과(anchoring)**를 시험해 보자. 이때 역설법을 사용하면 효과적이다. 말하지 않으면서도 사실은 말하는 논법이다. 예를 들어, '이 물건에 1만 유로를 청구할 수 없다'고 말한 후, 5,000유로로부터 협상을 시작한다. 한 마디도 거짓말을 하지 않았지만, 성공률은 높아진다.

안타깝게도 실제로는 그 반대로 협상하는 경우가 많다. "이것을 무료로 제공할 수 없습니다. 경비가 이미 1,500유로가 들어갔으니 5,000유로 이상은 줘야 합니다."라고 협상을 시작한다. 이런 말을 듣는 쪽은 같은 금액에서 시작하더라도 더 높은 벽을 느끼게 된다.

이 기법은 다양한 상황에서 시도해 볼 수 있다. 예를 들어, 임금 협상에서 "급여

인상 25퍼센트까지는 바라지도 않아요."라고 말하면, 상대방이 그 정도는 아니지만 어느 정도 인상액을 제안하게 만들 수 있다. 마감일을 조정할 때는 "완성하는데 1년이나 걸리지는 않을 거예요."라고 제안할 수 있다. 그럼 상대방은 이 사람이 일을 더 빨리 끝낼 수 있다는 믿음을 가지게 되고 기간은 1년 안으로 여유 있게 받을 수 있다. TV를 파는 영업사원이 "누가 3,000유로나 주고 텔레비전을 사요."라고 말함으로써 실제로 더 저렴한 옵션으로 대화를 이끌 수 있다. 이렇게 하면 고객이 제안이나 요청을 더 받아들이기 쉽게 만든다.

전략적 패딩으로 평가를 올리기

워싱턴 대학교 연구진은 20년 동안의 비행 데이터를 분석한 결과, 항공사에서 예약 시 언급하는 비행시간이 1997년에서 2017년 사이에 8% 이상 증가했다는 사실을 발견했다. 과연 비행기가 느려졌던 걸까? 최대 비행 속도가 줄어들었을까? 연구자들은 그 원인을 '전략적 패딩[108]'으로 밝혀냈다. 비행이 지연되면 항공사의 평판이 나빠진다. 결과저으로 고객 만족도가 떨어지고 불만이 발생한다. 그래서 항공사는 예상 비행 시간을 부풀려 발표한다. 이렇게 하면 조종사는 "우리가 예정보다 일찍 도착했습니다!"라는 좋은 소식을 전할 수 있다. 고객들은 물론 훌륭한 인상을 받는다.

이 전략은 직장에서도 유용하게 쓸 수 있다. 마감일을 정할 때 3일을 추가하면 상사의 마음을 사로잡을 수 있다. 하지만 같은 일을 하는 동료가 있다면 이 방법은 통하지 않는다. 이 전략은 대안이 없을 때 특히 효과적이다. 더 빠른 항공편이 있다면 승객을 잃을 수 있다. 따라서 경쟁이 심해질수록 '전략적 패딩'이 줄어들 수밖에 없다.

오래된 손목시계를
5,800배 비싸게 팔 수 있었던 이유

2015년 1월, 피닉스에서 잭 노리스(Zach Norris)는 한 골동품 가게에서 오래된 시계를 발견했다. 가격은 단돈 5.99달러. 하지만 시계에 대해 일가견이 있던 그는 그 시계가 빈티지 '예거 르쿨트르 딥씨 알람(Jaeger-LeCoultre Deep Sea Alarm)'이라는 고가의 스위스 다이빙 시계임을 바로 알아차렸다.

그런데 재미있는 일이 벌어진다. 시계 팬들이 모이는 온라인 게시판에 노리스가 이 이야기를 소개하자 큰 화제가 되었다. 이 이야기 덕분에 수집가들은 노리스의 시계에 큰 관심을 갖게 되었다. 결국 그는 이 시계를 3만 5천 달러에 판매했다. 그리고 꿈에 그리던 '오메가 스피드마스터(Omega Speedmaster)'라는 시계도 함께 얻게 되었다. 인류 최초의 달 탐사 때 우주비행사들이 착용했던 모델로 유명해진 시계다.

그런데, 잠시 생각해 보자. 사무실에서 사용하는 손목시계인데 우주에서도 사용할 수 있는 시계가 직장인에게 정말로 필요할까? 누군가가 파격적인 가격에 구입했다고 해서 그 시계의 진정한 가치가 갑자기 올라가는 것일까? 즉, 시계 애호가들이 본질을 잃어버리린 것은 아닐까? 사실, 우리가 매료된 건 이 매력적인 스토리의 '집파리 효과'일 뿐이다. 잭은 우리의 상상력을 자극했다. 중고장터에서 숨겨진 보물을 찾아보는 꿈을 한 번쯤 꾸어보지 않은 사람이 있을까? 그리고 생사가 걸린 우주에서 스위스 시계의 정확성에 의지했던 우주비행사들의 이야기는 그 자체로 매혹적인 집파리 효과가 된다.

스토리를 붙이면 잡동사니도 팔린다

경매 사이트 이베이(eBay)에서 진행된 재미있는 이야기 관련 실험이 있다. 저널리스트 롭 워커(Rob Walker)는 벼룩시장에서 수집한 평균 가격 1.25달러짜리 잡동사니에 매력적인 스토리를 붙이면 가치가 올라가는지 실험했다. 전문 작가에게 의뢰해 각각의 물건에 스토리를 만들어 쓰게 한 결과, 극적인 효과를 볼 수 있었다. 결과는 성공적이었다. 예를 들어, 0.99달러짜리 플라스틱 말 머리는 인상적인 스토리를 붙여 62.95달러에 팔았다. 결국 그는 총 197달러에 구입한 잡동사니가 총 8000달러를 벌어들였다.

인류는 이야기의 힘으로 발전했다

이야기는 사물을 매력적으로 만든다. 이 효과는 관광객을 끌어들이는 거리의 명소들에서도 쉽게 볼 수 있다.

팀은 미국 플로리다 주를 여행하면서 기묘한 분위기의 거대한 베토벤 흉상, 지난 세기 중반까지만 해도 플로리다 주에서 가장 높은 나무, 토마스 에디슨이 단 한 번도 수영을 하지 않았다는 수영장[109] 등을 보러 갔었다.[110] 그리고 라스베이거스로 가는 길에 세계에서 가장 거대한 온도계 옆을 그냥 지나치지 않을 수 없었다. 별볼일 없는 곳이라도 그곳에 얽힌 이야기가 있다면 멀리서라도 사람들을 끌어들인다.

이야기는 왜 매력을 더하는가?

인간은 선천적으로 이야기를 통해 사물을 이해하도록 만들어졌기 때문이다. 일부 학자들은 인류가 문명을 이룩한 것은 이야기의 힘이 있었기 때문이라고 말한다. 분명한 것은, 인류는 이야기를 하는 것을 배우면서부터 효율적으로 행동하기 시작했다. 전설, 신화, 영웅 이야기. 사람들은 이러한 허구적 이야기의 힘을 빌려 큰 집단으로 협력할 수 있게 되었다.

"과거에나 이야기가 중요했지."라고 생각한다면 오산이다. 오래된 서사를 현대적으로 재해석한 마블 영화가 여전히 엄청난 성공을 누리는 것만 봐도 알 수 있다. 심지어 토르와 오딘 같은 북유럽 신화 속 인물들이 많은 청소년층을 영화관으로 끌어들이고 있다.

심리학자 칼 융(Carl Jung)[111]과 조지프 캠벨(Joseph Campbelldid)은 모노미스(monomyth)에 대한 연구, 즉 동서고금을 막론하고 수많은 이야기의 근저에 있는 '근원적 이야기'를 연구했다.

우리는 어디서나 '영웅의 여정' 이야기를 접하곤 한다. 평범한 삶을 살던 주인공은 어느 날 모험에 초대받는다. 처음에는 망설였지만, 멘토의 권유로 모험을 떠나게 되고, 여러 가지 문제에 휘말리게 된다. 그 과정에서 친구를 얻고, 적을 만나고, 성공을 거둔다. 큰 시련을 통해 자신을 알아가고, 문자 그대로 혹은 은유적으로 다시 태어난다. 위험한 여정과 장대한 마지막 전투를 마치고 무사히 귀환한다. 이전의 삶으로 돌아가지만, 주인공의 삶은 이전과는 근본적으로 달라져 있다.

이 이야기의 전형을 당신이 좋아하는 스릴러나 호메로스의 서사시 '오디세이아', 픽사의 영화에 대입해 보길 바란다. 분명 위화감이 들지 않을 것이다. 2016년 대선 당시 도널드 트럼프가 자신을 어떻게 내세웠는지 생각해 보라. 뉴욕의 작은 나무 오두막(상아탑)에서 편히 지내던 영웅이 정치적 모험에 나설 준비를 한 것이다. 그는 연이어 성공을 거두며 워싱턴의 '늪'으로 향하는 위험한 여정을 시작했고, 민주당의 '괴물'을 물리친다면 미국이 다시 '위대해질' 것이라고 주장했다.

좋은 구조를 가진 이야기의 영향력을 과소평가해서는 안 된다. 반대로 이러한 스토리를 제공하지 않았을 때 사람들이 어떤 행동을 취할지 과소평가해서는 안 된다.

사람은 사실이 아닌
이야기로 움직인다

2019년 암스테르담 스키폴 공항의 한 비행기에서 납치 경보가 울렸다. 네덜란드 군경이 대중에게 알린 것은 그저 이 경보 사실뿐이었고, 그 외에 아무 정보도 알려주지 않았다. 그러나 30분 만에 트위터 사용자들은 이 끔찍한 이야기의 전모를 알아냈다. 무장 괴한이 승객들을 협박하고 있다는 내용이었다. 그러나 이후 이 경보는 단순한 오작동이었다는 사실이 밝혀졌다. 이 사례에서 얻을 수 있는 교훈은, 사람들에게 명확한 스토리가 제공되지 않으면 그들은 스스로 이야기를 만들어낸다는 점이다.

이는 인터넷에 떠도는 수많은 음모론에서도 확인할 수 있다. 무관한 몇 가지 단편적인 사실에서 순식간에 국제적인 음모가 만들어진다. 이러한 현상을 **내러티브 오류(narrative fallacy)**라고 부른다.[112] 이야기는 사람을 움직인다. 하지만 정계나 재계에는 이야기가 아닌 사실을 이야기하고 싶어 하는 사람들이 많다. 그들은 소설가도 아니고, 투명하고 사실적인 정보를 공유해야 할 의무가 있으니 그럴 수밖에 없을 것이다.

1950~70년대는 미국이 경제적으로 번영한 시기다. 그리고 대중문화의 성장을 바탕으로 광고산업이 폭발적으로 성장했다. 당시 유명했던 광고 문구 하나를 소개한다. "시속 100km로 달리는 롤스로이스에서 가장 크게 들리는 소리는 전자 시계 소리." 정숙성이

너무나도 뛰어나 전자 시계 소리가 가장 크게 들릴 정도라는 사실을 '우아하게' 강조한 훌륭한 이야기이기도 하다.

정확한 숫자보다 이야기 하나

이야기의 효과를 이용해 사람을 움직이게 하려면 잘 만들어진 에피소드를 사용해 대화를 시작하는 것이 중요하다. 예를 들어, 사기꾼 픽업 아티스트의 이야기나 애리조나 가게에서 발견된 스위스 시계 일화로 관심을 유발할 수도 있다.

피해자 한 명의 동정적인 이야기가 문제나 부정의 규모를 나타내는 명확한 수치보다 사람을 움직이기 쉽다. 이는 집파리 효과 중에 불의를 보고 그냥 지나치지 못하는 **식별 가능한 희생자 효과(identifiable victim effect)**에 해당한다.

하지만 때로는 단 한 문장이 이야기를 암시하는 경우도 있다. 나머지는 상대방의 상상력이 채워준다. 6단어로만 이루어진 이야기를 살펴보자.[113] 예를 들어, 헤밍웨이의 다음과 같은 유명한 이야기가 있다.

For sale: baby shoes, never worn.

팝니다: 아기 신발, 사용한 적 없음[114]

쓸모없는 앱을 산다

아이폰 앱 '나는 부자다(I Am Rich)'에 표시된 문구를 보자.

나는 부자다(I am rich)

나는 그럴 자격이 있다(I deserv(e) it)

나는 훌륭하고 건강하며 성공했다(I am good, healthy & successful)

문구 위에는 붉은 보석의 촌스러운 이미지가 반짝이고 있었다.

그게 전부였다. 게임도 없고, 공유 버튼도 없고, 이스터에그가 숨겨져 있는 것도 아니었다. 유일하게 '흥미로운' 점은 가격이었는데, 당시 앱스토어에서 받을 수 있는 최대 금액인 999.99달러였다. 과연 그 돈을 낸 사람이 있었을까? 있었다. 이 앱은 애플이 앱스토어에서 제거하기 전까지 총 8번 판매되었다. 실수로 클릭한 사람들은 환불 요청을 할 수 있었지만, 모두가 실수로 구매한 것은 아니었다. 즉, 친구들에게 부자임을 자랑할 수 있다는 이유만으로 이 아무것도 아닌 앱에 1,000달러를 지불한 사람이 정말 있었다는 뜻이다. 이 정도면 미친 짓이라고 생각하겠는가? 기회가 된다면 구입해 보고 싶은 생각이 들까? 당신이 아는 사람은 어떨까?

자, 이제부터 간단한 사고실험을 해 보자.

자동차 판매 대리점에서 거의 같은 중형 사이즈의 반짝반짝 빛나는 두 대의 자동차가 판매되고 있다. 두 차종 모두 실내가 넓고 안전 성능도 뛰어나다. 스포티하고 멋진 외관을 지녔고, 가격 대비 오래 탈 수 있을 것 같다. 다만 로고만 다르다.

자동차 업계에서 흔히 볼 수 있듯이, 이 모델은 두 개의 브랜드에서 판매되고 있다. 하나는 답답하고 둔해서 때로는 놀림감이 되기도 하는 브랜드다. 다른 하나는 고급스럽고, 평판이 좋고, 조금 화려하지만 그만큼 마음이 설레는 브랜드다. 두 차량의 가격 차이는 1,000달러다. 이제 핵심적인 질문을 던져보자. '나는 부자다' 앱을 구입한 사용자처럼, 당신은 이 고급스러운 로고에 1,000달러를 지불할 것인가? 그렇게 하고 싶은 유혹에 빠질 수 있을까?

다른 사람들이 돈을 쓰고 있다는 것을
알 수 있기를 원한다

반드시 큰 금액의 대상에 대해서만 이런 갈등을 하는 것이 아니다. 돈을 좀 더 주고라도 나이키 로고가 박힌 티셔츠를 입고, 피트니스 센터에서 운동하려고 하진 않는가? 디너 파티에서 슈퍼마켓 PB 브랜드 생수를 마시는 게 왠지 꺼려지진 않는가? 그렇다면, 당신도 의외로 저 8명의 '나는 부자다' 앱 구매자와 비슷한 심리일지 모른다.

하지만 걱정할 필요는 없다. 남의 이목을 신경 쓰는 **지위 상징 (status symbols)**은 사회에서 주요한 역할을 하고 있기 때문이다. 인간을 비롯한 모든 동물은 자신이 매력적이고, 건강하며, 강한 파트너임을 무리 안에서 어필한다. 그래서 지나치게 화려한 외모를 가진 동물도 많다. 가장 유명한 예는 공작의 깃털이다. 깃털을 펼치면 움직임이 둔해져 포식자나 기생충의 표적이 될 수 있다. 그래서 그렇게 할 여유가 있는 수컷은 민첩하고 경계심이 강한 것으로 간주된다. 이는 상대방에게 줄 약혼반지에 몇 달치 월급이 필요하다는 생각과 크게 다르지 않으며, 티셔츠, 시계, 핸드백에 충분한 돈을 썼다는 것을 과시하는 명품 브랜드 로고도 마찬가지다.

기업들은 할리우드 스타나 인플루언서를 기용하는 등 자사 상품이 공작새의 깃털과 같은 효과가 있다는 것을 소비자에게 느끼게 하려고 한다. 스타들의 부와 성공을 브랜드 이미지와 연결시키는 것이다.

또한 현대의 유명인들은 브랜드가 불러주기를 기다리지 않고 스스로가 브랜드가 되어야 한다는 것을 깨닫기 시작했다. 래퍼 카니예 웨스트는 힙합 티셔츠를 한 장에 120달러에 판매했다. 그 티셔츠에는 로고조차 붙어 있지 않았다. 구매자는 그 헐렁한 흰색 티셔츠가 진짜 '이지(Yeezy)[115]'라는 것을 아는 것만으로도 충분하다는 뜻이다.

래퍼다운 기발한 생각이었다. 부유한 수집가들이 모네 그림이나 1960년형 펜더 스트라토캐스터 기타(1960 Fender Stratocaster)를 소유하며 지위의 상징으로 삼듯이, 인간에게는 지위에 대한 욕구가 깊이 뿌리내려 있다. 누가 꼭 알아봐 주지 않아도 개의치 않지만, 누군가가 그 구매 가치를 알아봐 준다면 뿌듯함은 이루 말할 수 없다. '나는 부자다' 앱에 대한 대중의 관심과 호기심도 이 앱의 매력을 한껏 끌어올렸다.

같은 이유로 고급품 광고가 엉뚱한 곳에 게재되는 경우도 있다. 예를 들어, 주류 잡지에 매우 비싼 자동차가, 버스 정류장 광고판에 고가의 보석이 등장하곤 한다. "굳이 쉽게 사지도 못하는 명품을 왜 일반인들이 보는 곳에서 광고하지?"라고 생각할 수도 있을 것이다. 그러나 광고주들은 명품은 옆집 이웃이나 친구가 그 가격을 알고 있을 때만 진정한 매력을 느낀다는 사실을 잘 알고 있다. 그리고 잠재적 구매자들도 광고주들의 의도를 모를 리 없다.

일본에서 판매된 300만 원짜리 멜론

또한 기업들은 제품의 고급스러움을 높이기 위해 갖은 노력을 기울이고 있다.

예를 들어, 고급 오디오 시스템의 리모컨은 손에 쥐면 조금 무겁게 느껴진다. 부품의 품질이 좋아서? 그렇지 않다. 고급스러운 느낌을 주기 위해 일부러 조금 무겁게 만든 것뿐이다. 자동차 제조사들은 자동차 문을 설계할 때 문을 닫을 때 나는 소리에 세심한 주의를 기울인다. 플라스틱처럼 싸구려 소리가 아닌, 중후하면서도 품격 있는 소리로 완성해야 하기 때문이다.

인터넷에서 정보를 검색할 때 진행 상황이 지나치게 긴 진행률 표시줄로 표시되는 경우가 있다. 이는 컴퓨터가 열심히 처리하고 있다는 인상을 사용자에게 주기 위한 것이다.

비즈니스 클래스의 린넨 냅킨, 별이 빛나는 레스토랑에서 코로나 사태에 웨이터가 착용한 고급 마스크. 모두 고가의 재킷을 입은 집파리 효과다.

이때 작용하는 원리가 앞서 자주 언급한 **희소성의 원리(scarcity)**다. 모든 지위가 있는 것이 다 희소가치가 있는 것은 아니지만, 희소성이 있는 것은 귀중하게 여겨진다. 예를 들어, 16세기 영국에서 파인애플은 매우 희귀했기 때문에 지위의 상징이 되었다. 살 수 없었고, 심지어 빌리는 사람까지 있었다. 먹기 위해서가 아니라 식탁에 장식하기 위해서였다. 지금도 영국 대저택의 파사드에는 당시의 흔적으로 파인애플 조각품이 장식되어 있는 경우가 많다.

일본에서는 한 알에 5,000엔(약 5만 원)에 달하는 고급 멜론을 소중한 사람에게 선물하는 것은 흔한 일이다. 심지어 멜론이 두 알에 30만 엔(약 300만 원)에 판매된 희귀한 사례도 있다. 상당한 금액으로, 고급 롤렉스를 구입할 수 있을 정도다. 스위스 시계 제조업체들은 희소성이 어떻게 작용하는지 잘 알고 있다. 불황에도 불구하고 그들은 매년 세 차례 가격을 인상하고, 뜨내기 고객들, 즉 비정기 구매자들을 과감히 걸러낸다.

하지만, 실제로 상품에 희소성이 없다면 희소성이 있다고 생각하게 만드는 방법을 사용할 수 있다. 방법은 다양하다. 예를 들어, 어떤 브랜드가 케터링(Kettering) 지역에서 스테이크 파이를 생산하는 유일한 업체라면 '정통 케터링 스테이크 파이'를 파는 유일한 브랜드로 자리 잡을 수 있다. 그렇게 타이틀이 붙으면, 가격을 올려도 괜찮다.

프랑스인은 와인과 치즈로, 영국인과 독일인은 맥주로 같은 일을 하고 있다. 지역에 따른 희소성을 장점으로 삼고 있는 것이다. 그 외에도 초판, 초도 생산판, 한정판이라는 방법도 있다. 즉, 희소성은 만들 수 있는 것이다. 희소성은 물건의 매력을 높인다. 수요가 공급을 초과하면 물건의 가격은 높아지기 때문이다.

하지만 그 반대의 경우도 있다. 비싸기 때문에 수요가 늘어나는 것이 있다. 경제학에서는 이처럼 가격이 상승할수록 오히려 수요가 증가하는 특이한 소비재를 **베블런재(Veblen goods)**라고 부른다.

가격 탄력성이 역전된 사례다.

티켓을 팔고 싶다면
가격을 두 배로 올리기

팀은 자신이 담당한 광고 제작에서 고급 요트 여행 판매를 늘리고 싶어 하는 고객사를 만났다. 정교한 광고가 필요할까? 그의 조언은 간단했다. "일단 가격을 두 배로 올리고 어떤 반응이 오는지 보세요." 결과는 놀라웠다. 순식간에 예약이 꽉 찼다. 대형 통신사에서 일할 때도 팀은 무료 서비스보다 '유료 추가 서비스'에 고객들이 더 관심을 가진다는 점을 발견했다.

여기서 한 가지 기억할 점이 있다. 우리가 지불하는 '대가'가 반드시 금전적인 것만은 아니라는 점이다. 검은 띠, 졸업장, 완주 스탬프처럼 오랜 노력의 보상도 해당된다. 과소비를 터부시하는 집단에서는 여행, 학문, 자원봉사도 돋보인다. 단순히 돈뿐 아니라 시간과 노력이 필요하며, 불편함과 힘듦을 무릅쓰고 얻어낸 결과물이다. 이런 것으로 뽐내고 싶은 심리도 있는 것이다.

일부 소매 체인은 이 현상을 교묘하게 활용하기도 한다. 대표적인 예가 브랜드 운동화와 잡화를 판매하는 리들(Lidl)이다. 이 제품들은 사치가 필요 없을 만큼 자신에 대한 자부심이 강하다는 메시지를 담은 아이러니한 상품이다.[116] 어쩌면 이것이야말로 최고의 사치일지도 모른다.

포르노 여배우의 섹스리스 동영상에 관심이 집중되는 이유

우리는 항상 하지 말라고 하거나, 가질수 없거나, 볼 수 없는 것에 끌린다. 이룰 수 없는 사랑, 금단의 열매 같은 것 말이다. 이를 **로미오와 줄리엣 효과(Romeo and Juliet effect)**라고 부른다. 특히 부모의 반대가 있는 연애와 관련해 자주 사용된다.

팀은 자신이 담당한 광고 캠페인에서 그 효과를 사용했다. 주부를 위한 여성잡지의 부부관계 특집을 홍보해달라는 의뢰를 받고, 유명한 포르노 스타 바비.에덴을 표지로 내세운 가짜 '19금 비디오'를 제작하는 아이디어를 떠올렸다. 하지만 이 영상에는 반전이 있었다. 우는 아기 때문에 바비와 남편은 아무것도 하지 않는 페이크 비디오인 것이다. 바비는 "유출된 영상에 대해 전혀 언급하지 않겠다."라고 하자 타블로이드 신문들이 앞다퉈 보도했고, TV에서도 다뤄졌다. 웹 기사는 30만 회 이상 조회되어 화제가 되었다.

성인 영화 데이터베이스에 따르면, 그녀는 무려 188개나 되는 성인용 작품에 출연했는데도 아무것도 볼 수 없는 한 영상에 훨씬 더 많은 관심이 쏠렸다. 그녀는 가운을 입은 채로 촬영했음에도 불구하고.

6장 요약:
유혹으로 사람을 움직인다

지금까지 집파리를 활용해 나 자신을 더 매력적으로 만드는 방법을 살펴보았다. 첫 단계는 주변 사람들과 차별화하여 돋보이는 것이다. **폰 레스토프 효과(Von Restorff effect)**다. 그리고 친절하게 대하며 공통점을 찾는다.

프레이밍(framing effect)은 스핀 닥터만 하는 것이 아니다. 주변에서 흔히 볼 수 있는 집파리 효과도 마찬가지다. 이 기법은 '사람들이 무엇을 어떻게 보길 원하는가?'라는 질문에서 시작한다. 적절히 선택한 비교가 얼마나 큰 영향을 미치는지에 대해 들어본 적 있을 것이다.

앵커링(anchoring) 혹은 **참조 효과(reference effect)**도 있다. "당연히 고객님께 이 제품을 1,000파운드에 팔 수는 없죠."라고 말하면 겉으로는 1,000파운드를 청구하지 않겠다는 뜻처럼 들리지만, 실제로는 상대방에게 그 금액을 떠올리게 하고, 암묵적으로 그 가치를 강조하는 효과를 내기도 한다.

또한 설득력 있는 이야기가 큰 효과를 만들 수 있다는 점도 이해했을 것이다. 포괄적인 이야기보다는 개별 피해자에게 집중할 때 관심이 집중된다. **식별 가능한 희생자 효과(identifiablevictim effect)**에 해당된다. **베블런재(Veblen goods)**는 더 높은 가격이 상품을 더 매력적으로 보이게 한다는 것을 보여준다. 이 모든 것을 반복하는 이유가 궁금하다면, 당신은 주의를 기울이지 않은 거다. 반복을 통해 **단순 노출 효과(mere-exposure effect)**와 **인지적 유창성(cognitive fluency)**을 높여 매력도를 높일 수 있다는 점을 기억하는가?

아, 그리고 외출 계획이 있다면 건조기 보풀은 두고 오라. 당신이 눈여겨보고 있는 그 매력적인 상대도 이미 《뇌는 어떻게 성공하는가》를 읽어 그 수법을 알고 있을 테니 말이다.

보상은
어떻게 주어져야
하는가

당근과 채찍을 잘 사용하기 위해

코브라 효과(cobra effect), 밀어내기 효과(crowding out effect), 굿하트의 법칙(Goodhart's law)등에서 볼 수 있듯이 인센티브, 금전적 보상, 처벌, 역인센티브들은 우리의 뇌에 강력한 심리 작용을 한다. 하지만 종종 이러한 효과가 과대평가되며, 그 효과가 예상보다 짧게 지속되는 경우가 많다. 때문에 적절히 관리하려면 권장 기준을 준수하고, 균형 있게 적용해야 한다. 과도한 인센티브는 오히려 역효과를 초래할 수 있다는 것을 잘 이해하고 활용하면 긍정적인 변화를 이끌어낼 수 있다.

보상만 주면 쉽게
사람을 움직일 수 있을까?

과거 인도가 영국 식민지였을 시절, 수도 델리는 뱀이 대량으로 발생해 몸살을 앓고 있었다. 그것도 평범한 뱀이 아니라, 맹독을 가진 코브라였다. 그래서 영국 정부는 문제를 해결하기 위해 상금을 내걸었다. 코브라를 잡아 오는 사람에게 상당한 액수의 보상금을 주기로 했다. 과연 효과가 있었을까?

처음에는 많은 사람들이 쉭쉭거리는 코브라를 잡아들였다. 하지만, 얼마 지나지 않아 가난한 사람들은 코브라를 사육해 잡아가면 꽤 쏠쏠한 부수입이 된다는 사실을 깨닫게 되었다. 애초 정부가 원한 방향이 아니었다. 그래도 그렇게까지 문제가 되지는 않았다. 하지만 정부가 이런 부정행위를 알아차리고 갑작스럽게 포상금 프로그램을 중단하자 상황은 급격히 악화되었다. 사람들은 이제 대량으로 기르던 코브라를 풀어 놓아줄 수밖에 없었다. 결국 델리에서는 처음보다 훨씬 더 많은 코브라가 들끓게 되었다. 좋은 의도의 인센티브가 잘못 작동하는 이 현상은 이후 **코브라 효과(cobra effect)**, 즉 역 장려의 집파리 효과로 알려지게 되었다.

이 책의 마지막 7장에서는 의도치 않은 부작용에 대해 자세히 살펴본다. 지금까지 본 다양한 트릭, 기법, 현상, 효과를 되돌아보며 "좀 더 쉽게 사람을 움직일 수 있지 않을까?"라고 생각했을지도 모른다. 물론 인센티브, 처벌, 벌금, 보너스는 행동을 유도하는 가장 빠른 방법처럼 보인다. 하지만 이런 당근과 채찍은 예상치 못한 작용을 할 수 있다. 여러 흥미로운 연구를 통해, 직관이 예상과 달리 우리를 얼마나 자주 실망시키는지 알게 될 것이다.

예를 들어, 생각과는 달리 돈이 늘 최고의 동기부여가 되는 것은 아니다. 이 당근에는 독이 있다. 보상이 지나치게 적으면 직원들의 반발을 불러일으켜 직장 분위기가 나빠질 수도 있다. 의욕이 넘치는 사람에게 인센티브로 돈을 주면 의욕이 떨어질 수도 있다. 금전적 보상은 예상치 못한 부작용을 낳을 수 있다.

이를 뼈저리게 느낀 고생물학자가 있었으니, 20세기 탐험가 구스타프 쾨니히스발트(Gustav Koenigswalt)이다. 그는 자바 섬에서 사람들에게 오래된 인간의 두개골 한 조각을 가져올 때마다 돈을 주겠다고 제안했다. 그 결과 섬 주민들은 결국 두개골을 부숴서 가져오기 시작했고, 쾨니히스발트는 깨진 조각들을 모아 하나하나 맞춰가며 연구해야만 했다.

보상이 역효과가 될 수도 있다

이 장에서는 유형과 무형의 '당근과 채찍'이 미치는 주요 효과를 살펴본다.

노동에 대한 보상은 개수, 시간, 보너스 등 어떤 기준으로 지급해야 할까? 답은 '인센티브를 주는 행동만 명확하다면 어떤 방법이든 상관없다'가 될 것이다. 돈뿐만 아니라 칭찬이나 포인트도 효과적인 인센티브가 된다. 중요한 것은 인센티브를 어떻게 설계하느냐다. 그것은 성과와 노력에 상응하는 것이어야 한다. 즉, 노력한 만큼 더 많은 보상을 받을 수 있도록 해야 한다.

단, 열정을 발휘할 수 있는 일이 주어질 때, 사람들은 금전적 보상 없이도 적극적으로 참여하기도 한다. 에바의 청소부는 추가 보너스를 주지 않아도 성실하게 청소하고, 에바의 시어머니 역시 돈을 따로 주지 않아도 아이를 열심히 돌봐준다. 팀도 자신의 밴드를 위해 열정을 다해 무료 광고를 해 준다.

더 규모가 큰 경우에도 마찬가지다. 서구권 사람들에게 돈 때문만을 위해 일하는지 묻는다면, "예"라고 답하는 사람은 20%에 불과하다.[117] 일 자체에서 얻는 만족은 거시 경제 지표에도 반영된다. 예를 들어, 소득과 자산에 부과되는 세금이 올라간다고 해서 부자들이 당장 일을 줄이지 않는다. 마찬가지로 가난한 사람들도 복지 수당이나 기본소득을 받았다고 해서 쉽게 구직활동을 그만두지 않는다. 때로는 일을 해도 수입이 줄기도 하며 구직 의무가 없어도 일자리를 찾지 않을 수 있다. 보상이란, 때로는 필요하고, 때로는 불필요하며, 때로는 비생산적일 수도 있는 복잡한 요소다. 이 장에서는 보상이 효과를 발휘하는 타이밍에 대해 알아보자.

보상은 개선의 여지가 있을 때만 효과를 발휘한다

아는 것은 힘이다. 경제학이든 마케팅이든 측정부터 시작해야 한다. 더 많은 정보를 얻게 되면 그 정보가 지식이 되어 우리에게 힘을 준다. 이 개념은 경제와 마케팅은 물론 교육 분야에도 적용된다.

네덜란드에서는 'CITO 점수'라고 불리는 연합 평가 시험 결과에 따라 학교에 보조금을 배정한다. 2003년 이후 네덜란드의 전체 점수는 모든 과목에서 점진적으로 하락하고 있으며, 다른 나라에 비해 낮은 수준이며, 2019년에는 읽기 점수가 OECD(경제협력개발기구) 평균을 밑돌았다.[118]

이 결과는 교사의 낮은 급여와 관련이 있을까? 물론 교사에 대한 낮은 보상이 점수에 부정적인 영향을 미칠 수 있다. 하지만 사실 연합 평가 시험 점수가 낮은 것은 학생들의 노력에 대한 보상이 충분하지 않기 때문이기도 하다. 그리고 이는 결국 성적 하락으로 이어질 수 있다. 그렇다면, 시험에서 높은 성적을 받은 학생에게 보상을 주면 어떤 일이 벌어질까?

다소 엉뚱한 생각처럼 들릴지 모르지만, 이는 문화적 차이를 넘어 학생들의 의욕을 알아볼 수 있는 좋은 방법이 될 수 있다.

한 실험에서 상하이와 미국의 몇몇 학교에서 성적이 좋은 학생에게 보상을 주겠다고 말했다. 학생들은 시험 직전에 이 사실을 알았기 때문에 사전에 공부해 둘 수 없었다. 그럼에도 불구하고 보상을 준다는 말을 들은 미국 학생들은 아무 말도 듣지 못한 학생들보다 훨씬 더 열심히 시험에 임했다. 만약 미국 전역의 학생들에게 같은 보상을 주었다면 미국의 세계 순위는 36위에서 19위로 상승했을 것이다.

반면, 상하이의 학생들은 보상을 준다는 말을 듣고도 성적이 더 오르지 않았다. 이미 성적에 대한 동기 부여가 매우 높아서 금전적 보상은 성적에 거의 영향을 미치지 않았기 때문이다.

여기서 두 가지 교훈을 얻을 수 있다. 첫째, 네덜란드 학생들의 성적이 좋지 않은 것은 단순히 시험에 대한 동기부여가 충분하지 않기 때문일 수도 있다. 둘째, 보상은 개선의 여지가 있을 때만 효과를 발휘할 수 있다는 점이나.

교사의 지도 능력에 따라
보너스를 주는 것이 효과적일까

그렇다면 그 교사들에게 개선의 여지가 있을까? 특히 개발도상국의 학교들은 오랫동안 교사의 생산성과 지도력을 향상시킬 수 있는 방법을 모색해 왔다.

그 결과 알게 된 것이 있다. 첫째, 교사를 제대로 출근시키는 것이다. 개발도상국에서는 교사들이 정해진 시간에 학교에 없는 경우가 많아, 단순히 교사가 학교에 꾸준히 출석하는 것만으로도 큰 차이를 만들 수 있다. 예를 들어, 인도에서는 보너스 제도를 통해 교사들의 결근이 줄어들었다. 이 경우에는 인센티브가 코브라 사례와 달리 효과적이었다.

다음 단계는 교사의 지도 능력에 따라 보상을 주는 것이다. 단, 네덜란드에서는 이 문제를 신중하게 다루어야 한다. 교사들은 자신의 의욕이나 책임감이 부족하다고 생각하지 않기 때문에 교사의 동기를 의심하는 것처럼 느껴질 수 있다.

하지만 2010년 제작된 다큐멘터리 영화 〈웨이팅 포 슈퍼맨 (Waiting for Superman)〉에 묘사된 미국의 게으른 교사들에게는, 읽기를 가르친 아이들의 수에 따라 보너스를 지급한 것이 효과를 보았다고 한다. 교사들은 출근은 하지만 지도 방법이 엉성하기 때문에 학생들은 제대로 글을 읽지도 쓰지도 못한 채로 졸업하고 있었기 때문이다.

하지만 미국의 이런 사례를 제외하면, 일반적으로 교육 현장에서 이런 인센티브를 사용하는 것은 그다지 효과적이지 않다. 교사들에게 충분한 동기를 부여하기 위해서는 금전적 보상 이외의 요소가 필요하다.

미리 돈을 받는 것이
더 좋은 성과를 낼 수 있다

2014년, 시카고 대학의 경제학자인 존 리스트(John List)와 《괴짜 경제학(Freakonomics)》의 저자인 스티븐 레빗(Steven Levitt)은 일종의 '더러운 집파리 효과' 전략을 실험에 도입했다. 그들은 한 번 지급한 돈을 특정 조건에서 상대방에게서 회수하는 것이다.

리스트와 레빗은 기부자들의 자금을 바탕으로 보너스가 얼마나 효과가 있는지 검증해 보고 싶었다.

먼저, 그들은 학교를 무작위로 두 그룹으로 나누었다. 한 그룹에서는 학생들의 학습 성과에 따라 최대 8,000달러의 연말 보너스를 받았다. 이는 일반적인 보너스 방식이다. 다른 그룹에서 교사는 학기 초에 4,000달러를 '선지급' 받았다. 학생들의 성적이 우수할 경우 최대 총 8,000달러의 보너스(첫 4,000달러 + 추가 4,000달러)를 받는다. 그러나 학생들의 성적이 다른 그룹의 학생들보다 나쁘면 선지급 받은 4,000달러를 반납해야 했다.

두 그룹 모두 같은 학급 점수를 기록했다면 최종 보너스도 동일하게 지급되었다. 즉, 성과 평가 기준이 공정하게 적용되었다는 의미다.

상식적으로 생각해도, 기존 경제학의 관점에서도 인센티브가 같으면 결과도 같을 거라고 생각할 수 있다. 하지만, 실제로는 큰 차이가 있었다. 미리 돈을 받은 그룹의 교사들은 학생들의 성적이 크게 향상되었다.

이 그룹의 학생들은 다른 그룹보다 수학과 독해력 성적이 10점 더 향상되었다. 반면, 일반적인 방식의 보너스를 받은 교사 그룹은 학생들의 성적 향상이 나타나지 않았다.

이 책을 비판적으로 읽는 독자 중에 "학생들이 높은 성적을 받으면 보너스를 받기 때문에 교사가 부정행위를 한 것이 아닌가." 하고 의심하는 사람들도 있을 것이다. 그러나 성적이 향상된 학생들은 교사의 보너스와 무관한 시험에서도 전 과목에서 13점이나 더 좋은 성적을 거두었다. 연구 범위를 벗어난 결과였지만, 더욱 신뢰할 수 있는 데이터가 산출되었다.

이처럼 보너스를 취소하는 것이 큰 효과를 내는 경우가 있다. 이는 내재적 동기부여가 낮은 직종에서는 보너스의 효과가 더 커질 수 있음을 시사한다.

보너스를 많이 주면
실적이 떨어질 수도 있다

1934년, 미국에서 CEO의 연봉 공개를 의무화하는 법이 제정되었다. 과도한 자기 이익 추구를 억제한다는 취지였다.

2016년, 한 연구자가 최신 데이터 분석 툴을 활용해 그 효과를 검증했다. 그 결과, 급여체계의 투명성이 높아졌음에도 불구하고 CEO의 연봉이 다른 직원들의 급여보다 훨씬 더 많이 오른 것으로 나타났다. 조금 더 높은 연봉을 받는 CEO가 민망한 것이 아니라, 오히려 회사의 최하층에 있는 직원들이 CEO의 고액 보수를 알게 되면서 굴욕감을 느끼고 있었다. 게다가 이사회 입장에서는 연봉이 낮고 평범한 CEO로는 강인한 리더십을 발휘하기 어렵다고 판단했다.

2015년, 네덜란드 금융업계에서는 상여금 액수를 본봉의 최대 20%로 제한하는 보너스 상한제를 도입했다. 그 배경에는 정치적 이유가 있다. 금융위기 이후 은행 경영진은 자신의 보너스를 늘리는 것보다 은행의 장기적인 이익을 우선시하는 것이 더 중요하다는 것을 깨달았기 때문이다.

보너스 상한제는 결국 위기를 겪고 나서야 도입되었지만, 이미 2008년 보너스가 사람의 의욕과 성과에 부정적인 영향을 미칠 수 있다는 연구 결과가 발표된 바 있다. 연구에 따르면, 특히 사고력이 필요한 업무일수록 보너스를 많이 주는 조건에서 성과가 떨어졌다.

최고의 직원에게만 보너스를 주는 것의 문제점은 보너스를 받지 못하는 사람이 많아진다는 것이다. 3장에서 보았듯, 보너스를 못 받은 사람들의 좌절감은 받은 사람이 느끼는 기쁨보다 크다. '자신이 평가받지 못하고 있다'고 느끼면 사람들은 더 이상 열심히 노력하지 않는다.

착취당했다고 느끼는 것만으로도
심장병에 걸릴 위험이 있다

정책 입안자들은 임금 불평등이 생산성을 떨어뜨려 경제적 손실로 이어지는 것을 우려한다. 스위스에서 진행된 실험에 따르면, 급여가 생산성뿐만 아니라 심지어 노동자의 건강에도 영향을 미칠 수 있다는 점을 보여준다.

이 실험에서 피실험자들은 숫자가 빼곡히 적힌 페이지에 '1'이 몇 개나 있는지 세는 작업을 했다. 한 페이지를 정확하게 맞추면 페이지당 3유로를 지급받고, 한 번만 틀리면 1유로, 두 번 이상 틀리면 보상을 받을 수 없었다. 이렇게 25분간 이어진 스트레스 속에서 참가자들은 평균 21유로를 벌었다.

그러나 연구자들은 보상 방식에 함정을 숨겨 두었다. 보수는 노동자(숫자를 맞춘 피실험자) 본인에게 직접 지급하지 않고, 고용주(고용주 역할의 피실험자)에게 지급되는 것이었다. 이 '고용주'는 '노동자'에게 얼마의 보수를 지급할지 결정할 수 있었다. 평균적으로 고용주는 노동자에게 자신이 받는 돈의 절반에도 못 미치는 9.5유로를 지불했다. 이 정도의 금액을 받을 것으로 예상한 사람들도 있었지만, 대부분은 더 많은 금액을 기대했다.

지불금액을 알려주는 순간부터 참가자들의 심박수 변동치를 측정하였는데, 착취당했다고 느낀 노동자의 심박수는 심장 질환으로 이어질 수 있는 비정상적 반응을 보였다.

남녀 임금격차 해소를 위한 방법

공정한 임금을 가로막는 구조적 문제에는 남녀 임금 격차가 있다. 네덜란드에서는 시간제 노동과 노동자의 연령 분포에 따른 영향을 제거한 후에도 여성 임금의 7%가 성별에 따른 임금 격차로 손실되고 있다. 다행히도 대처할 수 있는 방법이 있다.

1. 남녀를 동등하게 대우하고 싶다면 구인 광고에 급여 협상이 가능하다고 명시해야 한다. 그렇지 않으면 남성은 협상을 하려고 하지만 여성은 하지 않으려는 경향이 높기 때문이다. 그 주된 이유는 타인의 시선을 의식하는 자기기만 때문이다.
2. 여성 관리직 지원자를 늘리려면 구인 공고 기간을 늘려야 한다. 여성은 남성보다 결정에 시간이 오래 걸린다.
3. 여성 관리직을 더 많이 채용하고 싶다면, 후보자의 리스트를 작성하고 능력으로 평가해야 한다.
4. 과학적 근거가 있는 이런 팁을 많이 알고 싶다면 이리스 보넷(Iris Bohnet)이 쓴 《작동 방식: 설계를 통한 성평등(What Works)》을 읽어보길 권한다.

착취당하고 있다고 느끼는 상태가 오래 지속되면 극심한 스트레스, 심혈관 질환, 그리고 다양한 건강 문제를 초래할 수 있다. 같은 연구진은 1984년부터 독일 시민 2만 5,000명의 건강, 소득, 교육, 연령에 관한 데이터를 분석했다. 그 결과 충분한 소득을 얻지 못한다고 느끼는 사람들의 건강이 더 나빠졌다. 소득과 교육, 노동시장, 직업의 차이를 고려했을 때도 비슷한 결과가 나왔다. 특히 50

세 이상의 근로자들은 전형적인 스트레스 관련 질환을 앓고 있었다. 여기서 얻을 수 있는 교훈이 있다. 직원들에게 급여를 적절하게 지급하고, 일부에게만 많은 급여를 지급하지 말아야 한다는 점이다.

돈을 받을 수 있다면 하고 싶지 않다

보상은 때때로 역효과를 낼 수 있기 때문에 더욱 주의해야 한다. 1908년 〈뉴욕 타임즈〉에 센 강(River Seine)에서 일부러 아이들을 쫓아가 물에 빠뜨린 후 아이를 구해주는 강아지에 관한 기사가 실렸다. 그 개는 물에 젖은 아이와 함께 정육점 앞을 지날 때마다 스테이크를 받았다. 아무래도 그것이 개에게는 너무 큰 보상이었던 모양이다.[119]

그 반대의 경우도 있다. 혈액 기부자는 보통 보상을 받지 않는다. 헌혈의 필요성과 가치를 알기 때문이다. 하지만 그럼에도 불구하고 스웨덴의 한 혈액은행은 혈액 기부자에게 감사의 뜻을 전하고 싶어 일부 혈액 기부자에게 약 7유로의 보상을 지급하기 시작했다. 이는 엄청난 변화를 일으켰다. 보상을 받은 그룹은 보상을 받지 않은 그룹에 비해 헌혈량이 절반으로 줄었다.

무슨 일이 있었던 걸까? 사람들은 이미 헌혈에 대해 충분히 동기 부여가 되어 있었다. 그러나 혈액은행이 돈을 제공하면서 헌혈의 가치를 금액으로 환산하게 되었고, 이 금액은 혈액 기부자들이 생각하는 헌혈의 가치보다 낮은 금액이었다. 그 7유로가 모욕적이라고 생각하는 사람들도 있었다. 이 현상을 내재적 동기에 대한 **변위 효과(displacement effect)**라고 한다. 다행히 혈액은행은 이 문제를 해결하기 위한 방안을 포함시켰다. 7유로를 받은 사람들에게는 그 돈을 자선단체에 기부할 수 있는 선택권이 주어졌다. 이렇게 하자 보상을 주면서 발생한 변위 효과가 완전히 사라졌다.

커피를 공짜로 마실 수 없는 직장에서는 도난과 괴롭힘이 발생하기 쉽다

보너스도 잘못 사용하면 근로자의 건강을 해치고 성과를 떨어뜨릴 수 있다. 예를 들어, 금융업계에서는 직원들에게 보너스를 받기 위한 지나친 압박과 경쟁을 유발시킨다. 그러면서 심리적으로나 신체적으로 많은 스트레스를 받아 업무 성과까지 저하된다. 금융 위기의 원인 중 하나로 지적되는 잘못된 보상 구조다. 즉 원인은 업무 환경 자체이고, 업무 환경에 집파리 효과가 작용한다는 것이다. 이 대목에서 '이것은 금융업계의 문제지 나와는 상관없는 문제'라고 생각할 수도 있지만, 당신도 무관하지 않다.

예를 들어, 직원들에게 무료로 음료를 제공하지 않고 커피값을 지불해야 하는 직장에서는 펜이나 프린터 용지를 도난당하기 쉽다. 사기, 부패, 괴롭힘 등 윤리에 어긋나는 행위도 일어나기 쉽다.

후술할 최근 연구에 따르면, 돈에 대한 생각만으로도 부정행위의 큰 계기가 된다고 한다.

돈만 생각하면 사람은 부도덕해진다

생각해 보자. 당신은 한 실험에 피실험자로 참가하게 되었다. 실험에서는 돈을 위해 거짓말을 해달라는 요청을 받는다. 이때 채팅 화면을 통해 다른 참가자와 소통하게 된다. 만약 '당신보다 적은 금액을 받았다'고 거짓말을 하면 더 높은 보상을 받을 수 있다. 이 경우 자신은 5유로, 상대는 2유로다. 거짓말을 하지 않으면 자신은 2유로, 상대는 5유로가 된다.

당신은 이런 상황에서 어떻게 하겠는가?

단, 이 딜레마 상황을 다른 사람들에게 제시할 때, 먼저 피실험자들이 돈 자체에 대해 생각해 보도록 유도해 보자. 예를 들어, 이런 상황을 제시해 본다. "두 개의 동전이 있는데, 합해서 총 15센트다. 한 개는 1센트짜리 동전이 아니다. 다른 한 개는 무엇일까?"

이 실험은 실제 돈을 걸고 여러 차례 진행되었다. 참가자들이 미리 돈에 대해 생각하도록 유도했을 때, 거짓말을 해서 5유로를 받으려고 할 확률이 두 배나 높아졌다. 물론 모든 참가자가 돈을 받으려고 했지만, 금전에 대한 '워밍업'을 하면 왜 비윤리적인 행동이 더 많아질까? (1장의 점화 효과를 참조하라) 이는 돈에 대한 생각을 하면 경쟁심, 권력욕, 경제적 자립심 등이 자극되기 때문이라고 한다. 또한 돈을 생각하면 사람들은 비즈니스와 같은 손익계산을 유발한다. 그로인해 상대방의 감정을 고려하는 것보다 이익에 초점을 맞추는 경향이 강해지기 때문이다. 영화 〈대부(The Godfather)〉에서 마이클 콜레오네(Michael Corleone)가 동생에게 "개인적인 감정은 없어, 철저히 사업일 뿐이야."라고 말하는 장면을 떠올려 보라.[120]

돈과 관련된 직종에서는
부정행위를 하기 쉬울까

기업이 1년 동안 입는 손실 중 약 5%는 직장에서의 부도덕한 행동으로 인해 발생한다.[121] 이는 실제로 상당히 현실적인 내용이다. 안타깝게도 돈은 이기적인 행동을 부추기는 집파리 효과를 보여준다.

그렇다면 어떠한 직업군에서 비윤리적 행동이 가장 쉽게 일어날 수 있을까? 특히 증권 브로커나 계산원 등 돈과 관련된 직업에 종사하는 사람들은 부도덕한 행동을 유발하기 쉽다. 눈앞에 돈이 있는 환경이 아니라, 고객에 대한 서비스 의식이 더 강조되는 근무 환경이라면 이런 부정도 덜 일어날 수 있을 것이다.

돈이 부정직함을 유발할 수 있다는 사실이 밝혀지면서, 이는 모든 기업의 비즈니스 운영 방식에도 영향을 미치게 되었다. 예를 들어, 점심이나 커피를 신용카드나 상품권으로 결제하면 현금을 다룰 기회가 줄어들고, 돈이 의식에서 멀어진다. 이처럼 비즈니스 환경을 비교적 쉽게 개선할 수 있는 여지가 있다.

이것이 금융계에서는 어떻게 적용될까? 피상적인 표현대로, 탐욕의 문화가 위기를 초래했을까? 2014년에 한 실험 결과가 발표되기 전까지는 이러한 주장들은 단지 추측에 불과했다.

이 실험에서 은행원은 동전 던지기를 10번하고 앞면과 뒷면이 나왔는지 보고한다. 어느 쪽이 나왔는지에 따라 20유로를 받거나,

아니면 0유로가 되거나 결정이 된다. 또, 은행의 경쟁적인 환경을 반영해 가장 높은 금액을 벌어들인 사람만 보상받을 수 있는 구조로 만들었다.

첫 번째 그룹의 은행원들은 실험 전에 '임의의 TV 프로그램에 관한 설문지'를 작성했으며, 이들은 평균적으로 약간 부정직한 경향을 보였다. 우연일 수도 있지만, 51%가 동전이 앞면이 나왔다고 답했다. 정상 확률이라면 50%여야 하지만, 51%가 나온 것은 약간의 부정직함을 시사하는 것이다.

두 번째 그룹은 실험 전에 '은행 관련 설문조사'를 받았고, 이를 통해 '은행원으로서의 정체성'을 강하게 인식하게 되었다. 이 그룹은 평균 58%의 비율로 앞면이 나왔다고 주장했다. 이 또한 일부 부정직한 응답이 있었음을 시사한다.

하지만, 사람들은 은행원이 아닌 사람에게도 설문조사를 통해 불성실한 동기를 유발할 수 있다고 생각할 수도 있을 것이다. 그래서 같은 실험을 학생들에게도 실시했다. 그리고 그들은 은행원만큼 부정직하지 않았다. 이 결과는 비즈니스 환경이 부도덕한 행위의 원인이라는 결론이 도출되었다.

그렇다면 회사에서는 어떻게 하면 좋을까? 해결책은 단순히 무료 커피 제공 이상의 의미를 가질 것이다. 회사에서는 조직 문화에 대해 생각할 수 있도록 대화를 유도하면 될까? 이는 또 다른 후속 연구에서 제시한 내용이기도 하다.

연구진은 후속 연구에서 피험자들에게 특정 기업 문화를 되돌아보게 하는 대화를 유도하고, 2개월간의 '윤리 프로그램'을 실시하고 그룹 토론을 진행하였다. 그 후, 연구진은 위장 조사관을 통해 프로그램 참여자들이 이전보다 더 성실해졌는지 확인했다. 조사관은 고객으로 가장해 추천 금융상품에 대한 조언을 구했다. 안타깝게도 윤리 프로그램의 효과는 나타나지 않았고, 은행원은 은행에 이익이 될 만한 상품을 추천했다.

결과적으로 프로그램은 오히려 부정적인 영향을 미쳤다. 좋은 사람들은 그렇지 않은 사람들에 의해 나쁜 영향을 받았다.[122] 무의식적 행동 패턴은 단순한 대화로 해결되지 않는다. 보상 구조와 환경을 근본적으로 변화하는 것이 관건이다.

사람의 생명을 보호하기 위한
세금 걷는 전략

지금까지 우리는 당근에 예상치 못한 부작용이 있다는 점을 알아보았다. 그렇다면 채찍에 대해 생각해 보자. 보너스를 받지 못한 교사의 실험을 떠올려보자. 이 교사들에게는 당근보다 채찍이 더 큰 효과를 발휘한 것으로 나타났다.

정부는 세금과 벌금이라는 두 가지 수단을 통해 국민의 행동을 유도한다. 과세는 국가 재원을 마련하는 것이 주된 목적이지만, 벌금은 주로 사람들의 행동을 바꾸기 위해 부과된다. 지난 20년 동안 과세와 벌금이 사람들의 행동에 미치는 영향에 대한 연구가 본격

화되면서 몇 가지 사실이 밝혀졌다

과세는 비율이 높고, 눈에 잘 띄고, 빠르게 부과될 때 행동 변화를 일으킨다. 반면 식품이나 담배에 대한 과세와 같이 비율이 완만하게 상승하는 경우 행동 변화에 미치는 영향은 작다. 다만, 사치품(6장에서 설명한 베블런재)에 대해서는 높은 세율이 큰 영향을 미치는 경우가 많다.

사람들은 부의 상징인 큰 차 그 자체보다는 '이웃의 차보다 더 큰 차'를 선호한다. 이는 큰 차가 사회적 이미지를 높여준다고 느끼기 때문이며, 동시에 충돌 사고 시 큰 차가 더 안전하다는 인식도 작용하기 때문이다. 큰 차 구입을 하는 모두에게 추가 비용을 지불하게 한다면, 내 차와 이웃 차 사이의 가격 차는 그대로 유지되지만, 전체적으로는 큰 차를 사려는 사람이 줄어들게 된다. 그 결과, 도로에 큰 차가 적어지면서 사고로 인한 사망자 수도 약간 감소하게 된다. 큰 차가 도로에서 적어지면 충돌 사고 시 발생하는 피해가 줄어들기 때문이다.

세금이 간접적으로 건강을 증진하는 또 다른 방법이 있다.

비만은 전 세계적으로 큰 문제다. 영국인의 약 30%가 과체중이다. 그래서 영국에서는 설탕이 함유된 청량음료에 세금을 부과하게 되었다. 이 세금은 리터당 5그램 이상의 설탕을 함유한 음료는 18펜스(약 330원), 8그램 이상 함유한 음료는 24펜스(약 440원)를 부과하는 방식이다. 그 결과, 소비자들이 콜라를 덜 구입한 것이 아니라, 청량음료 제조업체들이 음료의 설탕 함량을 줄였다. 음료 제조업체들이 가격 상승으로 인해 소비자들이 음료를 사지 않을 것을 우려해 음료에 들어가는 설탕의 양을 기준치 이하로 낮추었기 때문이다. 이렇게 세금은 간접적이지만 큰 영향을 미쳐, 거의 모든 청량음료의 설탕 함량이 낮아지게 되었다. 일종의 '이중 넛지 효과'인 셈이다.

10분 지각 벌금 때문에
지각자가 폭발적으로 늘어났다

벌금은 세금과 달리 행동을 조정하기 위한 수단이다. 그러나 때로는 큰 실패로 끝나기도 한다. 에바에게 일상은 시한폭탄 그 자체다. 오후 6시 반 전에 아이를 어린이집에서 데려가야 하는데, 지각할 경우 눈총을 받고, 굴욕감과 배고픔에 시달리며, 최악의 경우 경찰에 신고당할 수도 있기 때문이다. 어린이집 직원들에게 지각하는 부모는 매일 짜증 나는 존재가 된다.

1998년 이스라엘의 경제학자 유리 그니시(Uri Gneezy)는 자신도 어린이집에 열 번이나 지각한 경험 끝에 어린이집 원장에게 한 가지 해결책을 제시했다. 지각한 부모에게 벌금을 부과하는 것이다. 효과를 비교하기 위해 10곳의 어린이집 중 6곳에서 벌금제를 도입했다. 아이를 10분 늦게 데리러 올 때마다 5유로 상당의 벌금을 내도록 했다. 부모들은 날 결과를 기대하며 흥미진진하게 상황을 지켜봤다.

그 후 10주 동안 지각하는 부모들이 급증했다. 5유로만 추가로 지불하면, 늦게 데리러 와도 되는 시간을 살 수 있는 것이다. 벌금이 도입되자 부모들은 오후 6시 반을 더 이상 엄격한 마감 시간으로 여기지 않고, 비용으로 인식하게 되었다. 더 큰 문제는 10주 후 원장이 벌금을 없앴을 때도 지각하는 부모들의 수는 줄지 않았다. 부모들은 이제 자신의 지각에 대해 비용을 지불할 수 있다는 것을 알게 되었고, 사회적 규범이 시장 원리로 인해 훼손되어버린 것이다.

유감스럽게도 사과가 항상 통하는 것은 아니다

실수를 저질러 사과하고 싶을 때 가장 좋은 방법은 무엇일까? 어쩌면 돈을 쓰는 것이 진심 어린 사과를 효과적으로 전달할 수 있을지도 모른다. 하지만 당장 돈을 주면 안 된다. 그 전에 잘 생각해 보자.

예를 들어, 우버를 불렀는데 나타나지 않거나 5분 이상 늦는 상황을 가정해 보자. 이후 고객들의 앱 사용률이 5~10퍼센트 감소하자, 회사는 악평에 대응하기 위해 '죄송합니다, 죄송합니다, 죄송합니다'라는 자동 생성 이메일을 발송했다. 안타깝게도 그 사과는 전혀 효과가 없었다. 그래서 우버는 앞서 언급한 (교사에 대한 보너스 실험을 했던) 저명한 경제학자 존 리스트에게 최선의 '사과 전략'이 무엇인지 물었다. 리스트는 팀을 꾸려 실험을 시작했다.

먼저 수천 명의 고객에게 기존과 다른 문장의 사과 메일을 보냈고, 또 다른 수천 명의 고객에게 5달러 쿠폰 형태로 돈을 제공했다. 결과는 어땠을까? 고객들은 사과보다 쿠폰에 훨씬 더 호의적인 반응을 보였다. 쿠폰을 받은 고객의 앱 이용이 크게 늘어날 정도로 효과가 있었기 때문에 우버는 이 쿠폰을 계속 선물로 나눠줄 가치가 있다고 판단했다. 그러나 단기간에 여러 번 나쁜 서비스를 받은 고객에게는 쿠폰이 오히려 역효과를 냈다. 이 경우, 회사가 무능하다는 증거로 작용할 수 있기 때문이다.

앞서 언급한 보육원을 대상으로 한 유명한 실험에서 '금전적 처벌은 사회적 제재를 동반해야 한다'는 교훈을 얻을 수 있다. 즉, 처벌을 받는 사람의 지위를 떨어뜨리고 사회 규범을 강화하는 것이어야 한다. 또는 경제적으로 큰 부담이 되는 것도 효과적이다. 그리고 두 가지 조건을 모두 충족하지 못하면 포상금이나 벌금 모두 바람직하지 않은 효과를 낳을 수 있다.

금전적인 보상보다
좋아요에 강하게 반응한다

회사는 거대한 '집파리 효과'의 서식지와 같다. 사람들은 그것들을 놓고 싸우고, 택배 기사의 손에서 그것들을 빼앗아 숨기기도 한다. 인턴들이 대부분의 일을 했어도 상사가 그 공을 가져가 버린다. 인수나 합병을 축하하기 위해 사무실에 전달되는 조각상이나 로고가 새겨진 기념패도 상사가 가져간다. 수십억 연봉을 받는 60대 이런 기념패를 전리품처럼 여기며 소중히 간직한다.

'돈이 아닌 상징적인 보상과 처벌', 혹은 '칭찬과 조롱'도 경우에 따라서는 금전적 보상 못지않게 강력한 작용을 한다. 특히 이미 금전적으로 충분한 보상을 받았거나 나이가 많은 사람은 금전적 보상 이외의 영향을 받기 쉽다.

사내 서열, 인증 배지, 적립금, 기념 스티커, 또는 소셜 미디어의 '리트윗'이나 '좋아요' 등은 도파민을 분비시킨다. 이처럼 사람은 피드백에 강하게 반응한다. 따라서 피드백을 주는 방법은 신중하게 고려해야 한다. 피드백은 적절한 형식으로, 적절한 시기에, 세심한 주의를 기울여 제공해야 한다.

이제 이 책을 거의 다 읽은 것 같다. 이 책에서 얻은 지식을 활용해 뭔가 도움이 되는 일을 하고 싶다는 생각이 들지 않을까. 그래서 구체적인 사례를 통해 시뮬레이션을 해 보자.

예를 들어, 항공사가 비행기 연료를 절약하려면 어떻게 해야 할까? 우선, 등유에 대한 세금 인상[123] 정책이 효과를 낼 수 있지만, 그 외에 세 가지 방법이 있다. 조종사는 일기 예보와 비행기 무게에 따라 해당 비행에 필요한 연료량을 결정한다. 필요 이상의 연료를 싣게 되면 비행기의 무게가 무거워져 연료 소모가 증가한다. 자동차 운전과 마찬가지로 '연비 운전'으로 연료를 절약하는 방식으로 비행할 수도 있다. 마지막으로 착륙 후에는 활주로로 이동할 때도 연료를 아끼는 방법을 쓸 수 있다.

피드백 그 자체가 더 나은
행동을 유도하는 피드백이다

그렇다면, 그동안 해 왔던 구식 처벌과 보상 중 무엇을 선택하는 것이 좋을까? 조종사 탈의실에 "나는 연비를 고려하여 비행한다."라는 포스터를 걸어둘까? 하지만 자신만의 철학을 가진 베테랑 전문가에게 일하는 방식을 바꾸게 하는 것은 쉽지 않다. 그래서 연구진은 '측정하고 바로 피드백하는 방법이 효과적일 수 있다고 판단하고 실험을 진행했다.

이에 따라 연구진은 335명의 조종사를 네 그룹으로 나누어 실험을 진행했다. 그리고 1번 그룹에게만 연료 사용 방법에 대한 실험을 하고 있다는 사실을 알렸다. 나머지 2, 3, 4번 그룹에는 에너지 절약 비행 달성도를 상세히 기록한 개인 보고서를 매달 집으로 보내주었다.

그리고 보고서가 전달된 2, 3, 4번 그룹 중 2번 그룹의 파일럿은 목표만 설정되었고 또 다른 3번 그룹은 목표를 달성하면 자선단체에 17달러가 기부될 것이라고 전했다.

연구진은 17달러의 보상이 주어지는 3번 그룹이 기부금으로 전환되더라도 가장 연비가 좋은 기동을 할 것으로 예상했다. 그러나 실제로는 그렇지 않았다. 활공 중 엔진 중 하나를 끄는 비율이 대조군보다 8% 더 높았던(가장 연비가 좋은 기동을 한) 그룹은 보상 없이 목표만 부여받은 조종사 그룹이었다. 보상은 여기서 차이를 만들지 않았지만, 파일럿의 만족도는 6퍼센트 높아졌다. 긍정적인 부수 효과였다. 하지만 주목할 만한 것은 성과에 대한 피드백을 받지 못한 그룹조차도 '감시받고 있다'는 사실을 알았기 때문인지 연비가 향상되었다는 점이다. 이는 흔히 볼 수 있는 효과다.

이 실험에서 모든 그룹의 조종사들은 실험이 끝난 후에도 연비가 좋은 비행을 계속하게 되었고, 한 번의 비행으로 약 550kg의 연료를 절약할 수 있게 되었다. 이 실험의 버진 애틀랜틱(Virgin Atlantic) 항공사는 총 2,100만kg의 이산화탄소 배출량(또는 500만 달러의 연료비)

이 줄어드는 성과를 얻었다.

규모는 작지만, 비슷한 절약 효과는 집에서도 적용될 수 있다. 몇 년 전부터 에너지 요금 고지서에 사용량 피드백이 표시되기 시작했다. 이번 달 사용량이 1년 전이나 평균적인 가구에 비해 많았는지 적었는지가 기재되어 있는 것이다.

제공되는 정보는 단순히 임의로 만들어진 것이 아니다. 2007년, 미국의 에너지 회사 오파워(Opower)는 청구 데이터를 활용해 사람들이 에너지 소비를 줄이도록 유도하는 방법을 처음으로 체계적으로 연구하기 시작했다. 그 방법은 사회적 규범과 개별 피드백을 결합한 교묘한 방법이었다. 그 실제 사례는 다음과 같다.

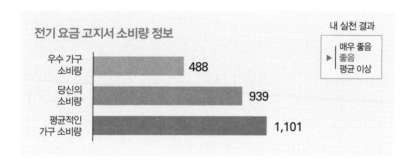

여기에는 수많은 집파리가 숨어 있다

A. 이미 평균보다 우수한 점수를 받은 가구에 대해서는 그 사실을 알리지 않도록 한다. 이미 평균보다 더 많이 저축하고 있다는 사실을 알리면 그 가구의 사람들이 저축할 동기가 약해지기 때문이다.

B. 반면, 성적이 특히 나쁘다는 통보를 받은 가구는 "어차피 나는 안 되는 사람이야."라는 자포자기 심리에 빠지기 쉽다. 그래서 보고서에는 그 가구보다 성적이 더 나쁜 가구의 성적도 함께 기재하도록 했다.

C. 바람직한 행동은 칭찬을 받으면 더욱 촉진된다. 오파워가 보고서에 스마일 표시를 추가했을 때, 결과는 더욱 좋아졌다. 가구당 에너지 사용량이 평균 2% 절감되어 총 20억 달러의 절감 효과가 나타났다.

이는 피드백을 제공함으로써 비용을 절감할 수 있다는 것을 보여주는 좋은 예다. 이 에너지 기업은 피드백을 포함한 수천 건의 실험을 통해 이러한 지식을 얻었다. 마찬가지로 단기 여행 예약 사이트 부킹닷컴도 직원들의 역량을 극대화하기 위해 피드백을 활용하고 있다. 우버(Uber)도 피드백을 통해 운전자들이 계속 일할 수 있도록 피드백을 적극 활용하고 있다.

수치 측정은 본래 목적을 벗어나는 함정이 된다

이는 피드백이 비용 절감에 어떻게 도움이 되는지를 보여주는 좋은 예다. 사람들은 정보, 돈, 걸음 수 등 숫자가 주어지면 비교하고 싶어 한다.

예를 들어, 국내총생산(GDP)이 그렇다. 우리는 이 지표를 기준으로 세계 각국의 풍요로움을 비교하고 싶어 한다. 개인적 차원에서도 '틴더(Tinder)'와 같은 매칭 앱에서 프로필을 통해 연인 후보를 선택하는 방법, 세탁기의 사용자 평가, 쇼핑객이 장바구니에 식료품을 담을 때마다 표시되는 총 금액 등 숫자는 우리의 행동에 큰 영향을 미치고 있다.

숫자는 비교하기 쉬운 만큼 매우 기만적일 수도 있다. 사람들은 만보계 숫자를 늘리기 위해 걷지 않고 손으로 흔들며 걷는 경우가 있다. 기업은 SNS 팔로워를 산다.[124] 성공한 수술 건수에 따라 인센티브를 받는 의사는 어려운 수술을 거절하게 된다. 수치화는 매우 유용하다. 특히 병원에서는 더욱 그렇다. 그러나 보상이 개입되면, 그것이 금전적 보상이 아닌 칭찬일지라도 측정은 그 목적에서 벗어나기 쉽다.

이처럼 사람이 측정되는 것에 따라 행동을 바꾸려고 하는 현상을 **굿하트의 법칙(Goodhart's law)**이라고 한다. 무언가를 측정하면 사람들은 그에 맞춰 행동한다. 그러나 측정이 목표가 되는 순간, 그 측정은 더 이상 본래의 의미를 잃고 만다. 이 장의 첫머리에 언급한 코브라 이야기도 상기해 보라.

숫자의 위력

숫자는 사용자의 행동에 큰 영향을 미친다. 지난 한 시간 동안 본 리트윗 수, 연료 소비량, 항공 마일리지, 읽지 않은 이메일 수 같은 숫자들을 한번 떠올려 보

라. 이 숫자들은 당신에게 어떤 영향을 미치고 있을까? 당신이 직접 선택한 숫자들인가, 아니면 누군가가 의도적으로 만들었나? 각 숫자가 유도하는 행동은 무엇이며, 비교 대상은 누구인지, 그리고 그 수치를 확인하는 시점이 어떤 의미를 갖는지도 생각해 보라. 예를 들어, 트위터와 페이스북은 중독성을 줄이기 위해 수치 표시를 최소화하는 버전을 실험한 적이 있다.

7장 요약: 돈이 변화를 일으키는 데 효과가 있었나요?

짧게 답하자면, 당연히 그렇다. 보상이 커질수록 사람들은 더 열심히 일하게 된다. 독일 프로축구 리그 '분데스리가(Bundesliga)' 선수 487명의 연봉 데이터가 이를 잘 보여준다. 스위스의 경제학자 2명이 전문가들의 의견을 바탕으로 분데스리가 전체 선수들의 '적정' 연봉이 얼마인지 계산했다. 그리고 이를 해당 시즌 선수들의 시장 가치(실질 연봉)와 비교했다. 그랬더니 실력보다 연봉을 많이 받는 선수일수록 더 열심히 뛰는 것을 알 수 이 선수들에게는 일종의 '기브 앤 테이크'식의 생각이 있었던 것 같다. 즉, '실력보다 더 많은 연봉을 받고 있으니 더 열심히 해야 한다'는 생각이다. 반대로 실력에 비해 연봉이 적은 선수들은 실력에 비해 연봉이 낮을수록 경기장에서의 부실한 플레이가 두드러졌다.[125]

인센티브는 일반적으로 사용되지만, 과대평가되는 경향이 있다. 동료, 자녀, 고객으로부터 최대한의 노력을 이끌어 내기 위한 최선의 인센티브는 어떻게 설계해야 할까?

주의해야 할 점은 다음과 같다.

1. 상대방이 바람직한 행동을 하고 있는지 확인한다. 예컨대, 아이가 책상 주변 물건을 치우거나, 부모가 제 시간에 어린이집에 데리러 오거나, 자원봉사자가 헌혈을 한다 같은 것들이다. 만약 '예스'라면 돈을 보상으로 주면 역효과가 날 수 있다.

2. 성과가 수치화할 수 있는 경우, 그 수치에 따라 보상을 준다. 가능하면 칭찬을 곁들인다.

3. 기여도와 성과와의 연관성이 명확한가? 그 기여도를 측정할 수 있는가? 측정이 가능하다면 그 기여도에 상응하는 보상을 준다.

4. 금전적 보상이 권장하는 행동을 상대방이 취하기 시작했을 때 어떤 예상치 못한 상황이 발생할 수 있는지 생각해본다. 행동이 의도와는 다른 결과를 가져올 수 있다는 점을 생각해 보라.

개인의 기여가 명확하지 않거나 업무가 변동하여 성과 측정이 어려운 팀이라면 금전적 보상은 적절하지 않을 수 있다. 이런 상황에서는 다른 방식으로 동기를 부여하는 것이 더 효과적일 수 있으며, 이 책의 나머지 부분에서 유용한 방법을 다룰 것이다.

나가며

지금까지 우리는 수많은 집파리 효과에 대해 알아보았다. 그중에는 의도적이든 혹은 의도치 않게 상황을 조작해 우리의 뇌를 혼란에 빠뜨리는 집파리 효과들도 있었다. 아마 이런 효과들을 상상하며 놀라거나 분노를 느꼈을지도 모른다. 혹은 직장에서 사람들에게 집파리 효과에 대해 이야기하며, 다시는 특정 집파리 효과에 휘둘리지 않겠다고 다짐했던 순간도 있었을 것이다. 이런 경험들이 당신으로 하여금 때때로 스스로를 돌아보며 미소 짓게 만들었기를 바란다. 감정, 실수, 그리고 사소한 습관들은 우리를 더욱 인간적으로 만들어주는 요소이기도 하다. 어쩌면 우리의 첫 반려동물은 강아지가 아니라, 집파리 효과를 만들어내는 이름없는 집파리였을지 모른다.

이처럼 예상치 못한 효과들은 우리 삶을 파란만장하게 만들기도 하고, 무엇보다 흥미진진하게 해준다. 예를 들어, 세계 여행을 결심하고 멋진 여행을 한 경험을 했다면, 그 계기가 비록 어설픈 부킹닷컴(Booking.com)의 집파리 효과 때문이었다고 해서 무슨 문제가 있겠는가? 혹은 이른 아침에 중요한 약속이 있었는데도 썸을 타던 데이트 상대와 밤새 춤을 춘 일이 있다면 어떤가. 그것이 비록 먼 미래의 이익보다 현재의 보상을 더 중시하는 과도한 **가치 폄하 효과(hyperbolic discounting)** 때문이라고 해도 말이다.

사실, 이런 효과들은 스스로에게, 혹은 다른 사람에게 올바른 방향으로 나아갈 수 있는 작은 자극을 줄 수 있다. 우리 두 저자 역시 이 책을 통해 독자들에게 그런 자극을 주고 싶었다. 단, 자극을 주는 동시에 약간의 책임감을 느낀다. 마치 장전한 무기 같이, 강력한 도구를 독자들에게 쉽게 쥐어주는 기분이랄까? 이 도구가 잘못 사용되어 예상치 못한 결과를 낳을 수도 있을까 봐 조심스러운 마음도 있다. 그렇다고 해서 지나치게 걱정할 필요는 없다고 본다. 결국 사람들은 다양한 방해 요소에도 불구하고 고집스럽게 자신의 길을 걸어가기 마련이니까. 그럼에도 불구하고, 우리 두 사람은 이 책을 마무리하며 당신에게 몇 가지 조언을 전하고자 한다.

누구나 집파리 효과를
사용할 권리가 있다

먼저, 윤리적인 고민을 해보자. 집파리 효과를 내 마음대로 이용해도 되나? 어떤 효과들을 이용할지, 그리고 그것을 어떤 방식으로 사용할 것인지 규제해야 하지 않을까?

《넛지》의 공저자인 캐스 선스타인(Cass Sunstein)은 자신의 책에

서 집파리 효과를 이용할 때 고려해야 하는 윤리적 사항으로 세 가지를 꼽았다.[126]

첫 번째로 중요한 건 이해관계다. 이해관계라는 건, 집파리 효과가 사람들에게 유도하는 선택이 얼마나 중요한가와 관련있다. 많은 집파리 효과들은 비교적 부담 없는 선택을 유도하는 데 목적이 있다. 선택의 자유만 보장된다면, 사람들이 꽃 한 다발을 사게 만드는 집파리 효과는 큰 문제 없이 받아들여질 수 있다. 결국, 이런 유도는 사람들의 선택에 미치는 영향을 파악하는 자연스러운 과정인 셈이다.

하지만 선택의 자유가 보장되더라도, 집파리 효과가 항상 무해한 것은 아니다. 예를 들어, 국민투표에서 선택지를 표현하는 방식이나 순서는 사람들의 투표에 영향을 줄 수 있지만, 그 영향력이 어느 정도인지 명확히 알기 어려운 경우가 많다.

이해관계가 걸린 상황에서는 선택이 되돌릴 수 있는지 뿐만 아니라, 사람들이 이런 유도를 어떻게 받아들일지도 생각해봐야 한다. 이걸 판단하려면 이렇게 자문해 볼 수 있다. '내 가족이나 애인에게도 같은 방식으로 선택을 유도할 수 있을까?' 만약 그렇다면, 윤리적으로도 문제가 없을 가능성이 크다. 또한, 그 유도 방식이 눈에 잘 띄어 사람들이 피할 수 있는 거라면, 부담 없이 받아들일 가능성이 높다. 저녁 내내 술잔을 기울이며 부담이 있을지 없을지에 대한 토론을 이어갈 수 있을 것이다.

일례로 에바는 정부 차원에서 기본적으로 구독 서비스를 자동 연장하는 장치를 없애야 해야 한다고 주장할 수 있고, 팀은 매달 전화, 인터넷, 가스, 전기, 보험, 넷플릭스, 스포티파이 같은 계약들을 매번 갱신해야 한다면 얼마나 번거로울지 고려한다면 자동연장이 맞다고 생각할 수 있다.

팀은 과거에 고객사들에게 다소 꺼려지는 광고 컨설팅을 해 준 적이 있었다. 에바는 이를 언급하며 팀의 생각을 물었다. 설탕이 많이 든 음식이나 술처럼 건강에 부정적인 영향을 미치는 제품을 홍보하는 일이 선한 목적을 위한 일과 충돌할 수 있다는 점에서, 윤리적 균형을 잡는 것이 가능한지, 아니면 애초에 그런 고객사를 거절했어야 하는지에 대한 고민이었다. 이에 대해 팀은 외과의사인 친구 이야기를 들려주었다. 그 친구는 자기가 수술하고 싶지 않은 환자가 있는지 스스로에게 물어본 적이 있었고, 심지어는 살인을 저지른 중범죄자를 살리는 게 맞는 일인지 고민해 본 적도 있었다. 그러나 결국 그 친구는 모든 사람이 치료를 받을 자격이 있다고 믿었다고 한다. 같은 논리라면, 어떤 고객사이건 광고 영상을 제작할 권리가 있다고 생각한다고 했다.

에바는 정반대 문제를 더 중요하게 여긴다. 사람들이 효과적인 심리 기법인 집파리 효과를 충분히 활용하지 않는다는 점이다. 훌륭한 목적과 명분을 위해 일하는 단체가 많음에도 불구하고, 왜 이러한 기법을 사용하지 않는지 의문을 품는다. 너무 정직하고 올곧은 태도 때문에 그런 것 같다고 생각하면서도, 효과적인 방법을 외면한 채 세상을 구하지 못하는 것이 과연 윤리적인지 묻는다. 에바는 그 예로 기후 위기를 들었다. 문제 해결을 위해서는 집파리 효과를 충분히 활용해야 한다고 말한다.

에바가 분석한 몇 가지 요인은 다음과 같다. 첫째, 환경을 생각하여 탄소 중립적인 삶을 사는 것은 현재의 행동이 요구되지만, 그 보상은 먼 미래에 주어진다. **현재 편향(Present bias)**에 해당된다. 둘째, 탄소 중립적인 삶을 위해 노력해도 그 결과가 즉각적인 성과나 보상으로 나타나는 일은 드물다.[127] 게다가 기후 변화는 점진적으로 일어나기 때문에 우리는 점점 이에 익숙해져 눈에 띄게 느끼지 못한다. 셋째, 사회적 분위기 또한 기후 행동에 불리하게 작용한다. 다른 사람들은 여전히 소비와 여행을 즐기고 있는 상황에서, 개인이 기후를 위해 절제하는 행동은 두드러지지 않는다. 오히려 무언가를 구매하거나 어딘가를 가는 행동이 '하지 않는 것'보다 훨씬 더 눈에 띄기 때문이다. 심지어 **얼간이 효과(Sucker effect)**마저 작용한다. 모두가 세계를 돌아다니는 동안 혼자만 집에 남아 있는 '바보'가 되는 건 싫다고 생각한다.

여전히 이 문제를 '기후 변화'라는 프레임 안에서 바라보는 시각이 지배적이다. 그러나 기후 변화라는 표현은 '세계적 재앙' 같은 용어보다 위기감이 낮게 느껴진다. 따라서 에바와 팀은 이런 문제를 해결하기 위해서는 집파리 효과 같은 심리적 기법을 적극적으로 활용해야 한다고 생각한다.

집파리 효과로 사람을 움직이는 7가지 절차

이 책의 서두에서는, 이 책에 담긴 뇌에 대한 통찰을 복잡한 문제 해결의 기초로 삼지 말라고 경고고 시작했다. 이를 통해 독자는 '집파리 효과'라는 것이 단일한 현상이 아니라 여러 개별적인 심리적 효과가 결합된 결과임을 이해했을 것이다. 저자들은 이 책의 네덜란드어 원판에 다양한 표지 디자인을 테스트하여, 독자들이 어떤 표지에 가장 매력을 느끼는지 알아보았다. 이처럼 서점에서도 이런 심리적 효과를 고려하여 마케팅이나 진열 방식을 다양한 방식으로 실험하는 것이 효과적일 수 있을 것이다.

그렇다면 이제 이 새로운 지식을 실제로 어떻게 적용할 수 있을까? 예를 들어, 식구들이 외출할 때 제발 집의 불을 꺼주기를 바란다고 가정해보자. 단순히 집파리 효과를 실험하듯 무작위로 방식을 선택해 변화를 관찰할 수도 있겠지만, 아래에 제시된 단계별 계획을 따르는 것이 더 현명할 것으로 보인다.

성공적인 집파리 효과를 위한 단계별 계획

1. 어떤 결과를 목표로 하고 있는가?
2. 필요한 행동을 구체화해 보자. 누가 언제 무엇을 해야 하는지 계획을 세운다.
3. 상황이 개선되고 있는지를 어떻게 측정할 수 있을까? 무엇을, 언제, 얼마나 오랫동안 측정할지 기록해 본다.
4. 상대의 입장이 되어 보자. 그가 원하지 않아서 그럴까? 할 수가 없는 걸까? 아니면 아무런 생각이 없는 걸까?
5. 행동을 어떻게 하면 더 간편하게(2장), 더 매력적으로(3장, 6장, 7장), 그리고 더 적절한 시기에(5장) 실행할 수 있을지 고민해 본다.
6. 잠깐 시도해보고, 부작용이 없는지 주의 깊게 살펴보자.
7. 결과과 만족스러운가? 만족스럽지 않다면 5단계로 돌아가자.

그 결과는 다음과 같다.

1. 목표는 전기세 및 수도세 절감이다. 이를 위해 사스키아가 외출 시 전등을 끄는 습관을 들이는 것이 목표다.

2. 필요한 행동을 누가, 언제, 무엇을 해야 하는지 구체화한다. 구체적으로 사스키아는 집을 나설 때마다 전등을 꺼야 하며, 이를 아이와의 상호작용을 통해 자연스럽게 이루어지도록 한다.

3. 상황이 개선되고 있는지 측정하는 것은 집에 돌아왔을 때 불이 꺼진 횟수를 표에 기록하는 것이다. 측정 기간과 빈도를 명확하게 정한다.

4. 상대의 입장을 이해한다. 사스키아는 아이에게 정신이 팔려서 불을 끄지 않는 경우가 많다. 이는 원하지 않음, 못함, 생각 없음 중에 '생각 없음'에 해당할 것이다.

5. 행동을 어떻게 하면 더 간편하고, 매력적이고, 적절한 시기에 할 수 있을지 고민한다. 소리 효과를 추가해 아이가 버튼을 누르는 놀이처럼 유도해서 친근감 및 호감도를 높여 참여를 이끌어낸다.

6. 잠깐 시도해본 후 부작용이 없는지 살펴보자. 14일을 시험한 결과 그중 8일은 불이 꺼져 있었지만 이웃이 소음에 대해 불평하는 부작용이 발생했다.

7. 결과에 만족했는가? 아니라면 5단계로 돌아간다.

우리의 일상은 집파리 효과로 가득하다

이제 당신은 사무실에서 다른 사람들에게 영향을 받지 않으면서 더 나은 선택을 할 수 있도록 돕는 신뢰할 만한 조력자가 생겼다. 집파리 효과를 발생시키는 집파리들과 함께 일하게 될 것이다. 그러나 사람들은 자신이 실험 대상이 되고 있다는 사실을 알게 되면 다소 불편해 할 것이다.

예를 들어, 책 표지가 매력도 테스트를 거쳤다는 이야기를 들었을 때 어떤 생각이 들었나? 팬데믹 동안 마스크 착용이 행동 실험이라고 불평하는 사람들도 많았다. 반면 동시에 많은 사람들이 아마존에서 매일 이루어지는 수많은 행동 실험에 기꺼이 참여한다. 사실 실험은 이미 우리의 일상에 자리 잡았다. 정치 캠페인, 페이스북 광고, 〈농부는 아내를 원해[128]〉 같은 리얼리티 TV 프로그램 형식부터 청구서 디자인까지 모두가 테스트를 거쳐 개선된다. 그렇다면 사회와 인간의 욕구, 행동을 더 깊이 이해할 수 있는 기회를 주는 이런 실험에 참여하는 것을 굳이 망설일 필요가 있을까?

측정은 이런 통찰을 얻는 데 없어서는 안 될 열쇠다. 측정을 통해 우리는 집파리 효과가 얼마나 강력한지 깨닫게 된다. 그렇다면 효과가 크다는 것은 어떻게 알 수 있을까? 경쟁에서 아주 작은 차이가 승패를 결정짓는 경우가 많기 때문이다.

화장지 판매에서든 대통령 선거에서든, 경쟁자보다 조금이라도 더 나은 결과를 낸다면 결국 승리를 거머쥘 수 있다. 예를 들어, 제품 판매를 단 4%만 늘려도 마케팅 상을 받을 수 있고, 승진의 기회까지 얻는다. 이렇게 작은 개선들이 누적되는 것만으로 큰 변화를 만들어 낸다.

로테르담 지하철에서 조명을 개선하고, 음악과 향기를 도입한 실험을 통해 승객 만족도를 크게 향상시킨 사례가 있다. 웹사이트 역시 사회적 증거를 추가하거나, 홍미로운 이야기를 제시하거나, 한정판을 잠깐 선보이는 등으로 비슷한 효과를 낼 수 있다. 따라서

각 요소를 개별적으로 테스트하는 것에 그치지 말고, 여러 요소를
조합해서 실험해 보는 것이 더 효과적이다.

선택과 행동은 늘 당신의 자유다

인간의 행동에 관한 이론이나 모델은 하나로 통합될 수 없다.
이 책에 나온 집파리 효과가 언제나 성공을 보장해주는 해결 공식
처럼 받아들이지 않았으면 한다. 사람들의 행동이나 반응을 예측
하는 완벽한 법칙이 아니라, 우리에게 진실에 조금 더 다가가도록
돕는 작은 단서로 이해해주었으면 한다. 집파리 효과는 제각각 크
기도, 강도도, 나타나는 방식도 제각각이다. 잠시 스쳐가는 집파리
효과도 있지만, 평생을 떨쳐버릴 수 없는 집파리 효과도 있다. 하
지만 이 책을 통해 당신 자신의 행동이나 주변 사람들의 행동을 새
로운 시각으로 바라볼 수 있다면, 그것만으로 이 책을 쓴 우리 두
저자의 미션은 성공이다. 그리고 미션 성공에 동의한다면, **#집파리
효과**, **#bromvliegeffect** 해시태그와 이 놀라운 책 《뇌는 어떻게 성
공하는가》의 표지를 소셜 미디어에 공유해주기를 부탁한다. 물론,
선택과 행동은 늘 당신의 자유다.[129]

사람의 행동을 바꾸는 71가지 집파리 효과

다음 인지 편향을 활용해 보고 ☑를 넣어보자.

들어가며

01. 나비효과(butterfly effect)

☐ 어떤 한 장소에서의 나비의 날갯짓이 멀리 떨어진 장소에서 허리케인을 불러일으키는 것처럼, 작은 일이 큰 결과를 가져오는 현상이다.

02. 효과 효과(effect effect)

☐ 일반적으로 이름에 '효과' 라는 단어를 쓰면 그 현상에 관심을 가지는 현상이다.

03. 골든 해머 효과(golden hammer effect)

☐ 어떤 해결책이 제대로 흘러가면, 그것이 모든 문제를 해결해주는 것처럼 느껴지는 현상이다.

제1장 뇌에 쉽게 속아 넘어가는 우리들
뇌가 자신에게 유리한 것들만 생각하는 이유

04. 포러 효과(forer effect) **/ 바넘 효과**(barnum effect)

☐ 자신에 대해 적혀있는 애매하고 일반적인 말이 사실은 누구에게나 해당되는 말이라고 생각하지 않고, 바로 자신에게 딱 맞는 말이라고 생각해버리는 현상이다.

05. 더닝-크루거 효과(Dunning-Kruger effect)

☐ 어떤 사건에 대해 조금의 지식이 있는 사람이 자신의 전문성을 과대하게 평가하기 쉬운 현상이다.

06. 근본 귀인 오류(fundamental attribution error)

☐ 자신의 성공이나 누군가의 실패가 외부 환경 때문이 아니라 개인의 성격이나 특성 등의 내적 요인 때문이라고 과대평가하는 현상이다.

07. 플라시보 효과(placebo effect)

☐ 플라시보(가짜 약)를 투여한 사람이 실제 약을 먹었다고 믿기 때문에 실제 효과가 일어나는 긍정적인 결과를 얻을 수 있는 현상이다. 이 효과는 투여한 약이 플라시보라고 알고 있는 경우에도 발생한다.

08. 노시보 효과(nocebo effect)

☐ 플라시보를 투여한 사람에게 실제 약의 부작용 증상이 나타나는 현상이다.

09. 델뵈프 착시(delboeuf illusion)

☐ 원의 크기를 상대적인 관점에서 판단시키려고 하는 시각적인 착각(착시) 현상이다.

10. 점화 효과(priming effect)

☐ 뇌가 바로 직전에 생각했던 것에 더 강하게 반응하는 현상이다.

제2장 왜 뇌는 본능적으로 나태해지는가
귀찮음을 벗어나 빨리빨리 하는 사람이 되는 방법

11. 이유 검증(because validation)

☐ 사람에게 무언가 의뢰할 때에 이치에 맞는지 아닌지는 상관없이, '왜냐하면', '그러니까'라고 말하면 쉽게 이해시킬 수 있는 현상이다.

12. 복잡성 편향(complexity bias)

☐ 사람은 간단하게 설명하는 것보다 필요 이상으로 복잡한 설명을 요구하는 경향이 있는 것을 일컫는 현상이다.

13. 설명 깊이의 착각(illusion of explanatory depth)

☐ 사건의 복잡한 짜임새를 잘 알고 있다고 착각하는 현상이다. 자신이 어떤 개념이나 메커니즘을 충분히 이해했다고 생각하지만, 실제로 설명해보면 그렇지 않을 수 있다. 예를 들어, 자동차를 잘 안다 해도 브레이크의 작동 원리에 대해 설명하는 건 쉽지 않다.

14. 선택 설계(choice architecture)

☐ 선택지에 극단적인 옵션이나 말이 안 되는 옵션을 추가하거나 제거함으로써, 다른 옵션이 더 매력적이거나 합리적으로 보이게 만들어 사람의 선택을 유도하는 전략이다.

15. 미끼 효과(decoy effect) / 못난이 형 효과(ugly brother effect)

☐ 객관적으로 봐서 매력이 부족하거나 형편없는 선택지를 추가함으로써 다른 선택지로 유도하는 효과다.

16. 디폴트 효과(default effect)

☐ 사람들이 제공된 기본 설정을 그대로 따르는 경향을 말한다. 대부분은 이를 변경하려는 시도를 잘 하지 않는다.

17. 가용성 편향(availability bias)

☐ 가장 먼저 떠오르는 것은 실제보다 더 중요한 것으로 인식되는 경향을 말한다.

18. 부여된 진행 효과(endowed progress effect)

☐ 무언가에 더 많은 시간과 노력을 투자할수록 그 일을 그만두는 것이 아깝다고 느껴 멈추기가 더 어려워지는 현상이다.

19. 미완성 효과(zeigarnik effect)

☐ 끝내지 못한 일이나 해결되지 않은 문제를 마음속에 더 오래 남기고 자꾸 생각하게
되는 현상이다.

20. 가변적 보상(variable reward)

☐ 예측 불가한 보상에 의존성이 생기는 현상이다.

21. 의도-행동 간극(intention-action gap)

☐ 하려고 의도한 일과, 실제로 하고 있는 행동 사이에 차이(gap)가 생기는 일이다.

22. 생성효과(generation effect)

☐ 자신이 직접 문장을 완성 하는 등, 정보를 직접 생산한 경우에 그 정보를 잊기 어려워
지는 현상이다.

제3장 뇌는 상상의 고통에서 도망치고 싶다
불안이나 스트레스에게 휘둘리지 않는 기술

23. 손실회피(loss aversion)

☐ 사람들은 무언가를 잃어버리는 것을 피하는 경향이 있는 것을 말한다. 이 성향 때문
에 무언가를 잃는 고통은 좋은 것을 얻는 기쁨보다 크게 다가온다.

24. 소유 효과(endowment effect)

☐ 어떤 물건이 내 재산이 된 경우, 그 물건이 실제 구매해야 할 때보다 더 가치가 있는
것처럼 보이는 효과다.

25. 확실성 효과(certainty effect)

☐ 사람에게는 선택할 때 확실한 것을 선택하는 경향이 있는 현상이다. 사람들은 확실성
을 좋아하기 때문에 아주 작은 위험조차도 사람들을 쉽게 겁먹게 하는 효과가 있다.

26. 위험 회피(risk aversion)

☐ 위험 회피는 기회에 비해 위험에 대해 훨씬 더 민감하게 반응하는 심리 현상이다. 이는 전망 이론(prospect theory)의 일부로, 전망 이론은 사람들이 이익보다 손실에 더 민감하며 의사결정 시 절대적 가치보다 기준점에 따른 상대적 변화를 중시하는 경향이 있다는 것이다.

27. 부작위 편향(omission bias)

☐ 사람에게는 인위적인 위험보다 본능적으로 내재된 위험을 더 쉽게 받아들이는 심리를 말한다.

28. 모호성 회피(ambiguity aversion)

☐ 확실성에 대한 선호로, 사람들이 애매한 위험성보다 명확히 되어있는 위험성을 선택하는 경향이 있는 현상을 말한다.

29. 예상 후회(anticipated regret)

☐ 결정을 내릴 때 예상되는 후회를 최소화하려는 심리다.

30. 타조 효과(ostrich effect)

☐ 사람들이 때때로 자신이 원하지 않는 정보를 피하기 위해 기꺼이 노력하거나 심지어 돈을 지불하는 경향이 있는 현상을 말한다.

제4장 다른 사람들과 같지 않으면 불안해지는 뇌
동조와 사회성을 자유자재로 사용하기

31. 사회적 증거(social proof) **/ 편승 효과**(bandwagon effect)

☐ 다른 사람의 행동으로 인해 자신의 의견이나 행동을 바뀌게 되는 현상이다.

32. 희소성(scarcity)

☐ 손에 넣기 힘들기 때문에 더 원하게 되는 현상이다.

33. 속물 효과(snob effect)

☐ 무언가를 많은 사람들이 소유함에 따라 그 물건의 가치가 떨어져 보인다고 느끼는 현상이다.

34. 베스트셀러 효과(bestseller effect)

☐ 어떤 물건이 잘 팔린다는 사실만으로 더욱 잘 팔리게 되는 현상이다.

35. 사회적 규범(social norm)

☐ 자신이 속한 집단에서 다른 사람들이 하고 있다고 생각하거나 해야 한다고 여기는 규칙이나 원칙이다.

36. 얼간이 효과(sucker effect)

☐ 자신이 바보가 되는 것을 피하기 위해 먼저 다른 사람이 행동하는 것을 지켜보고 나서야 따라 하려는 경향, 즉 타인의 행동을 참고해 자신의 선택을 조정하는 효과다.

37. 도덕적 허용 효과(moral licensing effect)

☐ 한 번 선행을 하면 그로 인해 자신이 도덕적으로 이미 좋은 일을 했다고 생각해, 이후에 나쁜 행동에 대해 덜 죄책감을 느끼게 되는 현상이다.

38. 경쟁적 이타주의(competitive alturism)

☐ 집단 내에서의 자신의 지위를 향상시키기 위해 이타적인 행동을 함으로써 상대를 이기려고 하는 경향이다.

39. 될 대로 되라 효과(what the hell effect)

☐ 나쁜 행동을 한 후에는 더욱 나쁜 행동을 하기 쉬워지는 현상이다.

40. 백의 효과(white coat effect) / 권위 효과(authority effect)

☐ 사람들이 외형적으로 권위가 있어 보이는 외모나 특징을 가진 사람의 지시에 더 잘 따르는 현상이다.

41. 빨간 스니커즈 효과(red sneakers effect)

☐ 본래 지위에 요구되는 복장을 하지 않는 것이 오히려 최고의 지위 상징이 될 수 있는 효과다. 예를 들어, CEO가 값비싼 정장을 입는 대신 편안한 빨간 스니커즈를 신는 모습이 그 자체로 그의 여유와 자부심을 드러낸다.

42. 온정 효과(warm glow effect)

☐ 친절하게 행동하면 기분이 좋아지는 경향, 즉 타인에게 호의를 베풀 때 자신도 긍정적인 감정을 느끼게 되는 효과다.

43. 부정적인 사회적 증거(negative social proof)

☐ 부정적인 행동이 흔하다는 정보가 오히려 그 행동을 유발시키는 경우를 말한다.

제5장 지금 당장 원하지만 아직 하고 싶지 않다
시간을 효율적으로 쓰는 기술

44. 순서 효과(order effect)

☐ 지시하는 선택지의 순서에 따라 선택지도 바뀌는 현상이다. 첫 번째로 제시된 선택지는 초두 효과(Primacy effect)로 인해 더 긍정적으로 평가될 수 있고, 마지막에 제시된 것은 최신 효과(Recency effect) 때문에 기억에 남아 더 선호되는 효과다.

45. 대리 목표 달성(vicarious goal fulfillment)

☐ 좋은 의도를 실현할 방법이 마련되면, 역설적으로 그 의도와 다른 선택을 해도 괜찮다고 스스로 허락하는 심리를 말한다.

46. 자아 고갈(ego depletion)

☐ 사람들이 한 번에 사용할 수 있는 자제력이 한정되어 있어 유혹을 반복해서 참을수록 점점 힘들어지는 경향이다.

47. 피크-엔드 법칙(peak-end rule)

☐ 사람들이 어떤 일을 되돌아볼 때, 그 경험에서 가장 감정적으로 강렬했던 순간과 끝맺음 부분을 기준으로 전체적인 평가를 내리는 경향이다.

48. 공감 격차(hot/cold empathy gap)

☐ 사람들이 각자 다른 상황에서 무엇을 느끼고 어떤 식으로 행동하는지를 예측하는 것이 어려운 현상이다.

49. 현재 편향(present bias)

☐ 장차 얻을 보상보다 당장 받는 보상을 더 크게 평가하는 경향이다.

50. 과도한 가치폄하 효과(hyperbolic discounting)

☐ 현재 편향(Present bias) 참조하라. 사람들은 지금 시점에서 1주일 후에 일어나는 일에 대해 더 크게 과대평가하는 경향이 있다. 반면, 같은 1주일 후의 일이지만, 52주와 비교되는 53주 후의 일은 상대적으로 그다지 크게 생각하지 않는다.

51. 유혹 번들링(temptation bundling)

☐ 두 가지의 상반된 일, 즉 좀처럼 시작하기가 어렵지만 습관화해야 하는 일과 좋아하는 일을 함께 하도록 만들면 더 행동하기 쉬워지는 현상이다.

52. 담보 약속하기(commitment)

☐ 철회 불가능한 조건을 약속하거나 선언하면 목표를 달성하게 되는 현상이다.

53. 지연 행동(procrastination)

☐ 꼭 해야 하는 일을 미루는 현상이다.

54. 실행 의도(implementation intentions)

☐ 특정 상황에 맞는 구체적인 행동을 정해두면 실현가능성이 높아지는 현상이다.

제6장 나도 모르는 사이에 나의 뇌가 주목하고 있다
유혹의 매커니즘을 이해하고 이용하는 방법

55. 초점 효과(focusing illusion) / 주목효과 (attention effect)

☐ 눈앞의 어떤 것에 관심이 쏠리면 그것이 실제보다 중요하다고 느껴지는 심리 현상이다.

56. 폰 레스토프 효과(Von Restorff effect)

☐ 주변과 대비되는 색, 모양, 크기 등을 가진 대상이 더 눈에 띄어 인상적으로 느끼고 기억에 남기 쉬운 현상이다.

57. 단순 노출 효과(mere-exposure effect)

☐ 무언가에 더 자주 노출될수록 그 가치를 더 높이 평가하는 효과다. 사람은 접촉하면 할수록 그 대상에 호의를 느끼게 된다.

58. 부주의맹(inattentional blindness)

☐ 주의를 기울이지 않으면 아주 눈에 띄는 것조차 쉽게 지나쳐 버리는 심리다.

59. 실수 효과(pratfall effect)

☐ 완벽해 보이는 상대가 사소한 볼품없는 실수를 하면, 오히려 더욱 존경을 받게 되는 현상이다.

60. 프레이밍 효과(framing effect)

☐ 같은 내용이라도 어떻게 표현하느냐에 따라 사람들의 반응이나 판단을 달라지게 하는 효과다.

61. 키츠 휴리스틱 (Keats heuristic)

☐ 언어적 매력을 더해 단어를 구성하면 그 주장이 더 설득력 있게 느껴지는 효과다. 키츠는 19세기 영국의 낭만주의 시인 존 키츠에서 유래되었으며, 휴리스틱이란 시간과 정보가 부족해서 제대로 된 판단을 할 수 없을 때 어림짐작해서 유리한 쪽으로 생각하는 경향을 말한다.

62. 앵커링 효과(anchoring) / 참조 효과(reference effect)

☐ 어떤 수치나 정보가 실제로는 전혀 관련이 없음에도 불구하고 판단이나 평가에 영향을 미치는 현상이다. 즉 각인된 정보를 기준으로 판단하려는 경향이다.

63. 내러티브 오류(narrative fallacy)

☐ 단순한 사실이나 정보보다 원인과 결과가 연결된 이야기를 뇌가 더 잘 받아들이고 이해하려는 경향이다.

64. 식별 가능한 희생자 효과(identifiable victim effect)

☐ 큰 숫자보다, 한 사람이 특정하게 희생된 이야기가 사람을 움직이기 쉽게 만드는 현상이다.

65. 지위 상징(status symbols)

☐ 사람들의 시선을 끄는 가치나 상품이 지위를 높여주는 현상이다. 과시적 소비(conspicuous consumption)라고도 한다.

66. 베블런재(Veblen goods)

☐ 가격이 상승하면 할수록 수요가 느는 상품이다.

67. 로미오와 줄리엣 효과(Romeo and Juliet effect)

☐ 손에 들어오지 않는 일이나 금지된 일에 더 큰 매력을 느끼는 현상

제7장 보상은 어떻게 주어져야 하는가
당근과 채찍을 잘 사용하기 위해

68. 코브라 효과(cobra effect) /
의도하지 않은 결과의 법칙(law of unintended consequences)

☐ 주어진 보상이 역효과를 가져오는 등, 의도한 결과와는 반대의 결과가 되고 상황이 더욱 악화되는 현상이다.

69. 변위 효과(displacement effect) / 밀어내기 효과(crowding out effect)

☐ 내적 동기로 어떤 활동을 순수하게 즐기거나 만족을 느껴서 하는 경우에 외부 보상이 추가되면, 활동의 본래 즐거움보다는 보상에 초점을 맞추게 되어 내적 동기가 약화되는 효과다.

70. 굿하트의 법칙(Goodhart's law)

☐ 원래는 성공을 측정하기 위한 기준이었던 지표가 그 자체로 목표가 되어 버리면, 더 이상 실제 성공을 반영하지 못하게 된다는 법칙이다.

에필로그

71. BYAF 효과(but you are free)

☐ 사람들에게 어떤 행동을 요청할 때 상대방에게 선택의 자유가 있다고 강조하면, 요청에 응할 가능성이 커지는 현상이다.

1 익명을 요청한 관계자의 인터뷰에 따르면, 화장실 총 청소 비용의 8%를 절약할 수 있다고 예상된다. 물론 이 총액에는 소변기 외에도 여자 화장실, 남자 화장실, 칸막이 등 훨씬 더 큰 비용이 포함되어 있다. 청소 절약 비용이 얼마나 될 것인지에 대해서는 구체적으로 밝히지는 않았지만, 우리가 자체적으로 계산해 보니 연간 35,000유로 정도 절약할 수 있다는 결론에 도달했다. 한편, 스키폴 공항은 화장실 청소가 필요한 시기를 알려주는 센서와 같은 다른 혁신 기술도 연구하고 있다.

2 로고, 에토스, 파토스도 없이, 벌을 뜻하는 '아피스'만 존재하는 데도 행동이 변화했다는 말이다.

3 비슷한 맥락으로 놀이공원 측에서 아침에 더 큰 경품을 많이 주는 이유가 있다. 아이들이 커다란 봉제 인형을 끌고 다니는 걸 보고, 방문객들은 자신도 당첨될 확률이 높다고 생각하게 되는 것이다. 또한 운영자들이 조용한 아침 시간대에 더 많은 사람을 끌어들이려고 '아침에 오면 선물이 많다'는 소문을 퍼뜨렸다는 얘기도 있다. 어쨌든 놀이공원은 '집파리 효과'의 소굴인지도 모른다.

4 여성분들에게 전한다. 어떤 남성과 대화하는 도중, 남성이 "내 생각은 좀 매우 다른데"라고 말할 때가 있을 것이다. 그때 그는 자신의 본능을 따르는 중이거나 영양가 없는 강좌를 듣고 왔을 가능성이 크다.

5 광고 기획자 팀은 종종 이런 소소한 경험을 한다. 광고를 제작할 때 하도 그가 광고하는 제품인 케첩이나 맥주에 몰입한 나머지 정말 먹고 싶다는 경험을 한다. 마케팅이 마케팅 제작자 스스로에게까지 영향을 미칠 수 있음을 시사한다.

6 화자가 2인칭으로 자신에게 말하는 방식이 청중에게 더 효과적으로 다가갈 수 있다. 축구 선수가 청중에게 자신의 내적 독백을 전달할 때, "크리스티아노, 넌 해낼 수 있어. 이건 네

순간이야. 집중하고, 슛을 쏘는 거야!"라고 전할 수 있다.

7 일부 치료사들은 정신적 독백이 지나치게 긍정적이거나, 반대로 매우 부정적일 경우, 그것이 방해될 수 있다고 보고 이를 의식적으로 다시 쓰게 한다.

8 발표 상황에서 이러한 효과가 여성과 남성에게 다르게 나타나는지 질문을 받곤 한다. 그럴 때 '다르지 않다'고는 말하지만, 이번 실험에서는 남녀 간 차이가 나타났다. 특히 남성들이 사회생활에서 자신을 과대평가할 가능성이 컸다. 에바가 언급했듯이, 무의식적이지만 전략적으로 자랑을 하는 행동은 남성에게 특히 두드러진 특성으로 보인다. 이에 대해 팀은 자신이 허세 부리기를 잘하기 때문에 이미 알고 있었다며 농담을 덧붙이곤 했다.

9 아직도 긴가민가 한가? 그런데 똑똑한 사람들이 실제로 자신을 더 잘 속인다는 사실을 알고 있었는가?

10 토머스 제퍼슨은 미국 제3대 대통령(재임 기간 1801~1809년)이자 미국 독립 선언서의 기초자이다. (옮긴이 주)

11 사람들은 대부분 플라시보에 민감하며, 그 정도는 사람마다 다르다. 차이가 나타나는 원인은 아직 명확하지 않다.

12 그렇다면 할인품 매대는 어떤가? 집파리 경보가 울려야 마땅한 지점이다! 할인품 매대에 물건을 쌓아놓는 방법은 소매업체들이 즐겨 사용하는 매우 효과적인 전략이다. 제품이 이런 곳에 담겨 있으면, 사람들은 본능적으로 그것이 저렴하다고 생각하게 된다. 할인품 매대는 '처분해야 할 제품', '대량 구매 혜택' 또는 '정상 진열대에 놓기에는 수익성이 없다'는 의미를 내포하기 때문이다. 그런데 실제로는 가격이 정상가와 다르지 않은 경우가 많다.

13 분자요리(molecular appetizer)는 액체 질소로 음식을 얼려서 만들거나, 거품처럼 가볍게 만든 소스 등 과학적인 방법을 사용해 음식 재료의 질감과 조직을 변형시켜 색다르게 만드는 전채요리다. (옮긴이 주)

14 다큐멘터리 영화 〈신 포도(Sour Grapes)〉에서 백만장자들은 슈퍼마켓 와인에 수천 달러를 기꺼이 지출한다.

15 행동 관점에서 접근하는 모든 것을 '넛지'라고 지칭하는 경향은 피하고 싶다. 넛지는 선택 구조의 변화, 즉 특정 유형의 행동을 자극하는 것일 뿐, 안내서의 삽화가 아무리 눈길을 사로잡아도 넛지는 아니다.

16 스티브 크룩 저, 《사용자를 생각하게 하지 마》, 인사이트.

17 과학 기사의 제목이 지나치게 긴 경향이 있는 이유를 설명해 준다. 하지만 과학자들의 두뇌가 의외로 게으르므로 제목이 짧은 논문을 인용할 가능성이 크다.

18 청킹(chunking)은 대용량의 데이터를 더 작은 단위로 나누는 과정이다. (옮긴이 주)

19 패트릭 맥기니스(Patrick McGinnis)가 고안한 개념이다. 그는 이와 반대 개념으로 유행에 뒤처지는 것에 대한 공포 심리를 말하는 포모 증후군(FOMO, Fear of Missing Out)을 처음 제안하였다.

20 나인 스트리트(de 9 straatjes)는 네덜란드에서 가장 매력적인 쇼핑 거리로 선정되었다. 반면 '가장 효율성이 낮은 슈퍼마켓'이라는 또 다른 시각으로 볼 수 있다.

21 물론 인구의 50%를 무작위로 기증자 등록에 배정하고, 나머지 절반은 제외하는 방식의 제비뽑기를 할 수도 있다. 그 후 사람들은 자유롭게 선택을 변경할 수 있을 것이다. 하지만 기본 옵션의 강력한 효과를 고려하면, 결국 사람들은 자신의 결정을 운에 맡기게 될 가능성이 크다.

22 주로 이런 글을 올리는 사람은 상대방이 자신에게 맞추고, 자신이 편하게 느끼는 방식이나 환경에 적응길 바라는 심리가 기저에 있다.

23 유감스럽게도 실제로는 단순한 '공짜 도장'이 아니었다.

24 행맨 게임(game of Hangman)은 단어 추리 게임의 일종으로, 한 사람이 특정 단어나 문구를 생각해 두고 다른 사람은 그 단어에 포함된 알파벳을 하나씩 맞추는 방식으로 진행된다. (옮긴이 주)

25 일명 클릭베이트(clickbait)라고 한다. 자극적인 제목으로 인터넷 사용자들의 클릭을 유도하는 기사나 광고다. (옮긴이 주)

26 검트리(Gumtree)는 영국, 호주, 남아프리카 공화국 등에서 사용되는 온라인 중고 거래 및 지역 광고 플랫폼이다. (옮긴이 주)

27 이베이(eBay)는 경매 방식을 도입한 매매 플랫폼이다. 판매자가 물품의 경매를 시작하면 구매자들은 입찰하여 가장 높은 가격을 제시한 사람이 물품을 구매하게 된다. 또한, 즉시 구매할 수 있는 고정 가격 옵션도 제공하여 경매 없이 바로 물품을 구매할 수 있다. (옮긴이 주)

28 딜러는 또 있지도 않은 상사를 들먹이며 이렇게 말할 것이다. "저희 이렇게 팔면 남는 거 없어요. 저 이렇게 팔다가 회사에서 혼쭐나요." 우리는 이렇게 집파리 같은 딜러 덕분에 절약한 돈으로 다른 책도 몇 권쯤은 더 살 수 있다는 생각마저 든다.

29 실험실에서 실제로 증명되었지만, 단 한 건의 연구였기 때문에 추가적인 연구가 이루어지기 전까지는 이 결과를 신중하게 받아들여야 한다.

30 원문에는 라이트무브(Rightmove). 영국에서 가장 큰 부동산 포털 사이트 중 하나로, 주택이나 상업용 부동산을 사고팔거나 임대할 수 있는 플랫폼이다. (옮긴이 주)

31 자연선택 이론(natural selection). 특수한 환경에서 생존에 적합한 형질을 지닌 개체군이 부적합한 형질을 지닌 개체군에 비해 '생존'과 '번식'에서 이익을 본다는 이론이다. (옮긴이 주)

32 저자의 개인적인 경험을 바탕으로 전하는 건 아니다. 경제학자들은 합리적인 선택을 중시하기 때문에 도박처럼 리스크가 큰 활동을 피하는 경향이 있다. 반면, 크리에이터인 팀은 모험을 선호하는 편이다.

33 팀은 이를 '완벽허무주의(perfectionihilism)'라는 용어로 표현했다. 즉, 무언가를 하려면 완벽해 보여야 한다는 이유로 아무것도 하지 않는 것이다. '기왕 할 거라면 제대로 해야지'라는 생각이 오히려 역설적으로 후회를 불러일으키는 주된 원인이다.

34 참가자들이 컴퓨터 화면에서 클릭을 통해 선택하거나 결정을 내리는 형태의 게임을 말한다. (옮긴이 주)

35 2장의 내용도 함께 참고해 볼 것. 성과급, 인센티브, 보너스와 같은 '변동 급여' 내용이다.

36 일례로 《넛지》의 공저자인 캐스 선스타인(Cass Sunstein)은 미국 식품의약청이 드디어 레스토랑과 영화관에서 판매하는 음식의 칼로리 정보를 의무화하기로 했다고 자랑스럽게 친구에게 문자를 보냈더니, 친구는 이렇게 답했다. "(책에서 표기 의무화를 제안한) 네가 팝콘 맛을 망쳤어!"

37 팀은 자신이 광고 캠페인에서 이 전술을 사용하는지 긍정도 부정도 하지 않았다.

38 독자 여러분께 감사드린다. 이제는 《뇌는 어떻게 성공하는가》를 다른 사람에게 선물해 주면 어떨까?

39 처음에는 없었지만 이제 하나가 생겼으니, 증가한 건 맞다. 광고 전문가인 팀은 이를 오해를 일으키는 표현이라고 보지 않는다. 과학자 에바도 같은 의견이다. 거짓말을 하지 않고 (그렇다고 그녀는 '점점 더 많이'라는 표현은 쓰지 않을 것이다.) 사람들이 속았다고 느끼지 않는 한, 문제가 없다고 생각한다. 사람들이 신뢰를 잃으면 다음에 시도할 집파리 실험이 완전히 실패할 수 있기 때문이다.

40 평범함을 뜻하는 '노멀(normal)'과 한 가지를 고집스럽게 추구한다는 뜻의 '하드코어

(hardcore)'의 합성어다. 평범함을 추구하는 패션스타일을 말한다. (옮긴이 주)

41 하지만 이 실험은 단 50명의 참가자를 대상으로 했고, 그들은 실험의 진짜 목적을 모른 채 진행되었다.

42 이 사회적 압박의 잠재적 강도는 얼마나 공포심을 불러올까? 오늘날 사람들이 듣는 대부분의 잘못된 조언은 알고리즘이나 지식 시스템에 의해 생성된다는 점이 치명적이다. 그래서 70년 후, 알고리즘이 제공하는 명백히 잘못된 조언에도 사람들이 쉽게 영향을 받는지에 대한 연구가 진행되었다. 예를 들어, '2 + 2 = 5' 같은 말도 안 되는 상황에서도 말이다. 사람들은 틀린 답이라는 것을 알면서도, 컴퓨터의 조언에 맞추기 위해 그 답을 선택하는 경향이 있었다. 집단에 동조하려는 사회적 압박은 '컴퓨터가 그렇게 말했기 때문'이라는 이유만으로도 작용할 수 있다는 것이다.

43 식탁에서 당신의 자리는 접시 왼편에 있다. 그리고 제발 '세면실(lavatory)' 대신 '화장실(toilet)'로 부르지 말자.

44 비행을 부끄러워하는 환경 청정국 스웨덴 사람들이 만들어낸 말이다. 비행기가 기차보다 이산화탄소가 무려 77배 많이 나온다고 해서 비행기 타는 것을 부끄러워하자는 취지다. (옮긴이 주)

45 헤르만(Herrmann), 토니(Thöni), 게흐터(Gächter)의 2008년도 연구 논문에 따르면 아테네, 이스탄불, 무스카트에서 사람들이 다른 유럽인보다 훨씬 더 자주 처벌받는 이유가 있다. 흥미롭게도 실제로 매우 관대한 사람들이 더 처벌을 받는 이유에 대해 자세히 설명한다. 관대한 사람들이 오히려 더 높은 기대치를 충족하지 못하거나 규칙을 어기면 더 많은 처벌을 받게 되는 역설적인 상황이다.

46 이상적인 거래 사이트를 어떻게 구축해야 할까? 마이클 루카(Michael Luca)의 글 '온라인 마켓플레이스 설계(Designing Online Marketplaces)'에 보면 거래 사이트에서 신뢰와 평판을 쌓는 방법에 대한, 놀랍도록 쉽게 읽히는 '경제학자의 툴킷'이 준비되어 있다.

47 옐프(Yelp)는 미국과 캐나다를 중심으로 인기 있는 맛집 후기 플랫폼으로 다채로운 필터 기능으로 나에게 맞는 식당을 찾을 수 있다. (옮긴이 주)

48 알고리즘이 수요와 공급, 평가에 따라 시장 가격을 자동으로 결정하기 때문에 인종, 성별, 외모 등과 같은 주관적인 요소에 의해 가격 차별이 발생할 수 없다는 점이 우버(Uber)의 성공 비결이다.

49 이 연구가 어떻게 진행되었는지 궁금할 것이다. 세 명의 연구자는 참가자들에게 은근한

자랑 문구와 직접적인 자랑 문구 중 하나를 고르도록 했다.예컨대, 은근한 자랑 문구는 "사람들이 저보고 그 영화배우와 닮았다고 하는데, 너무 부끄러워요." 또는 "나한테 조언을 구하려는 사람들이 너무 많아서 내 개인 시간이 별로 없어요." 같은 것이고, 직접적인 자랑 문구는 "저는 회의 진행을 참 잘해요." 또는 "나는 우리 반에서 가장 달리기가 빨라." 등이었다.참가자들은 자신을 가장 잘 나타낸다고 생각하는 문구를 선택했다. 이후 다른 참가자들에게 오직 이 문장만을 기준으로 돈을 나누어 주도록 요청했다. 그 결과, 은근한 자랑을 한 사람들은 대놓고 자랑한 사람들에 비해 훨씬 적은 돈을 받았다.

50 프랑스에서는 이러한 사진들이 다시 금지되었다. 차 안에 누가 타고 있는지가 분명히 보였기 때문에 외도하는 사람들이 현장에서 적발되는 사례가 많았기 때문이다.

51 이 프로젝트는 '그 지역의 아기들(Babies of the borough)'이라고 불렸다.

52 원제는 《The Honest Truth About Dishonesty》이다.

53 에바는 코로나19 봉쇄 기간 동안 "집에 머무르세요. 고속도로를 이용하지 마세요. 우리는 코로나에 맞서요."라는 표지판을 보며 고속도로를 달릴 때 완벽한 '어차피 이렇게 된 거' 경험을 했다. 그날 저녁, 그녀는 약간 비합리적이라고 느낄 수 있겠지만, 통행금지 시간이 지난 뒤에도 쓰레기봉투를 내다 버렸다.

54 경제학자인 에바는 광고 전문가인 팀보다 문신 수가 훨씬 적다.

55 반대로, 에바의 논문에 등장하는 모든 실험에는 피실험자들에게 현금이 지급되었다.

56 레벨 0 플레이는 아무런 전략이나 예측 없이 무작위로 선택하는 경우로, 다른 참가자들의 행동을 전혀 고려하지 않고 단순히 자신이 선택하고 싶은 숫자를 고른다.

57 신뢰의 진화(The Evolution of Trust)라는 게임은 신뢰가 형성되고 무너지는 과정을 게임 이론을 통해 탐구하는 인터랙티브 게임이다. 다양한 전략을 가진 캐릭터들과 상호작용하며 신뢰의 중요성과 관계 유지의 복잡성을 체험할 수 있다. (옮긴이 주)

58 애덤 스미스는 전 세계 경제학자들에게 경제가 마치 자연스럽게 스스로 조정되는 시스템인 것처럼 생각하게 하는 《보이지 않는 손(The Invisible Hand)》의 저자다. 하지만 그는 이렇게도 썼다. "아무리 인간이 이기적이라고 해도, 그의 본성에는 타인의 행복을 중요하게 여기고, 비록 그가 얻는 것이 단순히 그들의 행복을 지켜보는 즐거움일 뿐일지라도 그들의 행복을 자신의 일부로 여기는 몇 가지 원칙이 분명히 존재한다."다시 말해, '마음이 따스해지는 만족감이나 뿌듯함'이나 기분 좋은 감정을 말한다.

59 빅이슈(Big Issues)는 노숙인과 취약 계층의 자립을 지원하기 위해 1991년 영국에서 창

간된 사회적 기업이 발행하는 잡지다. 판매자들이 잡지를 구매해 직접 판매하며 수익 일부를 가져가는 방식으로 운영된다. (옮긴이 주)

60 찰스 다윈은 《인간의 유래(The Descent of Man)》에서 이렇게 적었다. "첫째로, 사회 구성원들의 추론 능력과 예지력이 향상되면서, 각 개인은 다른 사람을 돕는다면 자신도 보통 도움을 받게 된다는 사실을 곧 학습한다." 다시 말해, 인간은 계산적인 존재라는 것이다. 궁극적으로 이 두 가지 설명은 같은 결론으로 이어진다. 진화적인 압력은 생물이 환경에 적응하고 유전자를 다음 세대로 전달하기 위해 특정 특성이나 행동을 선택하게 만드는 힘이다. 압력 덕분에 유전자 생존에 유리한 행동을 하면 기분이 좋아진다. 성관계가 대표적인 예이다.

61 폴더(polder)는 바다를 메워 만든 간척지로 네덜란드를 상징한다. 네덜란드는 국토의 4분의 1이 해수면보다 낮고, 간척지가 40%를 차지한다. 풍차로 물을 빼내고 튤립을 재배한 간척지는 네덜란드의 공동체 의식과 협동 정신의 상징으로, 위기마다 함께 둑을 쌓아 극복해 왔다. (옮긴이 주)

62 아주 흥미로운 집파리 효과의 반대 현상이 있다. 누군가에게 작은 부탁을 들어주게 하면, 그 후에 더 큰 부탁도 기꺼이 들어줄 가능성이 커진다는 것이다. 자신이 시작한 선의를 지속하려는 심리가 작용한다.

63 약물 중독자들이 약물 사용을 지연시키는 데 쓰는 전략들은 마시멜로 실험에서 아이들이 유혹을 참기 위해 사용한 방법과 유사하다.

64 제3장에서 손실 회피(loss aversion)에 관한 내용을 참조하라. (pp.90-91)

65 에바는 사무실과 피트니스 센터가 에스컬레이터로 연결된 사무실에서 일했다. 그 사무실은 헤이그에 있는 세계무역센터(WTC)에 있었다. 이곳은 야생 집파리를 구경하고 싶어 하는 관광객들을 위해 주 7일 개방된 공간이기도 했다.

66 카나페(canapé)는 얇게 썬 작은 빵이나 과자에 여러 가지의 재료를 올려서 페이스트를 바르거나 한 음식이다. 안주로도 간단하게 종종 먹는다. (옮긴이 주)

67 위 사례에서 추측했겠지만, 팀과 에바는 주로 집에서 글을 쓴다.

68 여기서 학생을 위한 팁이 있다. 부모님께 이 사실을 설명하여 시험 전에 용돈을 받도록 하라.

69 행맨(Hangman)은 단어 맞추기 게임이다. 주어진 단어를 맞추기 위해 글자 하나씩 추측하는 방식으로 진행한다. (옮긴이 주)

70 앵그리 버드(Angry Birds)는 퍼즐형 캐주얼 게임이다. 플레이어가 새를 발사해 돼지들이 쌓아놓은 구조물을 무너뜨리는 것이 게임의 목표다. (옮긴이 주)

71 네덜란드 금융 규제 당국의 정교한 보고서에 따르면, 경고 문구는 거의 도움이 되지 않았다. 2016년에 출간된 보고서 〈신용 경고의 효과(Effectiveness of credit warning)〉를 참고하라.

72 에바가 이 책을 39세에 쓰기 시작한 것은 완전히 우연의 일치다.

73 이제 당신은 왜 연구자들은 인도 농부들에게 이렇게 집착하는지 궁금할 것이다. 그 이유에는 부분적으로 경제적인 데 있다. 인도 농부들을 연구 대상으로 모집하는 비용이 캐나다 학생들보다 저렴하기 때문이다. 하지만 단순히 비용을 아끼려는 계산 때문만은 아니다. 2019년 노벨 경제학상을 받은 센딜 멀레이너선(Sendhil Mullainathan)은 MIT에 있는 압둘 라티프 자밀 빈곤 행동 연구소(Abdul Latif Jameel Poverty Action Lab)의 설립자인데, 사회에서 가장 가난한 사람들에게 미치는 집파리 효과 등 실제로 사람들에게 유용한 연구를 하는 데 관심이 많다.

74 수잔 콜린스(Suzanne Collins)의 소설 및 영화 시리즈인 《헝거 게임(The Hunger Games)》의 제목에서 패러디한 제목이다. 운동하기 전까지 오디오북을 들을 수 없게 하여, 이를 통해 운동 동기를 강화하려는 전략을 설명하는 데 사용된 비유다. (옮긴이 주)

75 에바는 여기에 수익 모델이 숨어 있다고 생각한다. 팀은 《뇌는 어떻게 성공하는가》 오디오북 출간을 기대하고 있다.

76 《시크릿(The Secret)》이 떠오르는가? 뭐든 손에 잡히는 사이비 과학 자기계발서 같은 책을 읽고 싶어질 것이다.

77 "월요일에 헬스장 멤버십을 취소한다."라고 현재 시제로 말하는 것이 "나는 헬스장 멤버십을 취소할 것이다."라고 미래 시제로 말하는 것보다 더 확실하다.

78 사이렌(Sirens)은 그리스 신화에 등장하는 바다의 유혹자들로, 아름다운 목소리로 노래를 불러 항해하는 선원들을 유혹해 배가 난파되게 만드는 존재들이다. 오디세우스는 이 유혹을 이기기 위해 자신을 돛대에 묶고, 선원들의 귀를 밀랍으로 막아 사이렌의 노래를 듣지 못하게 했다. (옮긴이 주)

79 이성을 유혹하는 기술을 공유하고 가르치는 남성 모임으로, 조작적이고 비윤리적인 접근법으로 인해 논란이 많다. (옮긴이 주)

80 부모님 독자들에게 요청한다. 딸들을 위해 한 권 사주시길.

81 우리의 오랜 친구, 자기 과대평가가 또다시 모습을 드러냈다.

82 2장의 가용성 편향과 관련이 있다. (pp.74-75)

83 스왑피츠(Swapfiets)는 월정액으로 자전거나 전기 자전거를 구독 방식으로 이용하는 서비스다. 무료로 수리 및 교체하는 서비스도 제공한다. (옮긴이 주)

84 팀이 라스베이거스에서 결혼한 이유도 바로 그 때문이다. 그 요청을 받아준 아내는 정말 대단한 사람인가 보다.

85 광고주들에게 몇 마디 조언을 전한다. 라디오 광고에서 사이렌 소리는 사용하지 말 것. 청취자는 소리가 어디에서 나는지 확인하려고 라디오를 꺼버리게 된다. 집파리가 항상 원하는 방향으로 날아가는 건 아니다.

86 단, 매력 점수가 10점 만점에 9점이나 10점이라고 평가하는 퀸카 여성들에게는 예외적인 접근 방식을 취한다는 것이다. 이 코치들은 평생 예쁘다는 말을 지겹도록 들어온 매력적인 여성들은 오히려 무관심하거나 까칠하게 행동하는 사람에게 흥미를 느낄 가능성이 크다고 생각한다.

87 터퍼웨어 파티(Tupperware party)는 1950년대에 가족과 친구 간의 신뢰 관계를 활용해 제품을 판매하던 가정 모임 형식의 마케팅 방식을 말한다. (옮긴이 주)

88 조언하자면, 자기소개를 되도록 늦게 하라. 다른 사람들도 자신의 차례를 준비하느라 집중하지 못하다가, 발언이 끝난 후에는 오히려 당신에게 더 주목하게 되기 때문이다. '차선 효과'라고 한다.

89 미국의 리얼리티 예능 프로그램 〈메리 앳 퍼스트 사이트(Married at First Sight)〉가 대표적인 예다. 팀은 이런 프로그램에 출연할 준비가 되어 있다는 것만으로도 참가자들이 이미 공통점이 많다는 것을 의미하며, 이것이 성공 가능성을 높일 수 있다고 확신한다. 사람들이 쉽게 마음이 움직일 수 있는 요소를 건드려 관심을 끄는 또 다른 사례가 있다. 목 통증, 성생활 문제, 연금 부족까지 해결해 준다며, 쉽게 속을 만한 사람들만 끌어들이려는 의도로 만들어진 전단이 뿌려진 사건이다. '탁월한 영매'라는 미스터 □(Mr. Quack) 같은 돌팔이 영매들이 약자들의 약점을 노리고 있는 그런 전단을 뿌렸다. 다른 사람들은 그저 고개를 저으며 지나치겠지만, 생각해 보면 이런 광고들에 속은 사람들이 많으니 그렇게 어리석지만은 않은 셈이다.

90 구출 프로젝트(rescue campaigns). 특정 장소나 물건이 철거되거나 정비될 위기에 처했을 때, 이를 그대로 두고 도시의 고유한 풍경으로 유지하자고 요구하는 움직임을 말한다. (옮긴이 주)

91 스톡홀름 증후군(Stockholm syndrome)은 인질이 자신을 납치하거나 위협한 가해자에게 동조하거나 호감을 느끼게 되는 심리적 현상을 말한다. 인질이 가해자와 장시간 함께 시간을 보내면서 공포와 스트레스 상황 속에서 생존을 위한 심리적 방어기제로 가해자에게 애정이나 신뢰를 형성하는 경우다. (옮긴이 주)

92 잘 가라, 슈니첼(Auf Wieder Schnitzel)은 네덜란드의 식품브랜드에서 출시한 비건 슈니첼 제품의 이름이다. 슈니첼(Schnitzel)은 얇게 저민 고기를 빵가루에 묻혀 튀긴 독일과 오스트리아 요리인데, 'Auf Wieder Schnitzel' 같은 표현은 단순히 말장난으로, 독일어 인사말 'Auf Wiedersehen(잘 가요)'에서 'sehen(보다)'를 'Schnitzel'로 바꿔서 유머를 가미한 것. 슈니첼처럼 익숙하고 사랑받는 것에 재밌게 작별을 고하는 느낌을 주었다. (옮긴이 주)

93 식음료 카테고리에서는 기업들이 창의적으로 언어유희를 활용하기 때문에 그나마 다행이다. 팀은 식물성 유지로 만든 마가린 제품의 광고 프로젝트에 참여한 적이 있다. 팀이 선호하는 문구는 대략 이런 식이다. "'I Can't Believe It's Not Butter', What, Not Butter, Could It Be Butter?" "'버터가 아니라는 것을 믿을 수 없어요'가 버터가 아니면 뭐지, 버터일까?

94 데이비드 린치(David Lynch)와 크리스토퍼 놀란(Christopher Nolan)과 같은 감독들의 경우, 작품 자체가 장르라고 한다. 장르의 독창성으로 일반 대중은 쉽게 이해하지 못할 때, 이렇게 독자적인 카테고리로 분류된다.

95 이 표현은 공화당의 오랜 역사와 전통을 강조하기 위해 생긴 것으로, 공화당이 오랫동안 미국 정치에서 중요한 역할을 해온 정당임을 상징적으로 나타낸다. (옮긴이 주)

96 오바마와 바이든의 고문으로 활동한 《넛지》의 저자 캐스 선스타인의 생각도 그러했다.

97 네덜란드에서는 좌파 정당들도 독특한 정책 용어와 접근 방식을 통해 적극적인 정책을 펼치고 있다. 예를 들어, 사회당(SP, Social Party)은 주택 담보 대출 이자 공제를 '저택 보조금(mansion subsidy)'이라는 표현으로 다루며, 빈민가 주택 소유자에게 부과되는 세금을 '베른하르트 왕자 세금(Prince Bernhard tax)'이라고 칭하기도 한다. 이 용어는 대규모 부동산을 보유한 베른하르트 왕자와 관련지어 노동당(PvdA)이 만든 것이다. 이처럼 네덜란드 좌파 정당들은 강력한 정책들을 제안하고 있지만, 포퓰리스트 정치인 게르트 빌더스(Geert Wilders)가 만들어 내는 이슈의 분당 언급 수 기록에는 미치지 못하고 있다. 즉, 빌더스가 언론과 대중의 이목을 집중시키는 속도나 정도에서는 따라잡기 어렵다.

98 테스토스테론 폭탄의 쓰나미(tsunami of testosterone bombs)라는 표현은 2016년

1월 13일 당시 체코 대통령이었던 밀로시 제만(Miloš Zeman)이 사용한 표현이다. 유럽으로 유입되는 젊은 남성 난민들이 사회에 잠재적 불안을 일으킬 수 있다는 편견을 담은 표현으로 많은 이들에게 비판을 받았다. (옮긴이 주)

99 해먹처럼 복지가 개인에게 지나치게 편리한 환경을 제공함으로써, 근로 의욕이나 자립 의지를 약화할 수 있다는 인식을 암시하는 표현이다. (옮긴이 주)

100 코니시 킹크랩(Cornish king crab)은 거미게의 새로운 이름이다. 콘월 지역의 해산물은 지속 가능하고 깨끗한 환경에서 자란 고급 해산물로 인식되기 때문에, '코니시(Cornish)'라는 이름이 고품질의 이미지를 만들어주는 데 효과적이다. (옮긴이 주)

101 아직 멸종 위기에 처한 종은 아니지만, 예의주시할 필요는 있다.

102 키츠 휴리스틱(Keats heuristic)의 휴리스틱이란 복잡한 판단을 빠르게 처리하기 위해 뇌가 사용하는 일종의 정신적 지름길이다. (옮긴이 주)

103 60쪽 이하의 페이지 번호를 적었는가? 그렇다면 아마도 와인에 대해 만 원 이하로 지불할 의향이 있을 것 같다. 반대로, 페이지 번호가 100쪽을 넘는다면 그 더 비싼 와인도 괜찮다고 생각했을 가능성이 높다.

104 기부 사다리(giving ladders)는 사람들이 기부할 금액을 선택할 때 다양한 옵션을 제시하여 기부 금액을 유도하는 전략이다. (옮긴이 주)

105 익스트림 쿠폰(Extreme Couponing). 일명 초절약 쿠폰이다. 쿠폰을 최대한 활용해 놀라운 할인을 받아 거의 무료에 가깝게 쇼핑하는 절약 방식을 말한다. (옮긴이 주)

106 공감이 안 된다면 유튜브에서 관련 내용을 검색해 보라.

107 프라이마크(Primark)는 최신 트렌드의 패션과 가정용품을 매우 저렴하게 제공하는 영국 기반의 인기 패스트 패션 브랜드다. (옮긴이 주)

108 전략적 여백(strategic padding). 결과가 좋아 보이도록 예상 시간을 초과할 것이 예상되는 지연에 탄력적으로 대응하기 위해 의도적으로 예상 시간을 늘리는 행위를 말한다. (옮긴이 주)

109 에디슨은 1880년대에 플로리다주 포트 마이어스(Fort Myers)에 별장을 세우고 겨울마다 그곳에서 지냈다. 이 별장은 에디슨 & 포드 윈터 에스테이트라(Edison &Ford Winter Estate)는 이름으로 지금도 보존되어 있고, 에디슨과 헨리 포드가 겨울을 보내며 연구와 발명을 이어갔던 장소로 유명하다. (옮긴이 주)

110 유명한 발명가는 자신의 별장에 수영장을 만들었지만, 그는 운동을 시간 낭비로 생각했기 때문에 직접 물놀이를 하지 않았다.

111 칼 융은 꿈에 대한 이론으로 유명하지만, 그 이론이 꼭 과학적이라고 보긴 어렵다. 하지만 융은 뛰어난 글솜씨를 가지고 있었다.

112 우연일 리가 없다!

113 오히려 긴 편이다. 온라인에는 5단어 이하의 예시도 많다.

114 아이가 태어나기 전 아기의 신발을 미리 사 놓고 기대하며 설렜을 부모에게 닥친 비극이 전해진다. 아기가 신발을 한 번도 신어 보지 못한 채로 유산했다는 사실을 암시한다. 처분하려는 데 형편도 넉넉지 못해 중고로라도 팔려고 내놓았을 것 같은 상황이다. (옮긴이 주)

115 카니예 웨스트의 애칭을 뜻하는 브랜드 이름

116 2장에 등장하는 '빨간 스니커즈 효과'를 참고하라. (pp.146-147)

117 사회적으로 쓸모없고 무의미하고 허튼 일자리인 '불쉿 잡(bullshit job)'에 대한 인식은 잘 알려져 있고 어디에나 존재하는 현상이다.

118 38개 부유국을 회원국으로 확보한 경제협력개발기구(OECD, Organisation for Economic Co-operation and Development)

119 아이를 구출하고 나면 정육점에서 스테이크를 보상으로 받는다는 사실을 학습한 개는 아이들을 구출하는 동기가 순수한 구조의 목적이 아니었다. 잘못된 학습으로 구조가 보상(스테이크)을 얻기 위한 행동이었기 때문이다. (옮긴이 주)

120 평범한 연구 참가자들조차도 쥐를 죽이는 결정이 개인적인 선택이 아닌 시장 거래의 '부작용'일 때, 훨씬 더 쉽게 그 행동을 받아들이는 것으로 나타났다.

121 국제 공인 부정 조사자 협회(ACFE, Association of Certified Fraud Examiners)

122 사회성을 이용하는 집파리 효과에 관해서는 4장을 참조할 것. (p.120)

123 현재 등유에는 세금이 없기 때문에 세금을 도입하는 것만으로도 좋은 출발점이 될 수 있다.

124 우리 두 저자도 가만히 있지 않았다. 《뇌는 어떻게 성공하는가》는 인스타그램에서 수많은 가짜 프로필을 만들어 냈다. 그 결과 일주일 만에 실제 팔로워 수가 10퍼센트 늘어

났다. 당신도 혹시 팔로워인가?

125 브란데스(Brandes, L.)와 프랭크(E. Franck)의 〈경제심리학 저널(Journal of Economic Psychology)〉에 기고한 2012년 연구를 참고하라. 제목은 '사회적 선호도 대 개인 경력 문제: 직장에서 긍정적 및 부정적 상호작용에 대한 현장 증거'.

126 선스타인은 집파리 사용의 윤리적 경계를 설정하는 '넛지 권리장전(Bill of Rights for Nudging)'을 제안했다.

127 탄소 중립적인 삶이란, 우리가 배출하는 탄소의 양을 최대한 줄이고, 배출된 탄소는 흡수하거나 상쇄해 지구에 미치는 탄소의 순 영향을 0으로 만드는 생활방식을 의미한다. (옮긴이 주)

128 농부는 아내를 원해(The Farmer Wants a Wife)는 호주에서 시작된 리얼리티 TV 프로그램이다. 농부들이 이상적인 아내를 찾는 과정을 담고 있다. 이 프로그램은 농촌에 사는 남성들이 도시 출신의 여성들과 교류하며 관계를 발전시키는 모습을 보여주는 형식인데, 각 에피소드에서 농부들이 다양한 데이트나 일상 활동을 통해 여성들과의 궁합을 확인해 가는 내용을 담고 있다. (옮긴이 주)

129 물론 이 책에서의 담론은 집파리 효과로 끝난다. 이 효과는 '자유 선택 효과(BYAF, But You Are Free effect)'라고 하는데, 사람들에게 선택의 자유가 있다는 점을 강조하면 요청하는 대로 행동할 가능성도 높아진다. 이 책을 읽은 당신은 이 부분도 이미 예상했을 것이다.

들어가며

1. Evans-Pritchard, B. (2013), 'Aiming to Reduce Cleaning Costs' in: Works That Work, no. 1, 2013.

제1장

1. Poundstone, W. (2016), Head in the Cloud: Why Knowing Things Still Matters When Facts are So Easy to Look Up. New York: Little, Brown Spark.

2. Muller, A., L.A. Sirianni and R.J. Addante (2021), 'Neural correlates of the Dunning-Kruger effect' in: European Journal of Neuroscience, 53 (2), 460- 484.

3. Konnikova, M. (2016), The Confidence Game: Why We Fall For It… Every time. New York: Penguin. 마리아 코니코바, 이수경 옮김, 《뒤통수의 심리학: 속이는 자와 속지 않으려는 자의 심리 게임》, 서울: 한경비피

4. Kurzban, R. (2012), Why Everyone (Else) is a Hypocrite: Evolution and the Modular Mind. Princeton, New Jersey: Princeton University Press. 로버트 커즈번, 한은경 옮김, 《왜 모든 사람은 나만 빼고 위선자인가: 거짓말 심리학》, 서울: 을유문화사

5. Kross, E. (2021), Chatter: The Voice in Our Head and How to Harness It. New York: Random House. 이선 크로스, 강주헌 옮김, 《채터 당신 안의 훼방꾼: 꼬리에 꼬리를 무는 생각과 거리 두는 기술》, 서울: 김영사

6. Schwardmann, P. and J. van der Weele (2019), 'Deception and self-deception' in:

Nature Human Behaviour, 3 (10), 1055–1061.

7. Charness, G., A. Rustichini and J. van de Ven (2018), 'Self-confidence and strategic behavior' in: Experimental Economics, 21 (1), 72–98.

8. Azucar, D., D. Marengo and M. Settanni (2018), 'Predicting the Big 5 personality traits from digital footprints on social media: A meta-analysis' in: Personality and Individual Differences, 124, 150–159.

9. Zarouali, B., T. Dobber, G. de Pauw and C. de Vreese (2020), 'Using a personality-profiling algorithm to investigate political microtargeting: assessing the persuasion effects of personality-tailored ads on social media' in: Communication Research, 0093650220961965.

10. Vedantam, S. (Host) (2018), 'Everybody lies, and that's not always a bad thing.' Hidden Brain Podcast, NPR, 9 April 2018.

11. Andreoni, J., J.M. Rao and H. Trachtman (2017), 'Avoiding the ask: A field experiment on altruism, empathy, and charitable giving' in: Journal of Political Economy, 125 (3), 625–653.

12. Saccardo, S. and M. Serra-Garcia (2020), 'Cognitive Flexibility or Moral Commitment? Evidence of Anticipated Belief Distortion'. Working paper.

13. Kahan, Dan M., Ellen Peters, Erica Cantrell Dawson and Paul Slovic (2017). 'Motivated numeracy and enlightened self-government' in: Behavioural Public Policy 1, no. 1 (2017): 54–86.

14. Plassmann, H., J. O'Doherty, B. Shiv and A. Rangel (2008), 'Marketing actions can modulate neural representations of experienced pleasantness' in Proceedings of the National Academy of Sciences, 105 (3), 1050–1054.

15. Thunström, L., J. Nordström, J.F. Shogren, M. Ehmke and K. van't Veld (2016), 'Strategic self-ignorance' in: Journal of Risk and Uncertainty, 52 (2), 117–136.

16. Onwezen, M.C. and C.N. van der Weele (2016), 'When indifference is ambivalence: Strategic ignorance about meat consumption' in: Food Quality and Preference, 52, 96–105.

17. Holden, S.S., N. Zlatevska and C. Dubelaar (2016), 'Whether smaller plates

reduce consumption depends on who's serving and who's looking: a meta-analysis' in: Journal of the Association for Consumer Research, 1 (1), 134–146.

18. Karremans, J.C., W. Stroebe and J. Claus (2006), 'Beyond Vicary's fantasies: The impact of subliminal priming and brand choice' in: Journal of Experimental Social Psychology, 42 (6), 792–798.

제2장

1. Thaler, Richard H. and Cass R. Sunstein (2008), Nudge: Improving Decisions about Health, Wealth, and Happiness. New Haven: Yale University Press. 리처드 탈러, 캐스 선스타인, 안진환 옮김, 《넛지: 똑똑한 선택을 이끄는 힘》, 서울: 리더스북

2. Simon, H.A. (1971), 'Designing Organizations for an Information-Rich World' in: Martin Greenberger, Computers, Communication, and the Public Interest. Baltimore: The Johns Hopkins Press, p. 40–41.

3. Don't Make Me Think: 'Krug, S. (2005), Don't Make Me Think: A Common Sense Approach to Web Usability. New York: Pearson Education. 스티브 크룩, 이미령 옮김, 《사용자를 생각하게 하지마》, 서울: 인사이트

4. Deng, B. (2015), 'Papers with shorter titles get more citations' in: Nature News, https://www.nature.com/articles/nature.2015.18246.

5. Langer, E.J., A. Blank and B. Chanowitz (1978), 'The mindlessness of ostensibly thoughtful action: The role of "placebic" information in interpersonal interaction' in: Journal of Personality and Social Psychology, 36 (6), 635.

6. Gigerenzer, G., R. Hertwig, E. van den Broek, B. Fasolo and K. Katsikopoulos (2005). '"A 30% chance of rain tomorrow": How does the public understand probabilistic weather forecasts?' Risk Analysis, 25(3), 623–629.

7. Iyengar, S.S. and M.R. Lepper (2000), 'When choice is demotivating: Can one desire too much of a good thing?' in: Journal of Personality and Social Psychology, 79 (6), 995.

8. Chernev, A., U. Boeckenholt and J. Goodman (2015), 'Choice overload: A

conceptual review and meta-analysis' in: Journal of Consumer Psychology, 25 (2), 333–358.

9. Johnson, E.J. and D. Goldstein (2003), 'Do defaults save lives?' in: Science, 302 (5649), 1338–1339.

10. Paunov, Y., M. Wänke and T. Vogel (2019), 'Transparency effects on policy compliance: disclosing how defaults work can enhance their effectiveness' in: Behavioural Public Policy, 3 (2), 187–208.

11. Steeg, M. van der and I. Waterreus (2015), 'Gedragsinzichten benutten voor beter onderwijsbeleid' (Using behavioural insights to improve education policy) in: Economisch Statistische Berichten, 100 (4707), 219–221.

12. Eyal, N. (2014), Hooked: How to Build Habit-Forming Products. London: Penguin. 니르 이얄, 조자현 옮김, 《훅: 일상을 사로잡는 제품의 비밀》, 서울: 유엑스리뷰

13. Diemand-Yauman, C., D.M. Oppenheimer and E.B. Vaughan (2011), 'Fortune favors the bold (and the italicized): effects of disfluency on educational outcomes' in: Cognition, 118 (1), 111–115.

14. Song, H. and N. Schwarz (2008), 'If it's hard to read, it's hard to do: Processing fluency affects effort prediction and motivation' in: Psychological Science, 19 (10), 986–988.

제3장

1. Kahneman, D., J.L. Knetsch and R.H. Thaler (1990), 'Experimental Tests of the Endowment Effect and the Coase Theorem' in: Journal of Political Economy, 98 (6), 1325–1348.

2. Knutson, B., S. Rick, G.E. Wimmer, D. Prelec and G. Loewenstein (2007), 'Neural predictors of purchases' in: Neuron, 53 (1), 147–156.

3. Briers, B. and S. Laporte (2010), 'Empty pockets full stomachs: How monetary scarcity and monetary primes lead to caloric desire' in: NA – Advances in Consumer Research Volume 37, 570–571.

4. Bar-Eli, M., O. Azar and Y. Lurie (2009), '(Ir)rationality in action: do soccer players and goalkeepers fail to learn how to best perform during a penalty kick?' in: Progress in Brain Research, Vol. 174, 97–108.

5. Wolf, M., & Weissing, F. J. (2010). 'An explanatory framework for adaptive personality differences' in: Philosophical Transactions of the Royal Society B: Biological Sciences, 365(1560), 3959–3968.

6. Hintze, A., R.S. Olson, C. Adami and R. Hertwig (2015), 'Risk sensitivity as an evolutionary adaptation' in: Scientific Reports, 5 (1), 1–7.

7. Kuhn, P.J., P. Kooreman, A.R. Soetevent and A. Kapteyn (2008), The own and social effects of an unexpected income shock: evidence from the Dutch Postcode Lottery (No. w14035). National Bureau of Economic Research.

8. Odermatt, R. and A. Stutzer (2019), '(Mis-)predicted subjective well-being following life events' in: Journal of the European Economic Association, 17 (1), 245–283.

9. Shin, J. and D. Ariely (2004), 'Keeping doors open: The effect of unavailability on incentives to keep options viable' in: Management Science, 50 (5), 575–586.

10. Van Ittersum, K., B. Wansink, J.M. Pennings and D. Sheehan (2013), 'Smart shopping carts: How real-time feedback influences spending.' Journal of Marketing, 77 (6), 21–36.

11. Sunstein, C.R. (2020), Too Much Information: Understanding what You Don't Want to Know. Cambridge, MA: MIT Press. 캐스 선스타인, 고기탁 옮김, 《TMI: 정보가 너무 많아서》, 서울: 열린책들

12. Karlsson, N., G. Loewenstein and D. Seppi (2009), 'The ostrich effect: Selective attention to information' in: Journal of Risk and Uncertainty, 38 (2), 95–115.

13. Thunström, L. (2019), 'Welfare effects of nudges: The emotional tax of calorie menu labeling' in: Judgment and Decision Making,14 (1), 11.

14. Sunstein, C.R., S. Bobadilla-Suarez, S.C. Lazzaro and T. Sharot (2016), 'How people update beliefs about climate change: Good news and bad news' in: Cornell L. Rev., 102, 1431.

제4장

1. Lessne, G.J. and E.M. Notarantonio (1988), 'The effect of limits in retail advertisements: A reactance theory perspective' in: Psychology & Marketing, 5 (1), 33–44.

2. Salganik, M.J., P.S. Dodds and D.J. Watts (2006), 'Experimental Study of Inequality and Unpredictability in an Artificial Cultural Market' in: Science, 311 (5762), 854–856.

3. Keizer, K., S. Lindenberg and L. Steg (2008), 'The Spreading of Disorder' in: Science, 322 (5908), 1681–1685.

4. Liel, Y. and L. Zalmanson (2020), 'What If an AI Told You That 2 + 2 Is 5? Conformity to Algorithmic Recommendations' in: Proceedings ICIS 2020, https://icis2020.aisconferences.org.

5. The Behavioural Insights Team (2019), 'Behavioural Insights for Building the Police Force of Tomorrow.' https://www.bi.team/wp-content/uploads/2019/01/BIT-Police-report_MKV5-WEB.pdf.

6. Bursztyn, L., A.L. González and D. Yanagizawa-Drott (2020), 'Misperceived Social Norms: Women Working Outside the Home in Saudi Arabia' in: American Economic Review, 110 (10), 2997–3029.

7. Sparkman, G. and G.M. Walton (2017), 'Dynamic Norms Promote Sustainable Behavior, Even If It Is Counternormative' in: Psychological Science, 28 (11), 1663–1674.

8. Herrmann, B., C. Thöni and S. Gächter (2008), 'Antisocial Punishment Across Societies' in: Science, 319 (5868), 1362–1367.

9. Thöni, C. and S. Volk (2018), 'Conditional cooperation: Review and refinement' in: Economics Letters, 171, 37–40.

10. Luca, M. (2017), 'Designing online marketplaces: Trust and reputation mechanisms' in: Innovation Policy and the Economy, 17 (1), 77–93.

11. Edelman, B., M. Luca and D. Svirsky (2017), 'Racial Discrimin-ation in the Sharing Economy: Evidence from a Field Experiment' in: American Economic

Journal: Applied Economics, 9 (2), 1–22.

12. Sezer, O., F. Gino and M.I. Norton (2018), 'Humblebragging: A Distinct – and Ineffective – Self-Presentation Strategy' in: Journal of Personality and Social Psychology, 114 (1), 52.

13. Zahavi, A. (1990), 'Arabian Babblers: the quest for social status in a cooperative breeder' in: Cooperative Breeding in Birds: Long Term Studies of Ecology and Behaviour, 105–130.

14. Northover, S.B., W.C. Pedersen, A.B. Cohen and P.W. Andrews (2017), 'Artificial surveillance cues do not increase generosity: Two meta-analyses' in: Evolution and Human Behavior, 38 (1), 144–153.

15. Iredale, W., M. van Vugt and R. Dunbar (2008), 'Showing Off in Humans: Male Generosity as a Mating Signal' in: Evolutionary Psychology, 6 (3), 386–392. https://doi.org/10.1177/147470490800600302.

16. Ariely, D. (2013), The (Honest) Truth About Dishonesty: How We Lie To Everyone – Especially Ourselves. London: HarperCollins. 댄 애리얼리, 이경식 옮김, 《거짓말하는 착한사람들: 우리는 왜 부정행위에 끌리는가》, 서울: 청림출판

17. Bickman, L. (1974), 'The Social Power of a Uniform' in: Journal of Applied Social Psychology, 4 (1), 47–61.

18. Nagel, R. (1995), 'Unraveling in Guessing Games: An Experimental Study' in: The American Economic Review, 85 (5), 1313–1326.

19. Kidd, D. and E. Castano (2019), 'Reading Literary Fiction and Theory of Mind: Three Preregistered Replications and Extensions of Kidd and Castano (2013)' in: Social Psychological and Personality Science, 10 (4), 522–531.

20. Premack, D. and A.J. Premack (1997), 'Infants Attribute Value± to the Goal-Directed Actions of Self-propelled Objects' in: Journal of Cognitive Neuroscience, 9 (6), 848–856.

21. Strohmetz, D.B., B. Rind, R. Fisher and M. Lynn (2002), 'Sweetening the Till: The Use of Candy to Increase Restaurant Tipping' in: Journal of Applied Social Psychology, 32 (2), 300–309.

22. Smith, Adam (1776), An Inquiry into the Nature and Causes of the Wealth of Nations. London: W. Strahan.

23. Darwin, C. (1989), The Works of Charles Darwin: The Descent of Man, and Selection in Relation to Sex (Vol. 2). New York: NYU Press.

24. Yuan Yuan, Tracy Xiao Liu, Chenhao Tan, Qian Chen, Alex Pentland and Jie Tang (2020), 'Gift Contagion in Online Groups: Evidence from Wechat Red Packets.' Working paper, preprint www.MIT.edu.

25. Watanabe, T., M. Takezawa, Y. Nakawake, A. Kunimatsu, H. Yamasue, M. Nakamura, Y. Miyashita and N. Masuda (2014), 'Two distinct neural mechanisms underlying indirect reciprocity' in: Proceedings of the National Academy of Sciences, 111 (11), 3990–3995.

제5장

1. Mischel, W. and E.B. Ebbesen (1970), 'Attention in delay of gratification' in: Journal of Personality and Social Psychology, 16 (2), 329.

2. Bar, M. (2010), 'Wait for the second marshmallow? Future-oriented thinking and delayed reward discounting in the brain' in: Neuron, 66 (1), 4–5.

3. Thunström, L., J. Nordström and J.F. Shogren (2015), 'Certainty and overconfidence in future preferences for food' in: Journal of Economic Psychology, 51, 101–113.

4. Chatterjee, K., S. Chng, B. Clark, A. Davis, J. De Vos, D. Ettema, S. Hardy and I. Reardon (2020), 'Commuting and wellbeing: a critical overview of the literature with implications for policy and future research' in: Transport Reviews, 40 (1), 5–34.

5. Frey, B.S. and A. Stutzer (2018), Economics of Happiness. New York: Springer International Publishing.

6. Wilcox, K., B. Vallen, L. Block and G.J. Fitzsimons (2009), 'Vicarious goal fulfillment: When the mere presence of a healthy option leads to an ironically

indulgent decision' in: Journal of Consumer Research, 36 (3), 380–393.

7. Lerner, J.S. and D. Keltner (2001), 'Fear, anger, and risk' in: Journal of Personality and Social Psychology, 81 (1), 146.

8. Buser, T. (2016), 'The impact of losing in a competition on the willingness to seek further challenges' in: Management Science, 62 (12), 3439–3449.

9. Niederle, M. and L. Vesterlund (2007), 'Do women shy away from competition? Do men compete too much?' in: The Quarterly Journal of Economics, 122(3), 1067–1101.

10. Coates, J.M. and J. Herbert (2008), 'Endogenous steroids and financial risk taking on a London trading floor' in: Proceedings of the National Academy of Sciences, 105(16), 6167–6172.

11. Mehta, P.H. and S. Prasad (2015), 'The dual-hormone hypothesis: a brief review and future research agenda' in: Current Opinion in Behavioral Sciences, 3, 163–168.

12. Dai, H., K.L. Milkman, D.A. Hofmann and B.R. Staats (2015), 'The impact of time at work and time off from work on rule compliance: the case of hand hygiene in health care' in: Journal of Applied Psychology, 100 (3), 846.

13. Linder, J.A., J.N. Doctor, M.W. Friedberg, H.R. Nieva, C. Birks, D. Meeker and C.R. Fox (2014), 'Time of day and the decision to prescribe antibiotics' in: JAMA Internal Medicine, 174 (12), 2029–2031.

14. Danziger, S., J. Levav and L. Avnaim-Pesso (2011), 'Extraneous factors in judicial decisions' in: Proceedings of the National Academy of Sciences, 108(17), 6889–6892.

15. Kahneman, D., B.L. Fredrickson, C.A. Schreiber and D.A. Redelmeier (1993), 'When more pain is preferred to less: Adding a better end' in: Psychological Science, 4(6), 401–405.

16. Bejan, A. (2019), 'Why the days seem shorter as we get older' in: European Review, 27 (2), 187–194.

17. Cialdini, R. (2018), 'Why the world is turning to behavioral science' in:

Samson, A., (2018), The Behavioral Economics Guide 2018, https://www. behavioraleconomics.com/be-guide/thebehavioral-economics-guide-2018/.

18. Goldszmidt, A., J.A. List, R.D. Metcalfe, I. Muir, V.K. Smith and J. Wang (2020), The Value of Time in the United States: Estimates from Nationwide Natural Field Experiments (No. w28208). National Bureau of Economic Research.

19. Mani, A., S. Mullainathan, E. Shafir and J. Zhao (2013), 'Poverty impedes cognitive function' in: Science, 341 (6149), 976–980.

20. Shah, A.K., S. Mullainathan and E. Shafir (2012), 'Some consequences of having too little' in: Science, 338(6107), 682–685.

21. Autoriteit Financiële Markten (Dutch financial regulator) (AFM, 2016). 'Let op: geld lenen kost geld. Een onderzoek naar de effectiviteit van een waarschuwing in kredietreclames' (Note: borrowing money costs money. A study into the effectiveness of a warning in credit advertisements), www.afm.nl.

22. Dai, H., K.L. Milkman and J. Riis (2014), 'The fresh start effect: Temporal landmarks motivate aspirational behavior' in: Management Science, 60 (10), 2563–2582.

23. Chen, M.K. (2013), 'The effect of language on economic behavior: Evidence from savings rates, health behaviors, and retirement assets' in: American Economic Review, 103 (2), 690–731.

24. Reuben, E., P. Sapienza and L. Zingales (2015), 'Procrastination and impatience' in: Journal of Behavioral and Experimental Economics, 58, 63–76.

25. DellaVigna, S. and U. Malmendier (2006), 'Paying not to go to the gym' in: American Economic Review, 96 (3), 694–719.

26. Kaur, S., M. Kremer and S. Mullainathan (2015), 'Self-control at work' in: Journal of Political Economy, 123 (6), 1227–1277.

27. Ariely, D. and K. Wertenbroch (2002), 'Procrastination, deadlines, and performance: Self-control by precommitment' in: Psychological Science, 13 (3), 219–224.

제6장

1. Strauss, N. (2005). The Game: Penetrating the Secret Society of Pickup Artists. New York: ReganBooks. 닐 스트라우스, 한정은 옮김, 《THE GAME: 발칙한 남자들의 위험하고 도발적인 작업이 시작된다》, 서울: 디앤씨미디어

2. Carnegie, D. (1936). How to Win Friends and Influence People. New York: Simon & Schuster. 데일 카네기, 임상훈 옮김, 《데일 카네기 인간관계론》, 서울: 현대지성

3. Goldstein, Noah, Steve J. Martin and Robert B. Cialdini (2007), YES! 50 Secrets from the Science of Persuasion. London: Profile Books. 로버트 치알디니, 노아 골드스타인, 스티브 마틴, 윤미나 옮김, 《설득의 심리학 2: Yes를 끌어내는 설득의 50가지 비밀》, 서울: 21세기 북스

4. Pennycook, G., J. Binnendyk, C. Newton and D. G. Rand (2020). 'A practical guide to doing behavioural research on fake news and misinformation.' Working paper, https://osf.io/preprints/psyarxiv/g69ha.

5. Aronson, E., B. Willerman and J. Floyd (1966), 'The effect of a pratfall on increasing interpersonal attractiveness' in: Psychonomic Science, 4(6), 227–228.

6. Sanford, A.J., N. Fay, A. Stewart and L. Moxey, L. (2002), 'Perspective in Statements of Quantity, with Implications for Consumer Psychology' in: Psychological Science, 13(2), 130–134.

7. Tversky, A. and D. Kahneman (1981), 'The Framing of Decisions and the Psychology of Choice' in: Science, 211(4481), 453–458.

8. Jay Heinrichs (2020), Thank You for Arguing: What Aristotle, Lincoln, and Homer Simpson Can Teach Us About the Art of Persuasion. United States: Crown Publishing Group. 제이 하인리히, 조용빈 옮김, 《싸우지 않고 이기는 기술》, 서울: 토네이도

9. McGlone, M.S. and J. Tofighbakhsh (2000), 'Birds of a Feather Flock Conjointly (?): Rhyme as reason in aphorisms' in: Psychological Science, 11(5), 424–428.

10. Jung, M.H., H. Perfecto and L.D. Nelson (2016), 'Anchoring in Payment: Evaluating a Judgmental Heuristic in Field Experimental Settings' in: Journal of Marketing Research, 53 (3), 354–368.

11. Guthrie, C., J.J. Rachlinski and A.J. Wistrich (2001), 'Inside the Judicial Mind' in:

Cornell Law Review, 86 (4), 777–830.

12. Zhang, D., Y. Salant and J.A. van Mieghem (2018), 'Where Did the Time Go? On the Increase in Airline Schedule Padding Over 21 Years', working paper.

13. Glenn, Joshua and Rob Walker (2012), Significant Others. Seattle: Fantagraphics Books.

제7장

1. Swisher III, C. C., .H. Curtis and R. Lewin (2001), Java Man: How Two Geologists Changed Our Understanding of Human Evolution. Chicago, IL: University of Chicago Press.

2. Dur, R. and M. van Lent (2019), 'Socially useless jobs' in: Industrial Relations: A Journal of Economy and Society, 58 (1), 3–16.

3. Gneezy, U., J.A. List, J.A. Livingston, X. Qin, S. Sadoff and Y. Xu (2019), 'Measuring success in education: the role of effort on the test itself' in: American Economic Review: Insights, 1 (3), 291–308.

4. Duflo, E., R. Hanna and S.P. Ryan (2012), 'Incentives work: Getting teachers to come to school' in: American Economic Review, 102 (4), 1241–78.

5. Levitt, S.D., J.A. List, S. Neckermann and S. Sadoff (2016), 'The behavioralist goes to school: Leveraging behavioral economics to improve educational performance' in: American Economic Journal: Economic Policy, 8 (4), 183–219.

6. Mas, A. (2016), 'Does Disclosure Affect CEO Pay Setting? Evidence from the Passage of the 1934 Securities and Exchange Act.' Working paper, Princeton University, Industrial Relations Section.

7. Ariely, D., U. Gneezy, G. Loewenstein and N. Mazar (2009), 'Large stakes and big mistakes' in: The Review of Economic Studies, 76 (2), 451–469.

8. Cohn, A., E. Fehr and L. Goette (2015), 'Fair wages and effort provision: Combining evidence from a choice experiment and a field experiment' in: Management Science, 61 (8), 1777–1794.

9. Falk, A., F. Kosse, I. Menrath, P.E. Verde and J. Siegrist (2018), 'Unfair pay and health' in: Management Science, 64 (4), 1477–1488.

10. Bohnet, I. (2016), What works. Cambridge, MA: Harvard University Press.

11. Mellström, C. and M. Johannesson (2008), 'Crowding out in blood donation: was Titmuss right?' in: Journal of the European Economic Association, 6 (4), 845–863.

12. Kouchaki, M., K. Smith-Crowe, A.P. Brief and C. Sousa (2013), 'Seeing green: Mere exposure to money triggers a business decision frame and unethical outcomes' in: Organizational Behavior and Human Decision Processes, 121 (1), 53–61.

13. Falk, A. and N. Szech (2013), 'Morals and markets' in: Science, 340 (6133), 707–711.

14. Cohn, A., E. Fehr and M.A. Maréchal (2014), 'Business culture and dishonesty in the banking industry' in: Nature, 516 (7529), 86–89.

15. Gneezy, U. and A. Rustichini (2000), 'A fine is a price' in: The Journal of Legal Studies, 29 (1), 1–17.

16. Halperin, B., B. Ho, J.A. List and I. Muir. (2019), Toward an Understanding of the Economics of Apologies: Evidence from a Large-Scale Natural Field Experiment (No. w25676). National Bureau of Economic Research.

17. Yoeli, E., M. Hoffman, D.G. Rand and M.A. Nowak (2013), 'Powering up with indirect reciprocity in a large-scale field experiment' in: Proceedings of the National Academy of Sciences, 110 (Supplement 2), 10424–10429.

뇌는 어떻게
성공하는가

초판 1쇄 2025년 2월 5일

지은이 에바 반 덴 브룩, 팀 덴 하이어
옮긴이 최기원
펴낸이 허연
편집장 유승현 **편집1팀장** 김민보

편집1팀 김민보 장아름 장현송
마케팅 한동우 박소라 구민지
경영지원 김민화 김정희 오나리
디자인 김보현 한사랑

펴낸곳 매경출판㈜
등록 2003년 4월 24일(No. 2-3759)
주소 (04557) 서울시 중구 충무로 2 (필동1가) 매일경제 별관 2층 매경출판㈜
홈페이지 www.mkpublish.com **스마트스토어** smartstore.naver.com/mkpublish
페이스북 @maekyungpublishing **인스타그램** @mkpublishing
전화 02)2000-2632(기획편집) 02)2000-2646(마케팅) 02)2000-2606(구입 문의)
팩스 02)2000-2609 **이메일** publish@mkpublish.co.kr
인쇄 · 제본 ㈜M-print 031)8071-0961
ISBN 979-11-6484-747-1(03320)